物流成本管理

主 编 姚振飞 韩 丽 付淑文

北京理工大学出版社
BEIJING INSTITUTE OF TECHNOLOGY PRESS

内 容 简 介

本书紧密结合物流运营和成本管理发展的新形势以及新特点，全面介绍了物流成本管理中的基础概念、基本理论知识和成本管理过程。首先是理论部分，包括物流成本管理概述、物流成本的构成与分类；然后是实务部分，介绍运输、仓储、装卸搬运、配送、包装和流通加工等物流环节的成本管理；最后是物流成本的核算与分析，以及物流作业成本管理与成本控制管理。另外，文中及课后案例分析可以提高读者分析问题和解决问题的能力。

本书可作为普通高等院校物流管理、物流工程、会计学等专业的教材，也可作为企业物流管理人员的培训教材。

版权专有　侵权必究

图书在版编目（CIP）数据

物流成本管理／姚振飞，韩丽，付淑文主编．--北京：北京理工大学出版社，2022.3
ISBN 978-7-5763-1099-3

Ⅰ．①物… Ⅱ．①姚…②韩…③付… Ⅲ．①物流管理-成本管理 Ⅳ．①F253.7

中国版本图书馆 CIP 数据核字（2022）第 037472 号

出版发行 ／ 北京理工大学出版社有限责任公司
社　　址 ／ 北京市海淀区中关村南大街 5 号
邮　　编 ／ 100081
电　　话 ／ (010) 68914775（总编室）
　　　　　　(010) 82562903（教材售后服务热线）
　　　　　　(010) 68944723（其他图书服务热线）
网　　址 ／ http：//www.bitpress.com.cn
经　　销 ／ 全国各地新华书店
印　　刷 ／ 北京广达印刷有限公司
开　　本 ／ 787 毫米×1092 毫米　1/16
印　　张 ／ 15.25　　　　　　　　　　　　责任编辑 ／ 李慧智
字　　数 ／ 358 千字　　　　　　　　　　　文案编辑 ／ 杜　枝
版　　次 ／ 2022 年 3 月第 1 版　2022 年 3 月第 1 次印刷　责任校对 ／ 刘亚男
定　　价 ／ 82.00 元　　　　　　　　　　　责任印制 ／ 李志强

图书出现印装质量问题，请拨打售后服务热线，本社负责调换

前言

随着经济全球化的快速发展，现代物流理论和技术在很多发达国家已经得到广泛应用和发展，只有解决好物流问题，才能推动经济持续快速发展。物流作为流通的命脉，是国家经济建设的重要支撑，是我国经济发展新的增长点。而物流成本是现代物流学的核心内容之一，物流成本管理是企业物流管理重要的核心内容。物流成本管理的意义在于通过对物流成本的有效把握，充分利用物流要素之间的相互关系，通过科学、合理地组织物流活动，加强对物流活动过程中物流成本的有效控制，降低物流活动中各种资源的消耗，从而达到降低物流总成本、提高社会经济效益和企业利润的目的。

本书从会计学和物流学结合的角度，根据我国现阶段物流成本管理的实际情况和教学目标，围绕物流成本管理的理论与方法，阐述了物流成本的计算与分析。本书的编写特色有以下几点。

指导思想方面，本书力求体现时代的特征和物流成本管理的实践需求，密切联系最新相关法律法规和国家标准，遵循教学的客观规律和要求，在加强基础理论、基本方法论述的同时，兼顾对国内外物流成本管理理论与实践发展的新知识及热点问题的介绍。

内容范围方面，本书充分借鉴财务管理、成本管理、物流管理、管理会计、成本会计的思想体系和理论方法，密切结合企业物流成本管理的环境和要求，深入挖掘企业物流成本管理的内涵，力求拓展企业物流成本管理的外延，使读者在掌握企业物流成本管理基本方法的基础上，能够从现代成本会计的角度了解企业物流成本管理的前沿性理论和方法。

表现形式方面，本书采用理论与实践相结合的方式，吸收众多教材的成果，同时结合我国实际与企业物流成本管理的需要，注重基本理论、基本知识的介绍和基本技能的培养，既有深入浅出的理论阐述，又有通俗易懂的物流成本管理操作案例介绍，努力实现物流成本管理理论与实践的有机结合。

写作方法方面，本书配有大量的图形和表格，以更直观的方式传递知识。同时，每章内容增加学习目标、案例导读、知识链接、资料阅读、知识巩固、案例分析等内容，帮助读者深入学习和思考，加深印象，深化理解。

本书一共分为8章，遵循从简单到复杂、从局部到整体、从分支到系统、从理论到实务、最后回归理论的路线进行编写。姚振飞编写第1章、第3章和第4章，韩丽编写第2章、第5章和第6章，付淑文编写第7章和第8章。在编写教材过程中，李学工教授和王成飞教授提供了宝贵意见，在此深表感谢。编写本书时参阅了大量的文献资料，借鉴和吸收了国内众多学者的研究成果，未能在参考文献处一一列出，在此向所有作者表示诚挚的谢意！由于作者水平所限，书中难免有疏漏和不足之处，恳请读者批评指正。

编　者
2021 年 9 月

目录

第1章　物流成本管理概述 (1)
　1.1　物流成本产生及理论基础 (1)
　　1.1.1　物流成本 (2)
　　1.1.2　物流成本相关理论学说 (2)
　1.2　物流成本管理的内涵与意义 (6)
　　1.2.1　物流成本管理内涵 (6)
　　1.2.2　物流成本管理的意义 (7)
　1.3　物流成本管理的内容、目标与方法 (9)
　　1.3.1　物流成本管理的内容 (9)
　　1.3.2　物流成本管理的目标 (11)
　　1.3.3　物流成本管理的方法 (12)

第2章　物流成本的构成与分类 (16)
　2.1　物流系统要素 (17)
　　2.1.1　物流系统的物质基础要素 (18)
　　2.1.2　物流系统的功能要素 (18)
　　2.1.3　物流系统的支撑要素 (20)
　　2.1.4　物流系统的流动要素 (21)
　2.2　社会物流成本的构成 (21)
　　2.2.1　社会物流成本的概述 (21)
　　2.2.2　美国社会物流成本的构成 (23)
　　2.2.3　日本社会物流成本的构成 (25)
　　2.2.4　我国社会物流成本的构成 (28)
　2.3　企业物流成本的构成 (31)
　　2.3.1　企业物流成本的项目构成 (31)
　　2.3.2　企业物流成本的范围构成 (32)
　　2.3.3　企业物流成本的支付形态构成 (33)
　　2.3.4　各成本项目的构成内容分析 (34)

2.4 物流成本的分类 (39)
    2.4.1 基于成本计算的企业物流成本分类 (39)
    2.4.2 基于成本管理的企业物流成本分类 (41)

第3章 物流系统要素成本管理（上） (47)

3.1 运输成本构成、核算及其优化 (47)
    3.1.1 运输成本概述 (48)
    3.1.2 运输成本的构成 (49)
    3.1.3 运输成本的核算 (54)
    3.1.4 运输成本的优化 (60)

3.2 仓储成本构成、核算及其优化 (62)
    3.2.1 仓储成本的概述 (63)
    3.2.2 仓储成本的构成 (64)
    3.2.3 仓储成本的核算 (67)
    3.2.4 仓储成本的优化 (69)

3.3 装卸搬运成本构成、核算及优化 (72)
    3.3.1 装卸搬运成本的概述 (72)
    3.3.2 装卸搬运成本的构成 (73)
    3.3.3 装卸搬运成本的核算 (74)
    3.3.4 装卸搬运成本的优化 (77)

第4章 物流系统要素成本管理（下） (80)

4.1 配送成本构成、核算及优化 (81)
    4.1.1 配送成本的概述 (81)
    4.1.2 配送成本的构成 (82)
    4.1.3 配送成本的核算 (84)
    4.1.4 配送成本的优化 (90)

4.2 包装成本构成、核算及优化 (93)
    4.2.1 包装成本概述 (93)
    4.2.2 包装成本的构成 (95)
    4.2.3 包装成本的核算 (95)
    4.2.4 包装成本的控制与优化 (101)

4.3 流通加工成本构成、核算及优化 (103)
    4.3.1 流通加工成本概述 (104)
    4.3.2 流通加工成本的构成 (105)
    4.3.3 流通加工成本的核算 (105)
    4.3.4 流通加工成本的优化 (108)

第5章 企业物流成本的核算 (112)

5.1 物流成本核算的意义、原则及程序 (113)
    5.1.1 物流成本核算的意义 (113)
    5.1.2 物流成本核算的原则 (114)

          5.1.3 物流成本核算的程序 …………………………………………… (116)
    5.2 物流成本核算的对象 ……………………………………………………… (117)
    5.3 物流费用的归集与分配 …………………………………………………… (120)
          5.3.1 物流费用的归集 …………………………………………………… (121)
          5.3.2 物流费用的分配 …………………………………………………… (121)
    5.4 物流成本核算方法、会计科目和账户 …………………………………… (122)
          5.4.1 物流成本核算的方法 ……………………………………………… (122)
          5.4.2 物流成本核算的科目 ……………………………………………… (125)
          5.4.3 物流成本核算的账户 ……………………………………………… (130)
    5.5 物流成本核算的报表 ……………………………………………………… (133)
          5.5.1 一维物流成本核算报表 …………………………………………… (133)
          5.5.2 二维物流成本核算报表 …………………………………………… (135)
          5.5.3 多维物流成本核算报表 …………………………………………… (136)

第6章 物流成本的分析 ………………………………………………………… (145)
    6.1 物流成本分析概述 ………………………………………………………… (145)
          6.1.1 物流成本分析的目的 ……………………………………………… (145)
          6.1.2 物流成本分析的一般步骤 ………………………………………… (146)
          6.1.3 物流成本分析的方法 ……………………………………………… (147)
    6.2 物流成本技术分析 ………………………………………………………… (147)
          6.2.1 比较分析法 ………………………………………………………… (148)
          6.2.2 比率分析法 ………………………………………………………… (149)
          6.2.3 因素分析法 ………………………………………………………… (150)
    6.3 物流成本性态分析 ………………………………………………………… (151)
          6.3.1 物流成本性态 ……………………………………………………… (152)
          6.3.2 混合成本的分解 …………………………………………………… (158)
    6.4 物流系统本量利分析 ……………………………………………………… (161)
          6.4.1 本量利分析基本模型 ……………………………………………… (161)
          6.4.2 相关因素变动对决策指标的影响 ………………………………… (163)
    6.5 物流成本效益分析 ………………………………………………………… (165)
          6.5.1 物流成本与数量指标的比率分析 ………………………………… (166)
          6.5.2 物流成本与收入类指标的比率分析 ……………………………… (167)
          6.5.3 物流成本与利润类指标的比率分析 ……………………………… (169)
          6.5.4 物流成本与成本费用类指标的比率分析 ………………………… (171)

第7章 物流作业成本管理 ……………………………………………………… (179)
    7.1 作业成本法概述 …………………………………………………………… (180)
          7.1.1 作业成本法的产生和发展 ………………………………………… (180)
          7.1.2 作业成本法的基本原理 …………………………………………… (181)
          7.1.3 作业成本法与传统成本法差异 …………………………………… (181)
          7.1.4 成本动因的定义及其种类 ………………………………………… (182)

7.2 物流作业成本法 (183)
7.2.1 界定物流作业的种类 (183)
7.2.2 物流作业成本法的步骤 (184)
7.2.3 对物流企业进行实例分析 (184)
7.3 物流作业的分析与改善 (187)
7.3.1 作业成本法的分析 (187)
7.3.2 物流成本计算存在的问题 (188)
7.3.3 作业成本法的改善 (188)
7.4 作业成本法的计算程序 (189)

第8章 物流成本控制管理 (200)
8.1 物流成本控制概述 (201)
8.1.1 物流成本控制定义 (201)
8.1.2 物流成本控制原则 (202)
8.2 物流成本控制的方法 (203)
8.2.1 弹性预算法 (203)
8.2.2 目标成本法 (206)
8.2.3 功能成本分析法 (208)
8.2.4 责任成本法 (210)
8.3 成本差异的计算与分析 (213)
8.3.1 成本差异的类型 (214)
8.3.2 成本差异的计算及分析 (215)
8.4 物流成本控制策略 (217)

参考答案 (221)

参考文献 (236)

第1章　物流成本管理概述

学习目标

了解物流成本的概念、物流成本与会计成本的区别；
理解物流成本的理论学说与分类；
了解物流成本管理的内涵和意义；
掌握物流成本的内容和目标。

案例导读

一瓶果汁的价格

你在超市花8元买了一瓶1.5升的果汁，有没有想过这瓶果汁的价格是怎么来的？这8元里包含了原材料、人工成本及物流成本，最后才是一瓶果汁的利润。据估计，这瓶果汁的制造成本，即原材料的费用和加工费用在4元左右，而物流的成本却超过了2元。一瓶果汁在运输、仓储、配送等方面消耗的费用占到销售价格的20%～30%，物流成本是企业生产成本中不可忽视的一笔。商品生产和流通中的物流环节成为继劳动力、自然资源之后的"第三利润源"，而保证这一利润源实现的关键是降低物流成本。

思考与讨论：在物流成本核算中有哪些物流成本被"隐藏"了？为什么？

1.1　物流成本产生及理论基础

随着全球化竞争的加剧，企业也面临着日趋白热化的外部竞争，公司需要持续提升自身的管理水平，依靠转型升级等方法探寻相应的解决方案，从而更好地处理市场中的各项挑战。提升竞争力的重点是强化成本管控、有效开发业务体系中的成本潜力。其中，物流成本作为一种隐性成本，可以为企业带来"第三利润"，是提高企业竞争力的关键要素。

1.1.1 物流成本

成本在不同的领域具有不同的含义，在现实中的应用也是多样化的。若想了解成本的内涵，就要从不同领域和不同角度观察成本，尤其要理解和区分会计成本和管理成本。

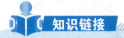

会计成本和管理成本的不同

会计成本是指按照国家的会计法规核算出来的成本，通常指产品成本或劳务成本。产品成本或劳务成本是归属于产品或劳务的支出，即按产品或劳务对象化的支出。已销售产品、已提供劳务的成本形成营业成本，计入当期损益，按配比原则与相应的营业收入相配比，从收入中得到补偿；未销售产品的成本则保留在存货成本中。

管理成本是出于管理目的而产生的成本概念，管理成本则可依据企业的管理实践动态地予以界定和调整，具有很强的灵活性。管理成本包括会计成本但又不限于会计成本，我们所熟知的变动成本、固定成本、机会成本、差别成本、付现成本、相关成本、可控成本、责任成本、作业成本、沉没成本、人力资源成本、产品质量成本等，都属于管理成本的范畴。

从会计成本和管理成本的视角看，物流成本属管理成本范畴，是企业基于物流管理的需要而产生的成本概念。物流管理的核心是物流成本管理，物流成本既是物流管理的手段，又是衡量物流运作绩效的工具。物流成本能如实地反映物流活动的实态，是评价所有物流活动的共同尺度。

根据 2021 年 12 月 1 日正式实施的《中华人民共和国国家标准：物流术语》（GB/T 18354—2021），物流成本可以定义为"物流活动中所消耗的物化劳动和活劳动的货币表现"，即产品在实务运动过程中，如包装、运输、储存、流通加工、物流信息等各个环节所支出的人力、物力和财力的总和。物流成本是完成各种物流活动所需的全部费用。

物流成本是针对特定物流活动的。在企业生产经营和物流活动过程中，凡是与物流活动直接相关的支出，计入物流成本；对于不能经济合理地归属于物流活动的支出，例如物流企业财务部门、人事部门的人员费、办公费、银行手续费支出等，不能计入物流成本，只能将其列为物流企业的费用。物流成本的计算通常从采购原材料开始，以物的活动为主线，但不包括物本身的价值，而是因物的流动而发生的独立于物的价值之外的费用支出。

1.1.2 物流成本相关理论学说

1. "黑大陆"学说

在财务会计中把生产经营费用大致划分为生产成本、管理费用、营业费用、财务费用，然后把营业费用按各种支付形态进行分类。这样，在利润表中所能看到的物流成本在整个销售额中只占极少的比重。因此物流的重要性被忽视，这就是物流被称为"黑大陆"的一个原因。

由于物流成本管理存在的问题及有效管理对企业营利和发展的重要作用，1962 年，著名的管理学家彼得·德鲁克在《财富》杂志上发表了题为《经济的黑色大陆》一文，他将物流比作"一块未开垦的处女地",强调应高度重视流通及流通过程中的物流管理。彼得·德鲁克认为"流通是经济领域的黑暗大陆"。德鲁克泛指的是流通,但由于流通领域中物流活动的模糊性特别突出,它是流通领域中人们认识不清的领域,所以"黑大陆"学说主要针对物流而言。

"黑大陆"学说是对20世纪中经济学界存在的愚昧认识的一种批驳和反对,指出在市场经济繁荣和发达的情况下,无论是科学技术还是经济发展,都没有止境。"黑大陆"学说也是对物流本身的正确评价,即这个领域未知的东西还很多,理论与实践皆不成熟。

2. 物流冰山学说

物流冰山学说是日本早稻田大学的西泽修教授在1970年提出的,指的是人们并没有掌握物流成本的总体内容,对于物流成本人们只看到露出水面的冰山一角,而潜藏在海水里的整个冰山却没有看见,海水中的冰山才是物流成本的主体部分,如图1-1所示。

一般情况下,企业会计科目中,只把支付给外部运输企业、仓库企业的费用列入成本,实际上这些费用在整个物流费用中犹如冰山的一角。因为物流基础设施建设,企业利用自己的车辆运输,利用自己的库存保管货物,由自己的工人进行包装、装卸等的费用都没计入物流费用科目。

物流成本正如浮在水面上的冰山,人们所能看见的向外支付的物流费用好比冰山的一角,而大量的是人们看不到的沉在水下的企业内部消耗的物流费用,水下的物流内耗越深,露出水面的冰山反而越小,将各种问题掩盖起来。这种现象只有大力削减库存,才能将问题暴露并使之得到解决。而一旦物流所发挥的巨大作用被企业开发出来,它给企业所带来的丰厚利润则是相当可观的。

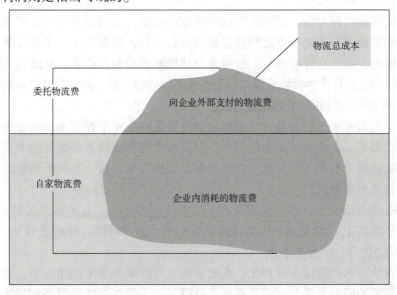

图1-1 物流冰山学说

3. 第三利润源学说

第三利润源学说最初是由日本早稻田大学教授西泽修提出的。从历史发展来看,人类历史上曾经有过两个大量提供利润的领域。在生产力相对落后、社会产品供不应求的历史阶段,由于市场产品匮乏,制造企业无论生产多少产品都能销售出去,于是就大力进行设备更新改造，扩大生产力，增加产品数量，降低生产成本，以此来创造企业的剩余价值，即第一利润源。

当产品充斥市场，转为供大于求，销售产生困难时，也就是第一利润源达到一定极限而很难持续发展时，便要寻求新的利润源。人力领域最初是廉价劳动力，其后则是依靠科技进步提高劳动生产率，降低人力消耗或采用机械化、自动化来降低劳动耗用，从而降低成本，增加利润，我们称之为第二利润源。

随着市场竞争日益激烈，企业能够占有的市场份额也是有一定限度的，当达到一定限度不能再扩大利润的时候，便要寻找新的利润增长点，这时候如果能有效降低在企业成本中占据相当高比例的物流费用，就等于说提高了企业的利润。所以物流管理被称为第三利润源。

这三个利润源着重开发生产力的三个不同要素：第一利润源的挖掘对象是生产力中的劳动对象；第二利润源的挖掘对象是生产力中的劳动者；第三利润源的挖掘对象是生产力中劳动工具的潜力，同时注重劳动对象与劳动者的潜力，因而更具全面性。

第三利润源的理论基于四个方面：一是物流是可以完全从流通中分化出来的，自成体系，有目标有管理，因而能进行独立的总体判断；二是物流和其他的独立经济活动一样，它不是总体的成本构成因素，而是单独盈利因素，可以成为"利润中心"；三是从物流服务角度看，通过有效的物流服务，可以给接受物流服务的生产企业创造更好的营利机会，成为生产企业的"第三利润源"；四是通过有效的物流服务，可以优化社会经济系统和整个国民经济的运行，降低整个社会的运行成本，提高国民经济总效益。

4. 效益背反理论

效益背反又称二律背反，是物流领域中普遍的现象，是内部矛盾的反映和表现。效益背反指的是物流的若干功能要素之间存在着损益的矛盾，也即在某一个功能要素的优化和利益发生的同时，必然会存在另一个或另几个功能要素的利益损失；反之也如此。

物流系统的效益背反包括物流成本与服务水平的效益背反、物流功能之间的效益背反。

（1）物流成本与服务水平的效益背反。

物流成本与服务水平的效益背反指的是物流服务的高水平在带来企业业务量和收入增加的同时，也带来了企业物流成本的增加，即高水准的物流服务必然伴随着高水平的物流成本，而且物流服务水平与物流成本之间并非呈线性关系，投入相同的物流成本并非可以得到相同的物流服务增长。

从图1-2中可以看出，在物流服务水平处于较低水平时，追加物流成本X，就可以把物流服务水平提高Y_1；如果处于较高物流服务水平，追加同样的物流成本X，物流服务水平却只能提高Y_2，而Y_2远小于Y_1。

与处于竞争状态的其他企业相比，在处于相当高的服务水平的情况下，要想超过竞争对手，维持更高的服务水平，就需要有更多的投入。一般在对物流服务和物流成本进行决策时，可以以价值工程理论为指导，考虑以下四种方法。

①保持物流成本不变，提高物流服务水平。这是一种积极的物流成本对策，是一种追求效益的方法，也是一种有效地利用物流成本性能的方法。

②保持物流服务水平不变，尽量降低物流成本。在不改变物流服务水平的情况下，通过改进物流系统来降低物流成本，提高物流价值。这种通过优化系统结构降低物流成本来

维持一定物流服务水平的方法，称为追求效益法。

③提高物流服务水平，增加物流成本。这是许多企业提高物流服务水平的做法，是企业物流面对特定客户或面临竞争对手时所采取的具有战略意义的做法。

④用较低的物流成本，实现较高的物流服务水平。这是一种增加效益、具有战略意义的方法。企业物流只有合理运用自身的资源，才能获得这样的成果。

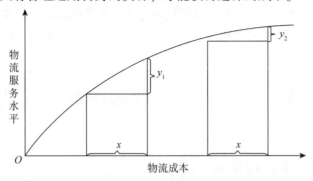

图1-2　物流成本与服务水平的关系

> **思考**
> 举例说明生活中遇到的一些效益背反现象。与物流相关的效益背反现象还有哪些？

（2）物流功能之间的效益背反。

物流功能之间的效益背反是指物流各项功能活动处于一个统一且矛盾的系统中，在同样的物流总量需求和物流执行条件下，一种功能成本的削弱会使另一种功能成本增加。物流的总体效果是森林的效果，可归纳为"物流是一片森林而不是一棵棵树木"，即物流强调的是调整各个要素之间的矛盾，强调要素之间的有机结合。物流系统以成本为核心，按最低成本的要求，使整个物流系统化。这要求必须从总成本多角度出发，系统研究问题，追求整个物流系统总成本的最低。

例如，一家企业对货物的年需要量不变，由于每次订货成本不变，一年内订货次数越少，年总订货费用越低；但是订货次数少就意味着每次订货数量多，导致保管费用增加，库存压力增大。总库存费用等于每次订货费用之和加上保管成本。要实现物流成本的削减，不能仅仅关注个别物流成本的控制，要从系统成本的角度进行管理，掌握好物流各构成项目之间的关系。

企业物流管理肩负着降低物流成本和提高物流服务水平两大任务，这是一对相互矛盾的关系。物流学科致力于解决和克服各个功能要素的效益背反现象，追求各个要素功能的全面优化，追求物流整体效益。

5. 成本中心学说

成本中心学说，是指物流在整个企业的战略中，只对企业营销活动的成本产生影响，物流是企业成本的重要部分，因而，解决物流的问题并不主要是为了合理化、现代化，也不是主要在于支持保障其他活动，而主要是通过物流管理和物流的一系列活动降低成本。所以，成本中心学说既是指主要成本的产生点，又是指降低成本的关注点。物流是"降低成本的宝库"等说法正是这种认识的形象描述。

成本中心类似于企业内部"部门"的概念，但在管理会计中它主要用于成本控制。将公司按照成本中心分割，可以实现对责任区域的成本计划、认定、控制和分摊。和其他成本对象相比，成本中心具有比较稳定、变化较少的特点。从组织结构的角度，将所有成本中心按树状层次有序地组织起来，构成了成本中心组织结构。

成本中心学说的局限性在于没有认识到物流在企业整体战略中的重要性，更没有认识到物流的增值效应，一味地强调物流成本的降低会影响到企业整体战略的实施。

1.2　物流成本管理的内涵与意义

1.2.1　物流成本管理内涵

经济发展使得科学技术与生产经营日益结合，企业依靠科学技术积极开拓市场，同时注重管理，挖掘内部潜力，控制和降低成本，力求以低成本、高质量发展企业。因此，成本管理是企业管理的一个重要组成部分。物流是一个复杂的系统，物流管理是一个新兴事物，对物流成本管理的研究还处于起步阶段，因此业界对物流成本管理至今没有一个确切的定义。对于物流成本管理，可以从以下几个方面理解。

1. 物流成本管理是通过成本来管理物流活动

许多人一提起物流成本管理，就认为是"管理物流成本"，其实成本是可以计算的，但不能成为被管理的对象，能够成为管理对象的只能是具体的活动。因此，物流成本管理就是通过成本管理物流，即管理的对象是物流而不是成本。通过成本管理物流，一方面是因为成本能真实地反映物流活动的实态，用成本去掌握物流活动，物流活动方法上的差别就会以成本差别的形式明显地表现出来；另一方面，成本可以成为评价所有活动的共同尺度，从而可以把性质不同的活动放到同一场合进行比较。

2. 物流成本核算是物流成本管理的基础

目前我国企业的财务会计制度并没有单独的科目来核算物流成本，企业通常把各种成本费用列在费用一栏，物流成本难以准确地从费用中分离。这使得一些企业仅将向外部的运输企业支付的运输费用和向外部仓库支付的仓储费用作为企业的物流成本。这种计算方式使得企业内与物流相关的人员费用、设备折旧费用等大量的物流成本被隐藏，无法表现出来。而在企业的物流管理中，很难为建立物流独立核算系统而破坏其他成熟的财务会计核算系统。企业对物流成本进行核算的目的是评价物流管理部门的绩效，最终达到控制企业经营管理总成本的目标，因此，有必要在物流成本信息的精确与核算效率两者中权衡，简化物流成本核算过程。不能将核算物流成本停留在某一个物流环节上，而应该站在企业经营管理总成本的高度去认识物流成本。

3. 物流成本管理要以企业整体为研究分析对象

很多企业物流是分割开来由多个部门管理的，销售、采购、运输、配送、库存控制和客户服务等物流功能往往由不同部门负责。大多企业按部门考核其成本效益，因此相关部门只关心在本环节节约物流成本，使得降低物流成本的努力仅仅停留在某一项活动上，而忽视了对物流活动的整合。由于物流成本中存在效益背反的特点，即单个环节物流成本的降低并不意味着企业物流总成本的降低，有时会出现单个环节物流成本下降而物流总成本上升的现象。比如，追求仓库单位租金最低，而将仓库位置选在偏远的地方，导致交通不便、装卸效率低、配送成本高、完成订单时间长等后果，从而可能增加物流总成本。

因此，节约物流成本最重要的是从总成本的角度出发，而不是追求其中某个环节的成本最低，单一环节物流成本的下降导致其他环节物流成本的上升是不可取的；一味追求物流成本的下降，而忽略了服务的质量也不可取。企业物流是一个完整的系统，追求物流成本的降低必须要以系统的观点和现代供应链管理的思想为指导，既要在企业内部系统实行全面成本管理，又要与上下游企业构建供应链实现共赢。

4. 物流成本管理的宏观视角

作为政府，从社会总成本的角度认识物流成本应该有更大范围的全局意识与前瞻性。从整个国家的角度来看，不同企业之间此消彼长的成本是不同企业财务的转移博弈，不影响全社会物流成本。因而政府的关注点不是单一的企业，而是注重政府公共财政对物流基础设施、交易平台的投入，如增加公共投资、提高公路等级、缩短运输路径、减少交通损耗、增加政府信息平台建设、降低企业信息成本等。政府的物流成本提高了，企业的物流成本下降了，物流成本从企业向政府转移，从而提高企业的竞争力。

1.2.2 物流成本管理的意义

物流成本管理的目的就是要在既定的客户服务水平下，追求最低的物流成本，在物流成本和顾客服务之间找到平衡点，创造企业在竞争中的战略优势。企业在进行物流成本管理时，总体目标是降低物流成本。物流成本管理的意义在于通过对物流成本的有效把握，充分利用物流要素之间的相互关系，通过科学、合理地组织物流活动，加强对物流活动过程中物流成本支出的有效控制，降低物流活动中各种资源的消耗，从而达到降低物流总成本、提高社会经济效益和企业利润的目的。

物流成本管理是物流管理的重要内容，降低物流成本是企业物流管理的重要课题。实行物流成本管理，降低物流成本，提高效益，对国家与企业都具有重要的现实和长远意义。根据物流成本管理影响的层面，把物流成本管理的意义分为宏观意义和微观意义。

1. 物流成本管理的宏观意义

从宏观的角度看，物流成本管理给行业和社会带来的经济利益体现在以下几方面。

(1) 有利于提高行业总体竞争能力和经济高质量运行。

物流成本管理水平直接影响物流成本水平，从而进一步影响产品成本。我国企业可以利用高质量的现代物流系统，降低物流成本，改进物流管理，提高企业及其产品参与国际市场活动的竞争力。如果全行业的物流效率普遍提高，物流成本平均水平降低，则该行业在国际上的竞争力将会增强，从而可以提高这个行业在市场上的竞争力。

对于全社会而言，降低物品在物流各个环节的损耗意味着创造同等数量的财富。在物流领域的消耗减少、实现尽可能少的资源投入、创造出更多的物质财富是全社会的共同目标。物流成本的节约亦可增加在生产领域的投入，还可以增加企业为国家上缴的利税，增加国家资金积累，扩大社会再生产的基础。物流成本管理对于优化资源配置、提高经济运行效率，具有十分重要的意义。

（2）有利于提高社会消费水平。

通过加强物流成本管理，降低商品流通中的物流费用，全行业物流成本普遍下降，将会对产品的价格产生影响，使物价相对下降，即企业可以以相对低廉的价格出售自己的产品，减轻消费者经济负担，提高消费者购买力，这有利于保持消费物价的稳定，刺激消费，为消费者带来很多利益，提高整个社会的消费水平。

（3）有利于加速产业结构调整。

加强物流成本管理，促进现代物流的发展，可改变区域经济的增长方式。我国传统的工业化道路一方面追求高速度，另一方面为粗放型运作。物流方面表现为物流成本占比过高，物流成本在产成品中比例过大。加强物流成本管理可以促进区域经济的增长方式转变，引导企业走新型工业化之路，实现用集约式经营，来提高效益和效率。

加强管理物流成本为手段的物流管理，可以促进新的产业形态的形成，优化区域产业结构。加强物流成本管理有利于对分散的物流进行集中管理，量的集约必然要求利用现代化的物流设施、先进的信息网络进行协调和管理，又促进了当地的经济发展，既解决了当地的就业问题，又增加了税收，促进了其他行业的发展。

（4）有利于促进节约型经济的发展。

加强物流成本管理，可以降低物品在运输、仓储、配送、流通加工、搬卸等流通环节的损耗，对企业而言可以提高利润，对于整个社会而言，物流成本的下降，意味着在物流领域所消耗的各种资源得到节约。以尽可能少的资源投入创造出尽可能多的物质财富，减少资源消耗，从而推动资源节约型企业的创建。近年来，我国提出了建设资源节约、环境友好型社会的目标和要求，而加强物流成本的管理工作，不断降低物流管理领域的各类耗费，节约各类资源，以最少的耗费换取最大的利益，则是建设节约型社会的具体举措。

2. 物流成本管理的微观意义

从微观的角度看，物流成本管理给企业带来以下效益。

（1）有利于扩大企业利润空间，提高利润水平。

在充分竞争的市场环境下，产品的价格由市场的供求关系所决定，而价格背后体现的是产品的价值量。商品价值并不取决于个别企业的劳动时间，而是由行业平均必要劳动时间决定的。当企业的物流活动效率高于该行业平均物流活动效率、物流成本低于该行业平均物流成本水平时，企业就有可能获得超额利润，物流成本的降低部分转化为企业的"第三利润"；反之，企业的利润水平就会下降。正是这种与降低物流成本相关的超额利润的存在，会使企业积极关注物流领域的成本管理，致力于降低物流成本。

（2）有利于取得价格优势，增强竞争力。

物流成本在产品成本中占有较大比重，在其他条件不变的情况下，通过加强物流成本管理，可以降低企业产品的成本。如果企业进行的所有生产经营活动的成本累计低于竞争对手的成本，企业就具有了低成本优势，会给企业来带来超额收益。企业按照较低价格销售产品，在竞争中取得价格优势，从而提高产品的市场竞争力。企业进行有效的成本管理，持续不断地降低物流成本，可以提高物流服务水平，为客户提供更好的服务，从而增强企业竞争力。

(3) 有利于企业提高管理水平。

物流成本的降低需要系统化的物流管理，要求企业在运输、仓储、包装、装卸、搬运等各个物流活动环节实现作业的无缝连接，减少各种物流活动环节的浪费，避免待工、待料、设备闲置，对客户的需求快速做出反应。因此，加强物流成本管理可以改进企业的管理水平，例如对现有财务核算进行完善、对组织机构进行改革、采用先进的管理方法等。

总之，加强物流成本管理，降低物流成本，从宏观上看，可以提高国民经济的总体运行质量和竞争力，促进产业结构调整，发展国民经济；从微观上看，对提高企业利润空间、增强企业竞争力、提高管理水平等具有重要意义。

1.3 物流成本管理的内容、目标与方法

1.3.1 物流成本管理的内容

企业物流成本管理的内容主要包括物流成本计算、物流成本预测、物流成本决策、物流成本预算、物流成本控制、物流成本分析及物流成本考核等。物流成本管理的各项内容之间相互配合、相互依存，构成了一个有机整体。

1. 物流成本计算

物流成本计算是根据企业确定的物流成本计算对象，采用合适的成本计算方法，按规定的成本项目，对企业经营过程中发生的与物流有关的费用进行归集与分配，从而计算出各对象的物流成本。通过物流成本计算，可以如实地反映物流的实际耗费，同时，也是对各种物流费用的实际支出的控制过程。

物流成本计算最关键的因素有两个：一是明确物流成本的构成内容，寻找物流和成本之间的交集；二是确定物流成本计算对象，企业物流成本计算对象包括物流成本范围、物流阶段、物流功能等。企业应根据不同时期物流成本管理的要求，动态调整物流成本计算对象。

物流成本计算并非物流成本管理的目的，而是物流成本管理的前提和基础。物流成本计算可以为物流成本管理提供客观、真实的成本信息，为物流成本预测、决策、计划、控制、分析和考核等提供数据基础。

2. 物流成本预测

物流成本预测是根据已有的与物流成本有关的各种数据，结合企业内外环境的变化，采用专门的方法，对未来的物流成本水平及其变动趋势进行科学的估计。物流成本预测可以提高物流成本管理的科学性和预见性，普遍存在于物流成本管理中，如对一定量或者一定时期的仓储成本预测、运输过程总的运输成本和货物周转量的预测、流通过程中耗费时间的预测等。

物流成本预测具有三个共同特征：一是成本预测都以不同程度的历史资料为依据；二是成本预测都涉及未来；三是成本预测都存在不确定性。

物流成本预测是成本决策、预算、控制和分析的基础，预测的准确性影响物流成本管

理的工作质量。

3. 物流成本决策

物流成本决策是指在物流成本预测的基础上，结合其他有关资料，拟订降低物流成本的各种方案，并运用一定的科学方法对各方案进行可行性分析，然后从各方案中选择一个满意方案的过程。

物流成本决策的价值标准应考虑使用综合经济目标的办法，即将以长期稳定的经济增长为目标、以经济效益为尺度的综合经济目标作为价值标准。由于物流成本决策所考虑的是价值问题，因此物流成本决策的综合性较强，对企业其他生产经营决策起着指导和约束作用。

物流成本决策决定了今后物流成本管理的工作方向。进行成本决策、确定目标成本是编制成本预算的前提，也是实现成本控制、提高经济效益的重要途径。

4. 物流成本预算

物流成本预算是根据物流成本决策所确定的物流目标成本、降低物流成本的要求及有关资料，运用一定的方法，并通过一定的程序，以货币形式规定预算期物流各个环节耗费水平和成本水平。

通过物流成本预算管理，可以在物流活动中全方位向企业员工提出明确的成本目标，实行管理责任制，增强企业全员的物流成本管理意识，控制物流环节费用，挖掘降低物流成本的潜力，保证企业物流成本目标的实现。

5. 物流成本控制

物流成本控制是根据物流成本预算，对成本发生和形成过程以及影响成本的各种因素施加主动影响，以保证实现物流成本预算的一种行为。在物流成本控制过程中，要制定各项物流消耗定额、标准成本等作为执行标准，在执行过程中不断反馈其执行情况，当实际执行结果和执行标准有重大偏差时，及时采取措施予以纠正。

物流成本控制的基本内容有运输费用的控制、储存费用的控制、装卸搬运费用的控制、包装费用的控制、流通加工费用的控制等。通过成本控制，及时发现问题，根据问题采取应对措施，以保证目标的实现。

物流成本控制包括事前控制、事中控制和事后控制。根据控制的效力，企业应突出事前控制，强化事中控制，完善事后控制。

6. 物流成本分析

物流成本分析是对物流活动运行的结果，运用一定的分析方法，对物流成本进行预测、决策、核算和控制的过程，旨在揭示物流成本水平变动的原因及存在的问题，分析影响物流成本变动的各种因素，进行物流成本管理的改进。

通过物流成本分析，可以正确评价企业物流成本计划的执行结果，揭示物流成本升降的原因，明确影响物流成本的各种因素及其原因，寻求进一步降低物流成本的途径和方法。

7. 物流成本考核

物流成本考核是指在物流成本分析的基础上，对物流成本计划及相关指标进行总结与评价，并实施奖惩的过程。考核的目的在于调动各责任者的积极性，促使其改进工作，降低成本，提高效率。物流成本考核要以责任中心为对象，以其可控成本为界限，按责任归属来考核物流成本指标的完成情况。

通过物流成本考核，可以评价各责任单位对当期降低物流成本的贡献，促进各责任单位和责任人员树立物流成本管理意识，激发其降低物流成本的积极性。

上述物流成本管理的内容是一个相互配合、相互联系的有机整体。物流成本预测是成本决策的前提；物流成本计算是物流成本管理的基础，提供了物流成本管理所需要的数据来源；物流成本决策是物流成本计划的基础；物流成本预算是成本控制和成本考核的依据；物流成本控制可以通过对预算执行情况的督促检查保证预算目标的实现；物流成本分析为正确进行成本考核提供依据，同时为下一步的成本预算和成本决策反馈有用的信息；物流成本考核可以通过对各责任中心业绩的评价实施奖惩，调动工作积极性，促进物流成本计划的顺利完成。

1.3.2 物流成本管理的目标

物流是社会不可或缺的一项功能，如今，我们的衣食住行，没有了物流，是不可想象的事情。如果细分消费，会发现物流是消费品的载体，不是消费品本身，物流毕竟不是衣食住行，不能直接消费，所以，优化物流成本管理就是优化社会成本。

物流管理的目标就是要提升企业的物流能力，实现物流活动的效率化。物流企业要在总成本最低的条件下，提高有竞争优势的客户服务，完成商品从供应地到消费地的流动。企业物流成本管理尽管有自身的具体目标，但必须与企业生存、发展和获利的目标高度一致，同时也应是实现企业目标的细化目标。具体来说，企业物流成本管理的目标有以下几点。

1. 坚持以顾客为中心，提高认可度

在市场经济条件下，顾客是企业物流价值实现的决定因素，企业物流所有价值的实现和增值最终都来自顾客的认可。所以企业物流在进行价值链分析时，应始终以顾客需求为出发点和归宿。企业物流的成本管理理念应建立在顾客对成本管理认可的基础上，一个企业的物流如果不能被顾客认可，即使成本管理再低，也是没有意义的。

2. 降低成本，增加利润

近年来，随着企业原材料成本、人工成本及生产制造成本等压缩，探索新的成本压缩渠道、进一步降低企业成本成为所有企业管理者必须面对的新课题。当第三利润源学说、物流冰山学说等渐渐被企业认识且认可时，企业降低成本的方向不约而同地转向物流成本领域。

资料显示，物流成本在企业总成本中占有相当大的比重，其中，生产制造企业和商品流通企业物流成本占企业总成本的20%左右，而物流企业物流成本占企业总成本的比重在80%以上。所以，如何挖掘企业物流成本管理的潜力，进一步降低企业物流成本，进而降低企业总成本，提高企业利润水平，直接关系到企业生存、发展和获利等基本目标的实现。

从这个意义上说，企业物流成本管理通过物流成本的计算、分析、预测、预算和控制等，使实现降低成本、增加利润的目标与实现企业目标达到了统一。

3. 提高竞争力

（1）保持企业竞争力的重要因素是降低成本。企业要扩大销售、提高利润，需要依靠价格优势，即降低产品价格。而成本是产品定价的基础，只有降低产品成本才有可能降低产品定价。另外，从收入、成本和利润三者的勾稽关系看，在产品收入一定的情况下，成本越低，企业获利越多。因此，企业通过加强物流成本管理，降低成本，提高利润，可以大幅提高企业的竞争力。

（2）物流合理化也是保持企业竞争力的重要因素之一。物流合理化要求企业能够对原材料、半成品、产成品以及相关信息流动做到7R（Right），即正确的产品、正确的质量、正确的条件、正确的顾客、正确的地方、正确的时间和正确的成本，这也是现代物流管理的实质。物流合理化能够促进业务流程的优化，实现企业发展从静态化、慢节奏到动态化、快节奏的转变，进而从根本上提高企业的竞争力。

无论是以7R原则来衡量物流服务的质量，还是以活动基础作业成本法来控制成本，最终的目标在微观上体现为以尽可能低的成本为顾客提供最好的服务，在宏观上表现为在一定的物流收益水平的约束下追求物流成本最小化。物流成本管理的最终目标是在提高物流效率和服务水平的同时，不断降低物流成本，提高企业利润水平和企业竞争力。从这一点上说，物流成本管理的目标与企业目标实现了有效融合。

1.3.3 物流成本管理的方法

为了达到物流成本管理的目的，企业应该采用正确的物流成本管理方法，一般有以下几种方法。

1. 比较分析法

比较分析法是对两个或两个以上相关的可比较数据进行对比，发现差异和矛盾的一种方法。具体分为横向比较法、纵向比较法和计划与实际比较法。

（1）横向比较法。

横向比较法是指将处于同一层次的物流活动成本进行对比，可以用各项物流成本的绝对数相比较，也可以用各项物流成本在企业总成本或物流总成本中所占比重的相对数进行比较。

横向比较法具体指把企业的供应物流、生产物流、销售物流、退货物流和废弃物物流（有时包括流通加工和配送）等各部分物流费，分别计算出来，然后进行横向比较，看哪部分发生的物流费用最多。如果是供应物流费用最多或者异常多，则再详细查明原因，堵住漏洞，改进管理方法，以降低物流成本。

另外，企业还可以与同行同类型企业进行横向比较，以发现自己的不足和差距。企业也可以对物流活动中的运输成本、仓储成本、配送成本、包装成本等进行比较分析。

（2）纵向比较法。

纵向比较法是将两个或者两个以上处于不同层次或不同阶段的事物进行比较。通过纵向比较，可以分析企业物流成本的趋势与走向。

纵向比较法具体指把企业历年的各项物流费用与当年的物流费用加以比较，如果增加了，再分析为什么增加，在哪个地方增加，增加的原因是什么。假若增加的是无效物流费，则立即改正。

（3）计划与实际比较法。

计划与实际比较法是指把企业当年实际发生的物流成本与原来编制的物流预算进行比较，如果超支了，则分析超支的原因，在什么地方超支，这样便能掌握企业物流管理中的问题和薄弱环节，进而探索改进措施，提高物流成本管理水平。

2. 综合评价法

综合评价法是指用多个指标进行评价的方法，其基本思想是将多个指标转化为一个能够反映综合情况的指标来进行评价。

企业物流是一个完整的系统，物流成本管理要从总成本的角度出发，而不是追求其中某个环节的成本最低。综合评价法就是通过对物流成本的综合效益进行研究分析，用系统的观点对物流活动进行综合评价。

例如，物流过程中采用集装箱运输，不仅可以简化包装、节约包装费，还可以防雨、防晒，保证运输途中物品质量。但是，如果包装由于简化而降低了包装强度，货物在仓库保管时则不能往高堆码，浪费库房空间，降低仓库的保管能力。由于简化包装，可能还会影响货物的装卸搬运效率等。那采用何种方式运输才能使成本最低呢？这就需要综合考虑，经过全面分析得出合理结论。

3. 过程优化管理法

过程优化管理法就是通过物流过程的优化来达到降低物流成本的管理方法。物流过程是一个创造时间性和空间性价值的经济活动过程，为使其能够提供最佳的价值效能，就必须保证物流各个环节的合理化和物流过程的迅速与通畅。

①运用线性规划、非线性规划，以便能制订最优运输计划，实现物流运输优化。常用的方法有单纯形法和表上作业法。

②运用系统分析技术，选择货物最佳的配比和配送线路，实现物流配送优化。目前较成熟的确定优化配送线路的方法是节约法。

③运用存储论，确定经济合理的库存量，实现物资储存优化。其中比较常用的是经济订购批量模型，即 EOQ（Economic Order Quantity）模型。

④运用模拟技术，对整个物流系统进行研究，实现物流系统的最优化。

4. 排除法

在物流成本管理中有一种方法叫活动标准管理（Activity Based Management，ABM）。其中一种做法就是把物流相关的活动划分为两类，一类是有附加价值的活动，如出入库、包装、装卸等与货主直接相关的活动；另一类是非附加价值的活动，如开会、改变工序、维修机械设备等与货主没有直接关系的活动。其实，在商品流通过程中，如果能采用直达送货的话，则不必设立仓库或配送中心，实现零库存，等于避免了物流中的非附加价值活动。如果将上述非附加价值的活动加以排除或尽量减少，就能节约物流费用，达到物流管理的目的。

5. 责任划分法

在生产企业里，物流的责任究竟在哪个部门？是物流部门还是销售部门？客观讲，物流本身的责任在物流部门，但责任的源头是销售部门或生产部门。以销售物流为例，一般情况下，由销售部门制订销售物流计划，包括订货后几天之内送货，接受订货的最小批量是多少等。假若该企业过于强调销售的重要性，则可能决定当天订货，次日送达。这样的话订货批量大时，物流部门的送货成本少，订货批量小时，送货成本就增大，甚至过分频繁、过少数量送货造成物流费用增加，大大超过了扩大销售产生的价值，这种浪费和损失，应由销售部门负责。分清类似的责任有利于控制物流总成本，防止销售部门随意改变配送计划，堵住无意义、不产生任何附加价值的物流活动。

课后练习

一、不定项选择题

1. 物流成本属于（　　）范畴。
   A. 会计成本　　　　B. 管理成本　　　　C. 生产成本　　　　D. 作业成本
2. 物流成本相关的理论学说包括（　　）。
   A. 黑大陆学说　　　B. 物流冰山学说　　C. 第三利润源学说　D. 效益背反理论
3. 物流成本管理的意义表现在（　　）等方面。
   A. 可以提高企业竞争能力　　　　　　　B. 可以提高企业利润空间
   C. 可以取得产品价格优势　　　　　　　D. 可以提高企业管理水平
4. 物流成本控制可分为（　　）。
   A. 事前控制　　　　B. 预算控制　　　　C. 事中控制　　　　D. 事后控制
5. 下列选项中，不属于物流成本管理方法的是（　　）。
   A. 比较分析法　　　B. 横向比较法　　　C. 排除法　　　　　D. 直线法

二、简答题

1. 如何理解物流成本理论学说中的效益背反理论？
2. 为什么要对物流成本进行管理？
3. 物流成本管理的内容包括哪些？
4. 物流成本管理的目标有哪些？

三、案例分析题

布鲁克林酿酒厂在美国分销布鲁克林拉格和布朗淡色啤酒已经十多年，在美国还没有成为知名品牌，不过在日本却创建了每年 200 亿美元的市场。有一家贸易公司建议布鲁克林酿酒厂将啤酒航运到日本，并通过广告宣传其进口啤酒具有独一无二的新鲜度。这是一个营销战略，也是一种物流作业。由于成本过高，所以目前尚未有其他企业通过空运将啤酒出口到日本。

1987 年 11 月，布鲁克林酿酒厂装运了它的第一箱布鲁克林拉格到日本，经过筛选，日本金刚砂航空公司被选为布鲁克林酿酒厂唯一的航空承运人。原因在于金刚砂向布鲁克林酿酒厂提供增值服务，即其在肯尼迪国际机场的终点站交付啤酒并在飞往东京的商务班上安排运输。这些服务有助于保证产品完全符合新鲜的要求。

啤酒之所以能达到新鲜要求，是因为这样的物流作业可以在啤酒酿造后的一周内将啤酒从酿酒厂直接运达顾客手中，而海外装运啤酒的平均周期为 40 天。新鲜的啤酒的定价高于海外装运啤酒价格的 5 倍。虽然布鲁克林拉格在美国属于平均价位的酒，但是在日本是一种溢价产品，获得了极高的利润。

布鲁克林酿酒厂改变一贯的包装，通过装运小桶装啤酒而不是瓶装啤酒来降低运输成本。虽然小桶装和瓶装容量相等,但是减少了玻璃破碎的机会。另外,小桶啤酒对保护性包装要求也比较低,进一步降低装运成本。高价并没有影响啤酒在日本的销售额。1988年,在布鲁克林进入日本市场的第一年,布鲁克林酿酒厂取得了50万美元的销售额,1989年销售额增加到100万美元,1990年销售额达到130万美元,日本市场的销售额占布鲁克林酿酒厂总销售额的10%。

思考与讨论:从物流成本控制方面分析布鲁克林酿酒厂成功的原因。

第 2 章 物流成本的构成与分类

学习目标

了解物流系统的要素;

了解美国、日本社会物流成本的构成,理解我国社会物流成本的构成;

掌握企业物流成本的构成,包括项目构成、范围构成和支付形态构成;

掌握基于成本计算的企业物流成本分类和基于成本管理的企业物流成本分类。

案例导读

2020 年中国物流行业发展现状

我国物流行业最早从相对独立的纯粹仓储和运输起步,在这个阶段,整体上行业极其分散,普遍规模小,竞争非常激烈,利润微薄。

目前,随着中国产业结构日益走向规模化和专业化的格局,伴随信息技术的大量应用、电子商务的兴起及对成本控制要求的提升,物流行业开始进入整合阶段,从无序走向有序,各种新的业态也开始涌现,例如供应链管理、整车零担运输等,也涌现出很多具有很强竞争力和成长能力的公司。

物流费用占国内生产总值的比重是衡量物流业总体运行效率重要指标之一。我国物流业近年来虽保持较快增长势头,但整体运行效率仍然较低。我国该指标从 1991 年的 23.79% 下降到 2019 年的 14.7%。美国、日本物流费用占 GDP 的比重稳定在 8% 左右,我国与美日相差超过 8%。

降本增效是实现国内供给侧结构性改革的主要途径之一,物流行业降本增效是交通运输实现高质量发展、加快建设交通强国的必由之路。交通运输部在落实降成本工作方面,采取优化政务办事流程、深入推进交通运输物流简证减费、提质增效等措施,进一步减轻实体经济企业的负担。2011—2019 年,物流发展质量和效益稳步提升。据测算,我国社会物流总费用占 GDP 比重逐年下降,2013—2020 年社会物流总费用占 GDP 比率整体呈现下降趋势,2020 年 1—9 月份我国社会物流总费用与 GDP 的比率降至 14.4%,为改善实体经济发展环境、提升国民经济运行效率做出了积极贡献,具体如图 2-1 所示。

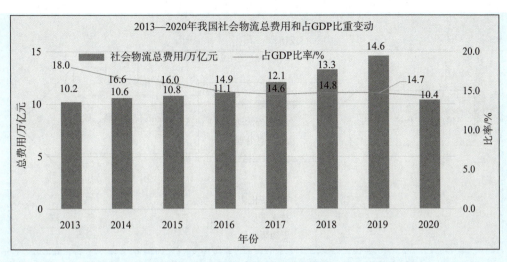

图 2-1　2013—2020 年我国社会物流总费用和占 GDP 比重变动图

目前我国物流行业发展虽然面临着一些新的挑战和深层次的矛盾，但基于外部良好的政策和经济环境，行业仍保持稳定增长，物流服务能力不断增强。未来一段时期，随着国内经济发展进入新常态，我国物流业也将进入以质量和效益提升为核心的发展新阶段，物流基础设施网络布局将更加完善，政策层面继续坚持深化供给侧结构性改革，降低全产业链物流成本，提高物流供给质量，做好降本增效，不断增强实体经济竞争力。另外，行业也将积极引入新技术、新模式、新理念，提高全要素生产率，逐步优化行业运行体系，实现产业转型升级。

2.1　物流系统要素

物流系统是指由两个或两个以上的物流功能单元构成，以完成物流服务为目的的有机集合体。物流系统要素指采购、运输、储存、流通加工、装卸、搬运、包装、销售、物流信息处理等物流环节所需的劳务、设备、材料、资源等。

具体而言，物流系统（Logistic System）是指在一定的时间和空间里，由所需位移的物资、包装设备、装卸搬运机械、运输工具、仓储设施、人员、通信联系等若干相互制约的动态要素所构成的，具有特定功能的有机整体。物流系统的目的是实现物资的空间效用和时间效用，在保证社会再生产顺利进行的前提下，实现各种物流环节的合理衔接，并取得最佳的经济效益。物流系统模式如图 2-2 所示。

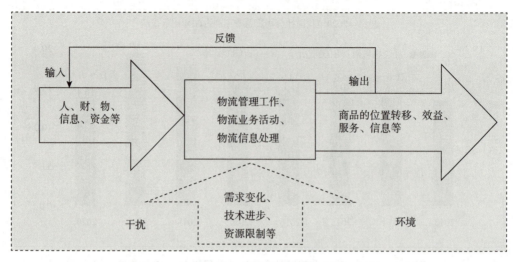

图 2-2 物流系统模式

一般来讲，我们可以把物流系统的要素分为物流系统的物质基础要素、功能要素、支撑要素和流动要素四个方面。

2.1.1 物流系统的物质基础要素

物流系统的建立和运行，需要有大量技术装备手段，这些手段的有机联系对物流系统的运行有重要意义，这些要素包括设施、装备、工具、信息技术及网络、组织及管理。

设施是组织物流系统运行的基础物质条件，包括物流站、货场、物流中心、仓库、物流线路、建筑、公路、铁路、港口等。装备是保证物流系统开工的条件，包括仓库货架、进出库设备、加工设备、运输设备、装卸机械等。工具是物流系统运行的物质条件，包括包装工具、维护保养工具、办公设备等。信息技术及网络是掌握和传递物流信息的手段，根据所需信息水平不同，分为通信设备及线路、传真设备、计算机及网络设备等。组织及管理是物流网络的"软件"，起着联结、调运、运筹、指挥各要素的作用，以保障物流系统目的的实现。

2.1.2 物流系统的功能要素

物流系统的功能要素指的是物流系统所具有的基本能力，这些基本能力有效地组合、联结在一起，便成了物流的总功能，合理、有效地实现物流系统的总目的。从物流活动的实际工作环节来讲，物流系统的功能要素可概括为七个方面：运输、仓储、包装、装卸搬运、流通加工、配送、信息管理。这些功能也是物流系统的基本作业环节。

1. 运输功能要素

运输是物流最主要的功能之一，即对物资进行较长距离的空间位移。物流部门通过运输物资解决物资在生产地点和需求地点之间的空间距离问题，从而创造商品和空间效益，实现其使用价值，以满足社会需要。对运输活动的管理，要求选择技术经济效果最好的运输方式及联运方式。合理确定运输路线，以最小的损耗、最低的成本、最快的速度完成转移。

2. 仓储功能要素

仓储在物流系统中起着缓冲、调节和平衡的作用，是物流的另一个中心环节，包括堆存、保管、保养、维护等活动。仓储的目的主要是克服产品生产与消费在时间上的差异，使物资产生时间上的效果。

对仓储活动的管理，首先，应明确仓库以流通为主还是以储备为主，合理确定保管制度和流程，对库存物品采取有区别的管理方式，力求提高保管效率。其次，对在库或在途商品的数量和品质以及运作进行管理，以防止商品数量减少、质量发生变化。最后，提高劳动生产率，减少在储存作业过程中的保管、装卸、包装费用以及商品损耗，加快商品在储存过程中的作业时间。

3. 包装功能要素

包装包括产品的出厂包装，生产过程中在产品、半成品的包装，以及在物流过程中换装、分装、再包装等活动。包装保证产品完好地送达消费者，所以被称为生产的终点，同时又是物流的起点。

包装分工业包装和商品包装两种。工业包装的作用是按单位分开产品，便于运输，并保护在途货物。商品包装的目的是便于最后的销售。因此，包装的功能体现在保护商品、单位化、便利化和商品广告等几个方面。产品以工业包装为主还是以商品包装为主，要全面考虑包装对产品的保护作用、促进销售作用、提高装运率的作用、拆包装的便利性以及废包装的回收及处理等因素。

4. 装卸搬运功能要素

装卸搬运包括对输送、保管、包装、流通加工等物流活动进行衔接活动，以及在保管等活动中为进行检验、维护、保养所进行的装卸搬运活动。具体来说，装卸一般指上下方向移动物品，而搬运则是横向或斜向移动物品。装卸搬运活动是物流各项活动中出现频率最高的一项作业，其活动效率直接影响到物流整体效率。对装卸搬运的管理，主要是对装卸搬运方式、装卸搬运机械设备的选择和合理配置与使用以及装卸搬运合理化，尽可能减少装卸搬运次数，以节约物流费用，获得较好的经济效益。

5. 流通加工功能要素

流通加工是物流中具有一定特殊意义的活动。一般来说，生产是通过改变物质形式和性质，进而创造商品价值和使用价值的一种活动，而流通是保持商品原有形式和性质，以完成所有权转移和空间位移的一种活动，是生产加工在流通领域的延伸。这种加工活动不仅存在于企业内部的流通过程，也存在于社会流通过程中。

流通加工又称流通过程的辅助加工活动，即在商品从生产者向消费者流动的过程中，企业为了弥补生产过程中加工程度的不足，更有效地满足用户或本企业的需求，更好地衔接产需、促进销售而进行的加工活动，比如剪板加工、冷冻加工、分装加工、组装加工、精加工等。流通加工能够促进销售，维护商品质量，提高物流效率，同时对物流活动具有增值作用。

6. 配送功能要素

配送是物流进入最终阶段，以配货、送货形式完成社会物流并最终实现资源配置的活动。配送活动一直被视为运输活动的一个组成部分、一种运输形式。过去未将其独立作为物流系统实现的功能，也未看成是独立的功能要素，而是将其作为运输中的末端运输对待。但是，配送作为一种现代流通方式，集经营、服务、社会集中库存、分拣、装卸、搬运于一身，已不是单单一种送货运输能包含的，所以在本书中将其作为独立功能要素。

7. 信息管理功能要素

信息渠道的畅通是物流系统高效运行的保证。具体来说，企业物流管理的信息流既包括企业内部信息流，如企业内原材料、半成品、产成品物流以及生产过程物流和与之相关的物流成本核算所产生的信息流动，也包括企业间的信息流，如企业间订货、收货、发货、中转、代理以及结算等活动所产生的物流信息。

物流信息管理主要作用体现在：缩短从接受订货到发货的时间；库存适量化；提高搬运作业效率；提高运输效率；使接受订货和发出订货更为省力；提高订单处理的精度；防止发货、配送出现差错；调整需求和供给；提供信息咨询等。

物流系统的信息管理功能必须建立在计算机网络技术和国际通用的 EDI（Electronic Data Interchange）信息技术基础之上，才能高效地实现物流活动一系列环节的准确对接。可以说，信息服务是物流活动的中枢神经，该功能在物流系统中处于不可或缺的重要地位。

上述七项功能要素中，运输及仓储分别解决了供给者及需要者之间场所和时间的分离，是物流创造场所效用及时间效用的主要功能要素，因而在物流系统中处于主要功能要素的地位，而信息管理功能伴随着物流信息贯穿整个物流系统。另外，物流系统的效益并不是这些局部环节收益的简单相加，因为各环节的效益之间存在相互影响、相互制约的关系，任何一个环节的过分削弱都会影响物流系统链的整体强度。

2.1.3 物流系统的支撑要素

物流系统的支撑要素主要包括物流系统的体制、国家的物流法律、物流的组织管理、物流的技术发展以及物流人才教育体系。

1. 物流系统的体制

物流系统的体制主要是指物流系统自身的内部构造，物流系统的体制决定物流系统的结构、组织、领导、管理方式，体制的好坏直接决定着物流系统的运转效率，以及物流系统的实行难易程度，是物流系统的重要保障。

2. 国家的物流法律

国家有关物流的法律法规，直接影响物流系统的设计和布置。物流系统的运行不可避免地涉及企业和人的权益问题，国家出台相关政策支持物流系统，规范物流系统的活动，那么物流系统发展就会更加迅速顺利。

3. 物流的组织管理

物流的组织管理是指物流系统的内部组织架构和人员管理，组织架构和人员管理关系物流系统的实力发展，做得好才能促进物流系统的进步。

4. 物流的技术发展

物流的相关技术一直都是发展的，技术的更新换代也一直在进行着。科学技术是第一生产力，物流系统的发展离不开物流技术的应用和普及。

5. 物流人才教育体系

物流人才是物流系统发展的重要基础，只有拥有一流人才，才可以创造出一流物流系统。而持续的物流人才是需要通过教育体系来培养的。

2.1.4 物流系统的流动要素

物流系统由流体、载体、流向、流量、流程、流速六种流动要素构成。

1. 流体

流体是指物流中的"物"，即实体物质。流体都具有一定的自然属性和社会属性。流体的自然属性是指其物理、化学或生物属性，流体是处于不断运动变化中的。

2. 载体

载体是指流体赖以流动的设施和设备，它大体可以分成两种类型：第一类载体是指基础设施，如公路、铁路等；第二类载体是指各物流设备，如汽车、火车等。

3. 流向

流向指流体从起点到终点的流动方向，即物流的流向，包括以下几种。

（1）自然流向：一种客观需要，即商品要从生产地向需求地流动。

（2）计划流向：从供应地向需求地的流动。

（3）市场流向：由市场供求确定的商品流向。

（4）实际流向：物流过程中实际发生的流向。

4. 流量

流量就是依赖载体进行流动的在一定流向上的数量，包括以下几种。

（1）按流向的分类：自然流量、计划流量、市场流量和实际流量。

（2）按流量分类：载体统计的流量、流向统计的流量、流向统计的流量、发运人统计的流量、承运人统计的流量。

5. 流程

流程就是通过载体进行流动的流体在一定流向上行驶的路径。

6. 流速

流速指通过载体进行的流体在一定流程上的速度表现，也就是物流的速度。

2.2 社会物流成本的构成

2.2.1 社会物流成本的概述

了解物流成本构成，首先要明确是哪个层次的物流成本。通常从宏观和微观两个角度探讨物流成本构成与核算。宏观的物流成本即社会物流成本，微观的物流成本即企业物流成本。

社会物流成本又称宏观物流成本，是指全社会在一定时间范围内，为消除时间和空间障碍而发生的有价值的商品运动和静止行为所耗费的成本开支总额。社会物流成本是核算一个国家在一定时期内发生的物流总成本，是不同性质企业微观物流成本的总和。事实上，一个国家物流成本总额占国内生产总值（GDP）的比例，已经成为衡量各国物流服务水平和物流发展水平的标志。

美国、日本等发达国家对物流成本的研究工作非常重视，对物流成本持续进行了必要的调查与分析，建立了一套完整的物流成本收集系统，并将各年的资料加以比较，随时掌握国内物流成本变化情况，以供企业和政府参考。

目前，各国物流学术界和实务界普遍认同的一个社会物流成本计算的概念性公式为：

社会物流总成本＝运输成本＋存货持有成本＋物流行政管理成本

基于这个概念性公式，可以认为，社会物流成本由运输成本（Transportation Cost）、存货持有成本（Inventory Holding Cost）、物流行政管理成本（Logistics Administration Cost）三部分构成。

下面根据美国和日本对社会物流成本的统计方法，来具体分析社会物流成本中运输成本、存货持有成本及物流行政管理成本的构成内容。

国与国之间物流成本的可比性

一些学者在文章中曾提到各国之间的物流成本不可比，主要原因在于各国之间经济结构不同，发展阶段不同，物流成本测算指标不尽一致，各个指标的统计口径也无法完全统一。然而很多学者认为，物流成本占一国国内生产总值（GDP）的比例虽然确实会因为经济结构、发展阶段、测算指标和统计口径等差异存在，不能生硬比较，但是，该指标仍然具有很大的参考价值。为什么这样说呢？

首先，该指标是一个相对量指标，而不是总额指标，可以大体说明一国的物流发展水平。

其次，很多国家对指标进行测算，每个国家都可以与经济结构和经济发展水平相当的国家进行比较，以便明确自身的物流发展水平。而与经济和物流发展水平高的国家比较，可以明确自身的差距，通过学习，不断提升自身的物流水平。

再次，各国当前测算指标和指标统计口径不一致，给当前国与国之间的物流成本横向比较造成了障碍，但是也给各国今后宏观物流成本测算和统计提供了一个发展方向。当然，统一测算指标和指标口径是一个漫长的过程，基本上是发展落后的国家向发达国家的测算口径和统计指标靠拢。

最后，在各国统计指标中，有很大一部分是对物流成本各组成部分甚至各行业物流成本总额和发展变化指标的比较分析，这些指标中很大一部分是可以进行国与国之间比较的。

通过以上分析，我们明确了这样一个观念：国与国之间物流成本是可比的。

2.2.2 美国社会物流成本的构成

美国是世界上最早发展物流业的国家之一，也是物流业发展较为成熟的国家。美国2000—2019年社会物流总成本占GDP比重变化趋势如图2-3所示，2000年，美国物流产业规模达9 000亿美元，占美国国内生产总值（GDP）的10%以上，有超过1 000家专门提供物流服务的公司，2010年达到了8.27%。必须指出的是，美国物流成本的绝对数量是一直在上升的，但是由于其上升的幅度低于国民经济的增长幅度，所以占GDP的比例在缩小，从而成为经济效益提高的源泉。

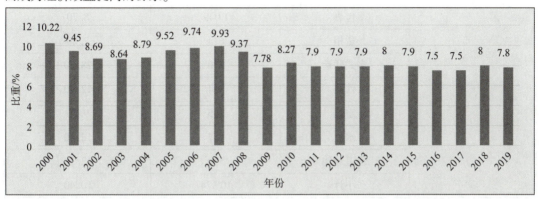

图2-3 美国2000—2019年社会物流总成本占GDP比重变化趋势

美国权威的物流市场年度报告撰稿人罗伯特·德莱尼（Robert V. Delaney）已经连续10多年编纂出版《美国物流年度报告》，德莱尼每次报告中均包括年度物流总成本及其组成结构、物流总成本及各项目变化趋势、物流成本占GDP的比率及发展趋势等指标。计算出指标后，会对变化的原因进行分析，找出可改进之处。

历年来，美国权威物流成本核算机构在计算物流成本时都采用下述公式，该公式也是其在多年的实践中不断改进的结果，具有一定的普遍性。

物流总成本 = 存货持有成本 + 物流运输成本 + 物流行政管理成本

组成物流总成本的三个单项成本也由不同的费用组成，其内容明细如表2-1所示。

表2-1 美国物流总成本构成

存货持有成本	物流运输成本	物流行政管理成本
仓储费用	公路运输费用	订单处理及IT成本
存货占用资金的利息	铁路运输费用	
货物损耗费用	水路运输费用（河运和海运）	
保险费用	航空运输费用	市场预测、计划制订相关费用及相关财务人员费用
人力费用	油气管道运输费用	
缺货成本	货运代理相关费用	
税收费用	货主相应支出	
存货贬值或过时的机会成本		

表2-2是公布的2018年美国物流总成本的具体构成，在实际的成本核算中，部分成本采用合计计算。

表 2-2 2018 年美国物流总成本具体构成

项目	成本及增长	成本/亿美元	同比增长/%
运输成本	整车	2 961	7.60
	拼车	718	8.30
	专车	3 009	13.10
	汽车运输公司	6 688	10.10
	包裹	1 049	8.70
	货柜	614	7.20
	多式联运	270	28.70
	铁路	884	12.90
	空运	765	9.20
	水运	457	12.80
	管道运输	530	12.70
	小计	10 374	10.40
库存持有成本	仓储	1 531	3.20
	利息等财务成本	1 925	26.00
	其他成本	1 481	14.80
	小计	4 937	14.80
其他管理成本	运营商支持性活动	523	10.30
	货主行政成本	521	2.80
	小计	1 044	6.40
合计		16 355	11.40

数据来源：《第 30 次美国物流报告》

1. 存货持有成本

存货持有成本 = 仓储费用 + 利息 + 存货占用资金的利息 + 货物损耗费用 + 保险费用 + 人力费用 + 缺货成本 + 税收费用 + 存货贬值或过时的机会成本

其中，利息是当年美国商业利率乘以全国商业库存总额得到的，把库存占用资金的利息加入物流成本，这是现代物流与传统物流费用计算的最大区别，只有这样，降低物流成本和加速资金周转速度才能从根本上统一起来。美国库存占压资金的利息在美国企业平均流动资金周转次数达到 10 次的条件下，约为库存成本的 1/4，为总物流成本的 1/10，数额之大，不可忽视。

在计算存货持有成本时，存货价值的数据来源于美国商务部的《国民收入和生产核算报告》(National Income and Product Account)、《当前商业状况调查》(Survey of Current Business) 和《美国统计摘要》(U. S. Statistical Abstract) 等。将得到的数据代入公式即可测算出存货持有成本。公式中存货持有成本占存货价值的比例如表 2-3 所示。

表 2-3　存货持有成本占存货价值的比例

序号	项目	比例/%
1	仓储费用	0.25
2	存货占用资金的利息	0.25
3	货物损耗费用	0.5
4	保险费用	0.5
5	人力费用	2.5
6	缺货成本	5
7	税收费用	6
8	存货贬值或过时的机会成本	10
9	总计	25

资料来源：L. P. Alford and John R. Bangs（eds.），Production Handbook. New York：Ronald, 1955.

从表 2-3 可以看出，美国存货持有成本的构成内容中，费用比较高的是存货贬值或过时的机会成本、税收费用、缺货成本和人力费用等。存货持有成本约占存货价值的 25%，每年进行物流成本测算时，可以根据当年的具体情况，对每个成本项目占存货价值的百分比进行调整。

2. 物流运输成本

物流运输成本＝公路运输＋铁路运输＋水路运输＋油料管道运输＋航空运输＋
　　　　　　　货运代理相关费用＋货主费用

公路运输费用主要是指城市内运输费用。其他运输费用包括铁路运输、海运、国际国内空运、油气管道运输费用。货主方面的费用包括运输部门运作及装卸费用。比较美国社会物流总成本及各项成本占 GDP 的比重数据历年变化，美国的运输费用占国内生产总值的比重大体为 6%，并一直保持着这一比例，这说明运输费用与经济的增长是同步的。

3. 行政管理成本

物流行政管理成本＝订单处理及 IT 成本＋市场预测、计划制订及相关财务人员发生的
　　　　　　　　管理费用

行政管理成本隐含于各种企业活动中，并不容易具体核算，因此，在计算物流行政管理成本时，是按照美国的历史情况由专家确定一个固定比例，再乘以存货持有成本和物流运输成本的总和得出的。其具有一定的合理性，可以作为参考数据来使用。从第一篇《美国物流年度报告》于 1973 年出版时起，一直沿用 4% 乘以存货持有成本和物流运输成本之和作为物流行政管理成本数据。目前美国的物流行政管理费用在物流总成本中的占比在 0.4% 左右。

比较 1996—2012 年来的变化可以看出，物流运输成本在 GDP 中比例大体保持不变，它与经济的增长是同步的，行政管理成本主要取决于运输费用和存货管理成本，因此，美国物流产业的业绩最终要归功于存货持有成本的降低。而存货持有成本由过去接近 5% 下降到不足 4%。所以，库存比重降低是导致美国物流总成本比例下降的最主要原因。由此可见，降低库存成本、加快周转速度是美国现代物流发展取得突出成绩的主要原因。也就是说，利润的源泉更集中于降低库存、加速资金周转方面。

2.2.3　日本社会物流成本的构成

日本也是物流业发展很快的国家，从日本物流行业的数据来看，从 1995 年到 2003

年，日本物流全行业的企业物流成本占产品销售额的比重，逐步下降了近一个百分点；自 2003 年以来，维持在 5% 左右的稳定水平。

日本的社会物流成本计算方法与美国略有区别，但整体上看，也是有运输费、保管费和管理费三个部分。日本社会物流总成本公式中的一些比例和比率需要由专家估计。日本社会物流总成本的公式如下：

$$社会物流总成本 = 运输费 + 保管费 + 管理费$$

1. 运输费

在运输费方面，又分为货主企业支付给各种运输机构的营业运输费及自家运输费两种。营业运输费又分为卡车货运费、铁路货运费、内海航运货运费、国内航空货运费、货运站收入等多种。而自家运输费是以营业车平均行走一千米的原价为基础，与自家卡车行走的千米数、实际平均一日一车行走的千米数比、自家用卡车装载比率相乘而得出。

运输费的计算公式如下：

$$运输费 = 营业运输费 + 自家运输费$$

其中：

$$营业运输费 = 卡车货运费 + 铁路货运费 + 内海航运货运费 + 国内航空货运费 +$$
$$港湾运输货运费 + 货物运输承揽货运费 + 货运站收入$$

表 2-4 反映了日本社会物流成本中运输费的统计内容与数据来源。

表 2-4 日本社会物流成本中运输费的统计内容与数据来源

成本项目		内容说明
运输费	卡车货运费	对卡车运输业支付的费用以该行业营业收入确定，其资料来自交通省编制的资料
	铁路货运费	对铁路货运业支付的费用以该行业营业收入确定，其资料来自交通省铁道局编制的《铁路统计年报》
	内海航运货运费	对内海航运业支付的费用以该行业营业收入确定，由于没有直接资料，则以该年度运输省海上交通局编制的《日本海运的现状》所记载的每家企业平均营业额乘上从业者总数计算
营业运输费	国内航空货运费	对国内航空货运业支付的费用以该行业的 JAL、ANA、JAS 三大公司的营业收入合计确定
	港湾运输货运费	对港湾运输业支付的费用以该行业营业收入确定，其资料由交通省海事局港运科提供
	货物运输承揽货运费	对货物运输承揽业支付的费用以该行业营业收入确定，其资料由交通省综合政策局复合货物流通科提供
	货运站收入	对货运站业支付的费用以该行业营业收入确定，其资料由交通省综合政策局货物流通设施科提供
	自家运输费	自家运输费=营业用卡车平均行走1千米的原价×自家卡车的行走的千米数×实际平均一日一车行走千米数比×自家用卡车装载比率 式中：实际平均一日一车行走千米数比=自家卡车实际平均一日一车行走千米数÷营业用卡车实际平均一日一车行走千米数 装载比率=自家用卡车的平均装载率÷营业用卡车的平均装载率

2. 保管费

保管费是将日本经济企划厅编制的《国民经济计算年报》中的国民资产、负债余额中原材料库存余额、产品库存余额及流通库存余额的合计数乘以日本资材管理学会调查所得的库存费用比例和原价率而得出。这项保管费不是狭义的保管费，它不仅包括仓储业者的保管费或企业自有仓库的保管费，还包括仓库、物流中心的库内作业费用和库存所发生的利息、损耗费用等。

保管费的计算公式如下：

保管费＝（原材料库存余额+产品库存余额+流通库存余额）×原价率×库存费用比例

式中，库存费用比例＝利率除外的库存费用比例+利率

3. 管理费

物流管理费用无法用总体估计的方法求得，可以根据日本《国民经济计划年报》中的《国内各项经济活动生产要素所得分类统计》，将制造业和批发、零售业的产出总额，乘以日本物流协会（Japan Institute of Logistics Systems，JILS）根据行业分类调查出来的各行业物流管理费用比例0.5%计算得出，即：

管理费＝（制造业产出额+批发与零售业产出额）×物流管理费用比例

> **资料阅读**
>
> **日本物流成本的现状及其管理框架**
>
> 日本作为物流管理发达国家，近年来已成功成为世界上物流成本控制的优秀国家。根据德意志银行的统计，从全行业物流成本占价值比重来看，日本的平均物流成本仅为6.0%，而欧洲为9.1%，加拿大为9.5%，美国为9.5%。此外，日本物流协会每年都要对物流成本情况进行调查，进入21世纪后，日本物流成本占销售额的比重全行业平均水平为5.45%，制造业为5.89%，批发业为4.68%，零售业为4.13%，从近几年的发展趋势看，日本各行业、各形态的物流成本基本上保持了平稳的水平，这也说明日本物流成本控制制度化非常明显，具有持续性的特点。
>
> 日本之所以能够取得良好的管理绩效，是因为其完善的物流管理体系和运作流程，以及从系统角度和全面管理角度，实施的物流成本的监控和管理。
>
> 近些年来，日本围绕物流的品质管理，提出了PPM（Parts Per Million）的概念，即将物流质量问题控制在百万分之一的目标范围内，这足以说明日本非常重视加强物流服务的合理有效组织、降低物流成本。
>
> 日本对物流成本的核算方法体系的研究是比较早的，1977年日本运输省流通对策部公布了"物流成本算定统一基准"，原因是当时物流合理化先进的企业热衷于从事物流成本控制的研究，各个企业都制定了独特的成本控制体系，出现了成本概念不一致的状况，这使得各企业所计算出的成本不具有可比性。另外，由于缺乏统一明确的会计成本核算标准和整理方法，企业对物流成本的计算是不完全的，进而影响了物流合理化的发展。正是这部"物流成本算定统一基准"，全社会的物流管理得到了飞跃性的发展，也使日本迅速成为物流管理的先进国家。

> 后来，日本积极推动高附加值物流和准时物流，物流管理和成本管理日趋成熟，但是，随着物流服务的竞争，如何克服不断上涨的物流成本、提高物流效率是20世纪90年代日本物流业面临的最大问题。为此，日本制定了《有影响的综合物流政策纲要》，实现物流成本效率不低于国际标准的物流服务。
>
> 此外，日本的企业物流成本核算基本上是基于运营成本法，即采用两层物流成本和成本分解。首先，将各种资源分解为业务流程中的活动，以解决每个活动链接所消耗的资源；其次，分配活动成本，对于每个产品、服务、客户或部门，再计算这些类别如何消耗活动资源，从而更全面地反映物流运营成本；最后，建立成本对象的成本和相应的绩效，并在此基础上优化物流活动。在这方面，日本和美国等发达国家基本相同。但是，就具体的核算方法而言，应该说日本的物流成本核算更加具体、细致和具有可操作性。

2.2.4 我国社会物流成本的构成

与美国、日本等国家相比，中国物流业起步较晚，进入21世纪，现代物流业发展受到前所未有的关注，国内物流热持续升温，发展势头迅猛。但对物流成本管理的研究与实践，基本上处于较模糊的阶段，对社会物流成本核算的研究较为迟缓。2004年，国家发展和改革委员会、国家统计局发布了《社会物流统计制度及核算表式》；2015年，国家发展和改革委员会与中国物流与采购联合会联合发布了《社会物流统计报表制度》，自此相对完善的社会物流成本统计计算体系面世。

根据中华人民共和国国家标准《社会物流统计指标体系》（GB/T 24361—2009），我国的社会物流总费用是指一定时期内，国民经济各方面用于社会物流活动的各项费用支出，其内容具体包括运输费用、保管费用和管理费用。2019年我国社会物流成本各组成部分占总物流费用的比重如图2-4所示。

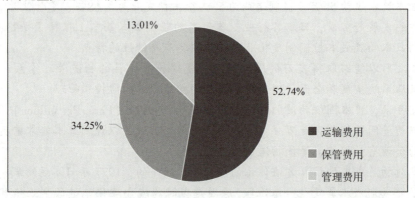

图2-4 2019年我国社会物流成本各组成部分占总物流费用的比重

数据来源：中国物流与采购联合会，《2019年全国物流运行情况通报》

1. 运输费用

运输费用是指在社会物流活动中，国民经济各方面由于物品运输而支付的全部费用。它包括支付给物品承运方的运费（即承运方的货运收入）；支付给装卸搬运保管代理等辅助服务提供方的费用（即辅助服务提供方的货运业务收入）；支付给运输管理与投资部门的，由货主方承担的各种交通建设基金、过路费、过桥费、过闸费等运输附加费用。用公式表示为：

$$运输费用＝运费＋装卸搬运等辅助费＋运输附加费$$

在具体计算时，应根据铁路运输、道路运输、水上运输、航空运输和管道运输等不同的运输方式及对应的业务核算办法，分别进行计算。

2. 保管费用

保管费用是指在社会物流活动中，物品从最初的资源供应方（生产环节、海关）向最终消费用户流动时所发生的除运输费用和管理费用之外的全部费用。其内容包括：物流过程中因流动资金的占用而需承担的利息费用，仓储保管方面的费用；流通中配送、加工、包装、信息及相关服务方面的费用，物流过程中发生的保险费用和物品损耗费用等。其基本计算公式为：

$$保管费用＝利息费用＋仓储费用＋保险费用＋货物损耗费用＋信息及相关服务费用＋配送费用＋流通加工费用＋包装费用＋其他保管费$$

3. 管理费用

管理费用是指在社会物流活动中，物品供需双方的管理部门因组织和管理各项物流活动所发生的费用，主要包括管理人员报酬、办公费用、教育培训、劳动保险、车船使用等各种属于管理费用科目的费用。其计算公式为：

$$管理费用＝社会物流总额\times 社会物流平均管理费用率$$

其中，社会物流平均管理费用率，是指在一定时期内，在各物品最初供给部门完成全部物品从供给地流向最终需求地的社会物流活动中，管理费用额占各部门物流总额比例的综合平均数。

2001年，中国物流与采购联合会联合美智（Mercer）管理顾问公司编写了《中国第三方物流市场调查报告》，首次将社会物流费用占 GDP 比重这一指标引入我国，认为2001年我国社会物流费用占 GDP 的比重约为20%，是发达国家的2倍到3倍之多。此后，物流成本过高似乎就成为我国政府和行业的"共识"，如《物流业发展中长期规划（2014—2020年）》将降低社会物流费用占 GDP 的比重作为核心任务之一。经过多年的发展，我国社会物流费用占 GDP 的比重从1996年的21.07%下降到了2019年的14.7%，取得了长足进步，但横向比较依然高于发达国家，如图2-5所示。

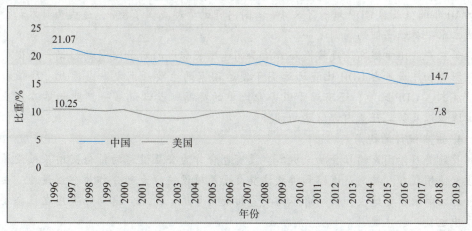

图2-5　1996—2019年中美社会物流费用占 GDP 的比重对比

物流成本管理

在供给侧结构性改革背景下,物流业降本增效是我国一项重要的战略任务。为降低物流成本,近两年我国政府出台了一系列政策,如2016年8月交通运输部印发《交通运输部关于推进供给侧结构性改革促进物流业"降本增效"的若干意见》,2017年国务院办公厅出台《国务院办公厅关于进一步推进物流降本增效促进实体经济发展的意见》,认为对社会物流费用占GDP比重的内涵进行研究非常有必要,可为降低我国物流成本提供一种视角。2020年5月国家发展和改革委、交通运输部共同出台《关于进一步降低物流成本的实施意见》。

> **资料阅读**
>
> **我国社会物流成本居高不下的原因**
>
> 1. 货主企业的视角
>
> 一般来说,在外界环境一定的情况下,影响物流成本的因素主要有企业物流成本水平、企业物流管理水平、运作方式。总体而言,我国企业的现代物流管理还处于发展阶段,管理手段还比较落后,在库存控制、物流信息化及物流社会化程度等方面存在较大差距,表现在物流成本方面就是物流费率偏高。根据中国物流信息中心的调查,我国化工行业2009年物流费率为12.3%,建材行业物流费率为19.5%,远远高于日本4.4%和11.27%的水平。
>
> 2. 物流企业(物流行业、物流业)的视角
>
> 物流企业通过规模化经营、网络化经营,采用先进的信息技术,推广共同化物流以及为顾客提供个性化物流服务解决方案等有效途径,可以提高物流运营效率,进而降低物流运营成本。但是我国物流业相对落后,是造成我国货主企业自营物流比例较高、物流规模效益低下、物流成本相对较高的原因之一。
>
> 3. 产业结构的视角
>
> 以日本为例,从20世纪90年代初开始,虽然出现了经济衰退,但是,产业结构中第三产业比重持续上升,由1991年的65.0%上升到2000年的73.5%,伴随的是社会物流成本占GDP的比重下降,由1991年的10.5%下降到2000年的8.7%。这主要是因为第一产业和第二产业比重降低,导致国内货运量减少,同时服务业比重的提高以及制造业产品结构日趋朝高附加值和"轻薄短小"化方向发展,在1991年至2000年的10年间,虽然GDP增长了8.4%,国内货运量却减少了8%,这成为日本社会物流成本水平持续降低的原因之一。
>
> 第三产业比重提高速度较慢和货运量高速增长形成的对物流量的拉动,是促使我国的社会物流成本占GDP比重远远高于发达国家的主要原因之一。因此,降低社会物流成本占GDP比重,还有赖于服务业比重的提高,或者说第一产业和第二产业比重的降低以及第二产业内部结构的调整。
>
> 4. 成本统计的视角
>
> 目前美日等国家的社会物流成本,没有包含作为公益设施的社会交通基础设施的建设和使用成本。特别是道路和桥梁这类交通基础设施,大部分作为公益设施,由国家和地方财政出资建设,使用者不需要支付使用费用。因此,这部分费用在社会物流成本中也就不会体现。

但是，在我国，高速公路和高等级公路基本上是收费道路。过路费和过桥费以及路上各种正常和非正常的罚款，通过运费反映在物流成本中，这也是导致我国社会物流成本水平高于发达国家的重要原因之一。有关文献资料显示，这部分物流成本大约占到了 GDP 的 2%。

由以上分析可以看出，社会物流成本占 GDP 的比重，是多种因素共同作用的结果，反映了社会发展不同时期的不同特点。

2.3　企业物流成本的构成

前文讲到，物流成本有宏观和微观之分，宏观物流成本即是社会物流成本，本节所讲物流成本为微观物流成本。不同类型的企业，其物流成本构成内容也会有所不同。但是，从物流功能角度来谈物流成本的基本构成，不同类型的企业基本上是趋同的。

按照国家标准《企业物流成本构成与计算》，企业物流成本构成包括项目类别物流成本、范围类别物流成本和支付形态类别物流成本三种，如表 2-5 所示。

表 2-5　物流成本计算对象

物流成本的构成类型	内容说明
项目类别物流成本	指以物流成本项目为物流成本计算对象，具体包括物流功能成本和存货成本
范围类别物流成本	指以物流活动的范围为物流成本计算对象，具体包括供应物流、企业内物流、销售物流、回收物流和废弃物物流等不同阶段所发生的各项成本支出
支付形态类别物流成本	指以物流成本的支付形态为物流成本计算对象，具体包括委托物流成本和企业内部物流成本。其中，企业内部物流成本包括材料费、人工费、维护费、一般经费和特别经费等

企业成本项目构成物流总和成本，不同成本由不同的支付形态构成，存在于不同的物流成本范围阶段。

2.3.1　企业物流成本的项目构成

企业物流成本的项目构成包括物流功能成本和存货相关成本，其中功能成本包括运输成本、仓储成本、包装成本、装卸搬运成本、流通加工成本、物流信息成本、物流管理成本，与存货有关的成本包括流动资金占用成本、存货风险成本以及存货保险成本，如表 2-6 所示。

表 2-6 企业物流成本的项目构成

成本项目		内容说明
物流功能成本	运输成本	是指一定时期内，企业为完成货物运输业务而发生的全部费用，包括从事货物运输业务的人员费用、车辆（包括其他运输工具）商务燃料费、折旧费、维修保养费、租赁费、养路费、过路费、年检费、事故损失费、相关税金等
	仓储成本	是指一定时期内，企业为完成货物存储业务而发生的全部费用，包括仓储业务人员费用，仓储设施的折旧费、维修保养费、水电费、燃料与动力消耗等
	包装成本	是指一定时期内，企业为完成货物包装业务而发生的全部费用，包括材料消耗，包装设施折旧费，维修保养费，包装设计、实施费用，以及包装标志设计、印刷等辅助费用
	装卸搬运成本	是指一定时期内，企业为完成货物装卸搬运业务而发生的全部费用，具体包括装卸搬运业务人员费用、装卸搬运设施折旧费、维修保养费、燃料与动力消耗等
	流通加工成本	是指一定时期内，企业为完成货物流通加工业务而发生的全部费用，包括流通加工业务人员费用、流通加工材料消耗、加工设施折旧费、维修保养费、燃料与动力消耗等
	物流信息成本	是指一定时期内，企业为完成物流信息的采集、传输、处理等活动所发生的全部费用，包括具体物流信息人员费用、软硬件折旧费、维修保养费、通信费等
	物流管理成本	是指一定时期内，企业为完成物流管理活动所发生的全部费用，即与订货处理、存储管理、客户服务有关的费用，包括物流信息人员费用、软硬件折旧费、维护保养费、通信费等
存货相关成本	流动资金占用成本	是指一定时期内，企业在物流活动过程中因持有存货占用流动资金所发生的成本，包括存货占用银行贷款所支出的利息（显性成本）和存货占用自有资金所发生的机会成本（隐性成本）
	存货风险成本	是指一定时期内，企业在物流活动过程中所发生的物品损耗、毁损、盘亏以及跌价损失等
	存货保险成本	是指一定时期内，企业在物流活动过程中，为预防和减少因物品丢失、损毁造成的损失，而向社会保险部门支付的物品财产的保险费用

注：引自国家标准《企业物流成本构成与计算》（GB/T 20523—2006）

2.3.2 企业物流成本的范围构成

物流成本的范围构成主要包括供应物流成本、企业内物流成本、销售物流成本、回收物流成本、废弃物物流成本五个部分，如表 2-7 所示。

表 2-7 物流成本的范围构成

成本范围	内容说明
供应物流成本	是指企业在采购环节所发生的物流费用。具体来说,指经过采购活动,将企业所需原材料(生产资料)从供给者的仓库运回企业仓库的物流过程中所发生的物流费用
企业内物流成本	是指货物在企业内部流转所发生的物流费用。具体来说,指从原材料进入企业仓库开始,经过出库、制造形成产品以及产品进入成品库,直到产品从成品库出库为止的物流过程中所发生的物流费用
销售物流成本	是指企业在销售环节所发生的物流费用。具体来说,指为了进行销售,产品从成品仓库运动开始,经过流通环节,直到运输至消费者或终端销售点的物流活动过程中所发生的物流费用
回收物流成本	是指退货、返修物品和周转使用的包装容器等从需方返回供方的物流活动过程中所发生的物流费用
废弃物流成本	指将经济活动中失去原有使用价值的物品,根据实际需要进行收集、分类、加工、包装、搬运、储存等,并分送到专门处理场所的物流活动过程中所发生的物流费用

2.3.3 企业物流成本的支付形态构成

物流成本按支付形态可划分为自营物流成本和委托物流成本,其中自营物流成本又可分为材料费、人工费、维护费、一般经费和特殊经费,如表 2-8 所示。

表 2-8 物流成本的支付形态构成

成本支付形态		内容说明
自营物流成本	材料费	是指因物料消耗而发生的费用,具体包括资材费、工具费、器具费、低值易耗品摊销以及其他物料消耗等
	人工费	是指因人力劳务的消耗而发生的费用,具体包括职工工资、福利、奖金、津贴、补贴、住房公积金、职工劳动保护费、人员保险费、按规定提取的福利基金、职工教育培训费等
	维护费	指土地、建筑物以及各种设施设备等固定资产的使用、运转和维护保养所产生的费用,具体包括折旧费、维护维修费、租赁费、保险费、税金、燃料与动力消耗费等
	一般经费	是指涵盖各物流功能成本在材料费、人工费和维护费三种支付形态之外的所有费用细目,包括办公费、差旅费、会议费、通信费、咨询费、水电费、煤气费以及其他杂费等
	特殊经费	是指与存货有关的物流成本费用支付形态,包括存货占用资金所产生的利息支出、存货保险费和存货风险损失等
委托物流成本		企业向外部物流机构所支付的各项费用

2.3.4 各成本项目的构成内容分析

对于不同的成本项目，其支付形态各异，且存在于不同的物流阶段。以国家标准《企业物流成本构成与计算》（GB/T 20523—2006）中企业物流成本项目构成为主线，结合物流成本范围和物流成本支付形态的内容，对各成本项目构成内容进行分析，如图 2-6 所示。

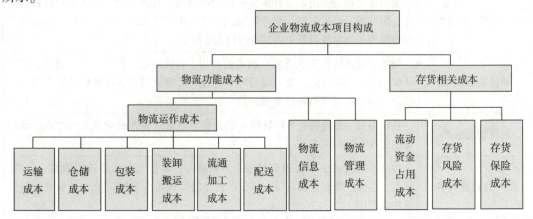

图 2-6 物流成本项目构成

1. 物流功能成本

在国家标准《企业物流成本构成与计算》（GB/T 20523—2006）的分类中，将运输成本、仓储成本、包装成本、装卸搬运成本、流通加工成本、配送成本看作物流功能成本的构成内容，也称为物流运作成本。因此，物流功能成本包括物流运作成本、物流管理成本和物流信息成本。

（1）物流运作成本。

物流运作成本包括运输成本、仓储成本、包装成本、装卸搬运成本、流通加工成本和配送成本。物流运作成本包括企业本身的费用支出和委托外单位进行物流运作支付的费用。下面介绍的各项物流运作成本构成内容仅指企业本身发生的物流成本支出。

①运输成本。在现代企业物流中，运输在其经营业务中占有主导地位，运输费用在整个物流业务中占有较大比例。因此，物流合理化在很大程度上依赖于运输合理化，而运输合理与否直接影响着运输费用的高低，进而影响物流成本的高低。

运输成本是指一定时期内，企业为完成货物运输业务而发生的全部费用，包括支付的外部运输费和自有车辆运输费。具体内容包括以下三个部分。

其一，人工费用。人工费用主要是指从事运输业务的人员的费用，如工资、福利费、奖金、津贴和补贴、住房公积金、人员保险费等。

其二，维护费。维护费主要是指与运输工具及其运营有关的费用，具体包括营运车辆的燃料费、轮胎费、折旧费、维修费、租赁费、车辆牌照检查费、车辆清理费、养路费、过路费、保险费等。

其三，一般经费。在企业运输业务开展过程中，除了人工费和维护费之外的其他与运输工具或运输业务有关的费用，如事故损失费等。

就物流成本范围而言，运输成本存在于供应物流、企业内物流、销售物流、回收物流和废弃物物流的全过程。

②仓储成本。在许多企业中,仓储成本是物流总成本的一个重要组成部分,物流成本的高低常常取决于仓储管理成本的大小。而且,企业物流系统所保持的库存水平对于企业为客户提供的物流服务水平发挥着重要作用。仓储成本是指一定时期内,企业为完成货物储存业务而发生的全部费用,包括支付的外部仓储费和使用自有仓库的仓储费,具体包括以下三个部分。

其一,人工费。人工费主要是指从事仓储业务的人员的费用,如工资、福利费、奖金、津贴和补贴、住房公积金、人员保险费等。

其二,维护费。维护费主要是指与仓库及保管货物有关的费用,具体包括仓储设施的折旧费、设施设备维护保养费、水电费、燃料与动力消耗等。

其三,一般经费。在企业仓储业务开展过程中,除了人工费和维护费以外的其他与仓库或仓储业务有关的费用,如仓库人员办公费、差旅费等。

目前,在一些教材中,仓储成本的含义比较广泛,通常包括仓储持有成本、订货或生产准备成本、缺货成本和在途库存持有成本等,其中资金占用成本、存货风险成本和存货保险成本等均包含在其中。而根据国家标准《企业物流成本构成与计算》(GB/T 20523—2006)的分类,这里的仓储成本是指狭义的仓储成本,仅指为完成货物储存业务而发生的全部费用。与仓储活动相关的存货资金占压成本、保险费用、仓储风险成本等将另行考虑。另外,就物流成本范围而言,仓储成本通常发生于企业内物流阶段。

③包装成本。包装作为物流活动的功能之一,在物流中也占有重要的地位,其所发生的耗费通常约占流通成本的10%,有的商品包装费用占物流成本的50%。因此,加强包装费用的管理与核算,可以降低物流成本,提高企业的经济效益。包装成本是指一定时期内企业为完成货物包装业务而发生的全部费用,包括运输包装费和集装、分装包装费。具体包括以下几个方面。

其一,材料费。材料费主要指包装业务所耗用的材料费。常见的包装材料有多种,由于包装材料功能不同,成本差异也较大。企业的包装材料除少数自制外,大部分是通过采购获得的。

其二,人工费。人工费主要指从事包装业务的人员的费用,具体包括包装业务人员的工资、福利费、奖金、津贴和补贴、住房公积金、人员保险费等。

其三,维护费。维护费主要指与包装机械有关的费用,包括设备折旧费、维修费、能源消耗费以及低值易耗品摊销等。

其四,一般经费。在包装过程中,除了材料费、人工费和维护费外,还会发生诸如包装技术费用和辅助费用等其他杂费,这部分费用通常列入一般经费。例如包装标记、标志的设计费用、印刷费用,辅助材料费用,以及需要实施缓冲、防潮、防霉等各种包装技术的设计和实施费用等。

根据国家标准《企业物流成本构成与计算》(GB/T 20523—2006)的分类,对于进入流通加工环节所实施的包装作业所发生的成本列入流通加工成本,不列为包装成本。

目前,随着物流活动过程中"流通加工"活动存在的客观性和必要性得到了越来越多的认可,包装作业的实施单位也由生产制造企业扩展到包括流通企业和物流企业在内的所有类型企业。无论何种包装,都需要耗用一定的人力、物力、财力。大多数商品只有经过包装,才能进入流通,也有部分商品是进入流通后,实施初次或再次包装,因此,就物流成本范围而言，包装成本存在于供应物流、企业内物流和销售物流阶段。

④装卸与搬运成本。装卸与搬运成本是指一定时期内企业为完成货物装卸搬运业务而发生的全部费用，具体内容包括以下几个方面。

其一，人工费用。人工费用主要指从事装卸搬运业务人员的相关费用，具体包括装卸搬运业务人员的工资、福利费、奖金、津贴和补贴、住房公积金、人员保险费等。

其二，维护费。在装卸搬运过程中需要使用一些起重搬运设备和输送设备等，维护费是指这些设备的折旧费、维修费、能源消耗费等。

其三，一般经费。一般经费是指在物品装卸搬运过程中发生的除人工费和设备维护费之外的其他费用，如分拣费、整理费等。

就装卸搬运业务发生的场所而言，包括车间装卸搬运、站台装卸搬运、仓库装卸搬运等。因此，装卸搬运成本存在于供应物流、企业内物流、销售物流、回收物流和废弃物物流的整个物流活动全程。

⑤流通加工成本。流通加工成本是指在一定时期内，企业为完成货物流通加工业务而发生的全部费用，包括支付的外部流通加工费用和自有设备流通加工费。具体包括以下几个方面。

其一，人工费。人工费主要指从事流通加工业务的人员的费用，具体包括流通加工业务人员的工资、福利、奖金、津贴和补贴、住房公积金、人员保险费等。

其二，材料费。材料费主要指在流通加工过程中，投入流通加工过程中的一些辅助材料和包装材料消耗的费用。

其三，维护费。在流通加工过程中，往往需要使用一定的设备，如电锯、剪板机等，与这些流通加工设备相关的折旧费、摊销费、维修保养费以及耗用的电力、燃料、油料等费用被归入维护费。

其四，一般经费。这是指除上述费用外，在流通加工中耗用的其他费用支出，如流通加工作业应分摊的车间经费以及其他管理费用支出。

流通加工对象是进入流通领域的商品，具有商品的属性。从这一意义上说，流通加工成本仅存在于销售物流阶段。

⑥配送成本。配送是指在经济合理区域范围内，根据客户要求，对物品进行拣选、加工、包装、分割、组配等作业，并按时送达指定地点的物流活动。配送是物流系统中一种特殊的、综合的活动形式。从物流角度来说，配送几乎包含了所有的物流功能要素，是物流的一个缩影或在较小范围内物流全部活动的体现。一般的配送集运输、仓储、包装和装卸搬运于一身，特殊的配送还包括流通加工。

正因为配送是一个"小物流"的概念，集若干物流功能于一身，因此在国家标准《企业物流成本构成与计算》（GB/T 20523—2006）的分类中，将配送成本包括在配送物流成本范围内的运输、仓储、包装、装卸搬运和流通加工成本中，不单独将配送成本作为物流功能成本的构成内容，而将与配送成本有关的费用支出在其他物流功能成本中进行分配。

在企业物流成本管理实务中，仍然可以把配送成本从物流运作成本中单列出来，进行单独核算和分析，以更有效地进行物流成本的分析与管理。在这种方式下，根据配送流程及配送环节，配送成本应由以下费用构成。

其一，配送运输费用，主要包括配送运输过程中发生的车辆费用和营运间接费用。

其二，分拣费用，主要包括配送分拣过程中发生的分拣人工费用及分拣设备费用。

其三，配装费用，主要包括配装环节发生的材料费用、人工费用。

其四，流通加工费用，主要包括流通加工环节发生的设备使用费、折旧费、材料费及人工费用等。

就物流成本范围而言，配送成本存在于供应、企业内物流和销售物流阶段。

（2）物流信息成本。

物流信息成本是指一定时期内，企业为完成物流信息的采集、传输、处理等活动所发生的全部费用，具体包括人员费、维护费和一般经费三部分内容。

①人员费。人员费主要指从事物流信息管理工作的人员的费用，具体包括物流信息人员的工资、福利、奖金、津贴、补贴、住房公积金、职工劳动保护费、保险费和其他一切用于物流信息管理人员的费用等。

②维护费。物流信息管理过程中需要软件系统和硬件设施的投入。物流信息成本的维护费主要是指与物流信息软硬件系统及设备有关的费用，物流信息系统开发摊销费、信息设施折旧费以及物流信息软硬件系统维护费等。

③一般经费。一般经费是在物流信息活动过程中，除了人工费和与物流信息软硬件系统有关的维护费外，所发生的其他与物流信息有关的费用，例如在采购、生产、销售过程中发生的通信费、咨询费等。

在企业运营过程中，有物流就有相关的信息客观存在，因此，就物流成本范围而言，物流信息成本存在于供应物流、企业内物流、销售物流、回收物流和废弃物物流的全程。一般来说，物流管理成本、物流信息成本与运输、仓储、包装、装卸搬运、流通加工、配送成本等物流运作成本共同构成了物流功能成本，纵观物流活动的全程，上述物流功能成本基本涵盖了物流系统运作的全部费用。

（3）物流管理成本。

随着现代物流业的发展，物流及其本身所蕴含的巨大效益为越来越多的企业所了解和重视。加强物流管理，整合物流运作流程，以最低的支出获取最大的物流收益被提到重要的议事日程，很多企业纷纷设立专门的物流管理部门或是在其他业务部门中指定专门人员从事物流管理工作，物流作业现场也有专门人员从事物流作业的协调和管理工作。在物流作业分工日益精细的今天，物流管理工作逐渐从其他物流功能作业中分离出来，成为独立的存在。

物流管理成本是指一定时期内，企业为完成物流管理活动所发生的全部费用，包括物流管理部门及物流作业现场所发生的管理费用，具体包括人工费、维护费和一般经费三部分内容。

①人工费。人工费主要指从事物流管理工作的人员的费用，具体包括物流管理人员的工资、福利、奖金、津贴、补贴、住房公积金、职工劳动保护费、保险费和其他一切用于物流管理人员的费用等。

②维护费。物流管理人员在物流管理过程中，会使用有关设备设施进行管理，这些设备设施的折旧费、摊销费、修理费等，被归为维护费。

③一般经费。一般经费指物流管理活动中，除了人工费、维护费外的其他费用支出，如物流管理部门、物流作业现场及专门的物流管理人员应分摊的办公费、会议费、水电费、差旅费等，还包括国际贸易中发生的报关费、检验费、理货费等。

2. 存货相关成本

在国家标准《企业物流成本构成与计算》（GB/T 20523—2006）的分类中，物流成本除了包括上述物流功能成本外，还包括与存货有关的流动资金占用成本、存货风险成本和存货保险成本。

（1）流动资金占用成本。

流动资金占用成本是指一定时期内，企业在物流活动过程中因持有存货占用流动资金所发生的成本，包括存货占用银行贷款所支付的利息（显性成本）和存货占用自有资金所发生的机会成本（隐性成本）。

隐性成本是指企业没有实际发生，会计核算中没有反映但在物流管理和决策过程中应予考虑的机会成本。目前，理论界探讨的隐性物流成本包括库存积压降价处理、库存呆滞产品、回程空载、产品损耗、退货、缺货损失等。

这里将流动资金占用成本纳入隐性物流成本范畴，主要基于以下三个方面考虑：一是企业在加快存货周转速度、减少资金占用，从而提高利润率方面有巨大的潜力；二是国内有关统计资料表明，存货资金占用成本在整个物流成本中占有相当大比重；三是统计存货相关数值简便易行，具有可操作性。从可操作性和适用性的要求出发，在更多情况下，企业只考虑流动资金占用成本。

就物流成本范围而言，因流动资金占用成本主要是指产品被锁闭在物流环节，从而导致事实上为企业所占用的资金成本，因此流动资金占用成本主要存在于供应物流、企业内物流和销售物流阶段。

（2）存货风险成本。

在物流活动过程中，由于多种不确定因素的存在，原材料、半成品、产成品等存货通常面临着风险损失，如产品在运输过程中可能发生破损或完全损毁导致价值丧失，在装卸搬运过程中可能发生货物破损、散失和损耗，在保管过程中可能会发生货物毁损、丢失等，同时，因保管时间长等原因，还会发生货物的跌价损失等。

存货风险成本是指一定时期内，企业在物流活动过程中所发生的物品损耗、毁损、盘亏以及跌价损失等。广义上说，无论会计核算体系是否反映，只要存货发生了风险损失，都应计入存货风险成本。但是从可操作性和重要性的角度考虑，一般仅将显性成本，即会计核算体系中反映的存货损失成本计入存货风险成本，对于会计核算体系中没有反映的贬值、过时损失等，不包括在存货风险成本中。

就物流成本范围而言，因存货风险损失在运输、仓储、装卸搬运等环节都有可能发生，因此，存货风险成本存在于供应物流、企业内物流和销售物流阶段。

（3）存货保险成本。

近年来，为分担风险，很多企业开始对货物采取投保缴纳保险费的方式来减少风险损失。保险费的数额与产品价值和类型以及产品丢失或损坏的风险程度等因素相关。

存货保险成本是指一定时期内，企业在物流活动过程中，为预防和减少因物品丢失、损毁造成的损失，而向社会保险部门支付的物品财产的保险费用。

就物流成本范围而言，物品丢失、损耗主要发生于采购、保管和销售过程中；就存货实物形态而言，既包括在途存货，也包括库存存货。因此，存货保险成本存在于供应物流、企业内物流和销售物流阶段。

各项物流功能成本,其支付形态主要包括人工费、材料费、维护费和一般经费。与物流功能成本不同,存货相关成本包括流动资金占用成本、存货风险成本和存货保险成本,其支付形态在"特别经费"中反映。

2.4 物流成本的分类

按不同的标准和要求,企业物流成本有不同的分类。综合来讲,企业物流成本分类的主要目的有两个,一是满足物流成本计算的要求,二是满足物流成本管理的要求。下面分别从成本计算和成本管理两方面来介绍企业物流成本的分类。

2.4.1 基于成本计算的企业物流成本分类

我国企业在计算物流成本时,通常将物流功能、物流成本范围和物流成本支付形态三个维度作为物流成本计算对象。物流成本计算的具体内容将在第 5 章详细阐述。这里,仅探讨与物流成本计算有关的企业物流成本分类。基于成本计算的企业物流成本分类如图 2-7 所示。

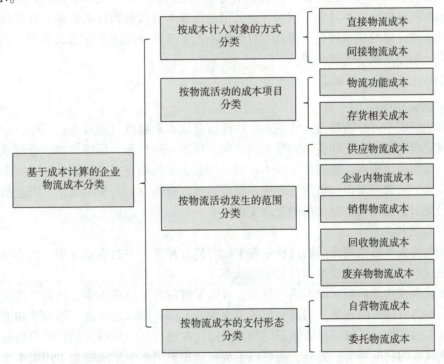

图 2-7 基于成本计算的企业物流成本分类

1. 按物流成本计入成本对象的方式分类

物流成本按其计入成本对象的方式,分为直接物流成本和间接物流成本。这种分类是为了经济、合理地将物流成本归属于不同的物流成本对象。

成本对象是指需要对成本进行单独测定的活动,可以分为中间成本对象和最终成本对象。最终成本对象是指累积的成本不能再进一步分配的成本归集点，是物流成本的最终分配结果。中间成本对象是指累积的成本还应进一步分配的成本归集点，有时也称为成本中心，是将共同成本按某个分配基础进一步分配给最终成本对象之前的一个成本归集点。设置多少中间对象以及中间对象之间的联系，取决于企业物流成本管理的要求。

（1）直接物流成本。

直接物流成本是直接计入物流成本范围、物流功能和物流支付形态等成本对象的成本。一种成本是否属于直接物流成本，取决于它与成本对象是否存在直接关系，以及是否便于直接计入。因此，直接物流成本也可以说是与物流成本对象直接相关的成本中可以以经济、合理的方式追溯到成本对象的那部分成本。

（2）间接物流成本。

间接物流成本是指与物流成本对象相关联的成本中，不能用一种经济、合理的方式追溯到物流成本对象的那部分成本。例如，若以物流成本范围为成本计算对象，不能直接计入特定物流成本范围的物流管理成本、物流信息成本都属于间接成本。"不能用经济、合理的方式追溯"有两种情况，一种是不能经济地追溯到物流成本对象，另一种是不能合理地追溯到物流成本对象。

例如，不单设物流信息部的信息人员兼做物流信息工作，从这部分人员的工资中很难分辨出物流信息成本应分担的数额，属于不能合理地追溯到物流成本对象的成本；对于不能经济地追溯到物流成本对象，例如，办公用品的成本可以单独计量追溯到特定部门及人员，但是单独计量的成本较高，而其本身数额不大，准确分配的实际意义有限，不如将其按一定的分配标准统一进行分摊。

2. 按物流活动的成本项目分类

（1）物流功能成本。

物流功能成本可分为物流运作成本、物流信息成本和物流管理成本。其中，物流运作成本是指完成商品、物资的流通而发生的费用，可进一步细分为运输成本、仓储成本、包装成本、装卸搬运成本、流通加工成本；物流信息成本是指为完成物流信息的收集、传递和处理等发生的费用支出；物流管理成本是实施物流管理发生的费用支出，既包括物流管理部门的支出，也包括主业现场的管理支出。

（2）存货相关成本。

存货相关成本是指物流活动过程中发生的与持有存货有关的成本支出，具体分为流动资金占用成本、存货风险成本和存货保险成本。

物流成本按物流活动的成本项目分类，可以了解在物流总成本中，物流功能成本和存货相关成本各自所占的比重，明确物流成本改善的方向；同时还可以了解物流功能内部不同功能成本的结构，了解各自所承担的物流费用，在进行纵向和横向的比较分析后，明确降低物流成本的功能环节；另外，还可以了解存货相关成本中流动资金占用成本及存货其他成本所占的比重，促进企业加快存货资金周转速度，减少存货风险损失，探索物流功能活动之外的物流成本降低渠道。

3. 按物流活动发生的范围分类

物流成本范围对于物流成本的计算而言，是对物流起点和终点的界定。现代物流，其范围包括从原材料采购开始，经过企业内的生产周转，到产品的销售乃至退货以及废弃物的处理等的宽泛的领域。截取其中一部分，将不同部分还是将整个领域作为物流成本计算对象，能引起物流成本的巨大差异。物流成本按物流活动的范围，可分为供应物流成本、企业内物流成本、销售物流成本、回收物流成本和废弃物物流成本。

4. 按物流成本的支付形态分类

按支付形态的不同对物流成本进行分类，是以财务会计中发生费用为基础，首先将物流成本分为企业本身发生的物流费和物流业务外包支出的委托物流费，即自营物流成本和委托物流成本。其中，企业本身发生的物流费又有不同的支付形态，包括材料费、人工费、折旧费、修理费、办公费、差旅费、水电费等。虽然物流成本计算属于管理会计的范畴，但计算物流成本必须以会计核算资料为基础，从基本的费用支付形态出发，逐一提取和分离物流成本信息，这是物流成本计算的难点，同时也是物流成本计算的起点。

财务会计上，费用支付形态多种多样，非常繁杂，鉴于物流成本计算更多地服务于管理，这就需要将形式多样的费用支付形态予以抽象的归类，从而可以从大类上了解物流成本的支付形态构成。

2.4.2 基于成本管理的企业物流成本分类

基于成本管理的企业物流成本分类如图2-8所示。

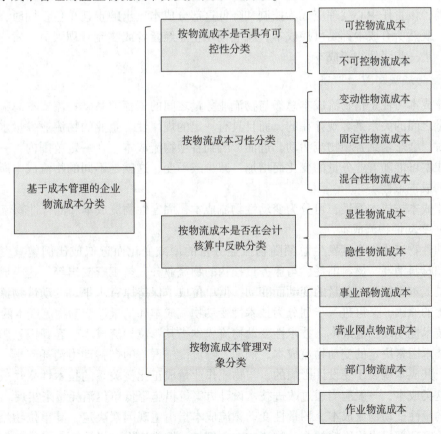

图 2-8 基于成本管理的企业物流成本分类

1. 按物流成本是否具有可控性分类

物流成本按是否具有可控性，分为可控物流成本与不可控物流成本。在谈可控物流成本与不可控物流成本之前，首先要明确责任成本的概念。

责任成本是以具体的责任单位（部门、单位或个人）为对象，以其承担的责任为范围所归集的成本。

可控物流成本是指在特定时期内，特定责任中心能够直接控制其发生的物流成本。其对称概念是不可控物流成本。

可控物流成本总是针对特定责任中心而言的。一项物流成本，对某个责任中心来说是可控的，对另外的责任中心则是不可控的，例如，物流管理部门所发生的管理费，物流管理部门可以控制，但物流信息部门则不能控制；有些物流成本对下级单位来说是不可控的，而对上级单位来说则是可控的，例如，从事运输业务的司机不能控制自己的薪金收入，但他的上级则可以控制。从整个企业的空间范围和很长的时间范围来观察，所有成本都是某种决策或行为的结果，都是可控的；但是对于特定的责任中心或时间来说，则有些是可控的，有些是不可控的。

从管理的角度看，将物流成本分为可控物流成本和不可控物流成本，对于加强物流成本管理、持续降低物流成本具有重要意义。可控物流成本对于特定责任中心而言既然是可以控制的，该责任中心就理应成为控制和降低这部分成本支出的责任单位。同时，从整个企业看，既然所有成本都是可控成本，就应调动企业经营者或物流管理人员，发挥其主观能动性，进一步降低物流成本。

2. 按物流成本习性分类

物流成本习性是指物流成本总额与物流业务量之间的依存关系。物流成本总额与物流业务总量之间的关系是客观存在的，而且具有一定的规律性。企业的物流业务量水平提高或降低时，会影响到各项物流活动，进而影响到各项物流成本。在一定范围内，一项特定的物流成本可能随着业务量的变化而增加、减少或不变，这就是不同的物流成本所表现出的不同的成本习性。

物流成本按成本习性，可分为变动性物流成本、固定性物流成本和混合性物流成本。

（1）变动性物流成本。

变动性物流成本指其发生总额随物流业务量的增减变化而近似成比例增减变化的成本，例如材料消耗、燃料消耗、与业务量挂钩的物流业务人员工资支出等。这类成本的最大特点是成本总额随业务量的变动而变动，但单位成本保持原有水平。变动性物流成本根据其发生的原因，又可进一步划分为技术性变动物流成本和酌量性变动物流成本两大类。

①技术性变动物流成本。技术性变动物流成本指其单位物流成本受客观因素影响，消耗量由技术因素决定的变动物流成本。例如，物流设施设备的燃料动力消耗支出，在一定条件下，其成本就属于受设计影响的、与物流作业量成正比例关系的技术性变动成本。若要降低这类成本，一般应当通过改进技术设计方案等措施降低单位消耗量来实现。

②酌量性变动物流成本。酌量性变动物流成本指由主观因素决定，其单位物流成本主要受企业管理部门决策影响的变动物流成本。例如，按物流作业量计算工资的各项物流作业人员费用。其主要特点是单位变动物流成本的发生额可由企业管理层来决定。要想降低这类成本，应通过提高管理人员的素质，来提高决策的合理水平。

（2）固定性物流成本。

固定性物流成本指物流成本总额不随物流作业量的变化而变化，其主要特点是物流成本总额保持不变，但单位物流成本与物流作业量成反比关系。固定性物流成本按其支出数额是否受管理层短期决策行为的影响，又可细分为酌量性固定物流成本和约束性固定物流成本。

①酌量性固定物流成本。酌量性固定物流成本指通过管理层的短期决策行为可以改变其支出数额的成本项目，例如物流管理人员的培训费等。这里费用支出与管理层的短期决策密切相关，即管理层可以根据企业的实际情况和财务状况，考虑这部分费用的支出数额。

②约束性固定物流成本。约束性固定物流成本指通过管理层的短期决策行为不能改变其支出数额的成本项目，例如仓库、设备的折旧费、租赁费、税金、存货保险费等。这部分费用与管理层的长期决策密切相关，具有很大的约束性，一经形成将会长期存在，短期内难以改变。

（3）混合性物流成本。

混合性物流成本指全部物流成本介于固定物流成本和变动物流成本之间，随物流作业量变动又不与其成正比例变动的那部分成本。在实务中，有很多物流成本项目不能简单地归类为固定性物流成本或变动性物流成本，它们兼有变动物流成本和固定物流成本两种不同特性。按照其随物流作业量变动趋势的不同特点，混合性物流成本又可分为半变动物流成本、半固定物流成本和延期变动物流成本。

总之，将企业的全部物流成本根据成本习性分为固定性物流成本、变动性物流成本和混合性物流成本，是管理会计规划与控制企业物流成本的前提条件。通过上述成本类型的划分，可以明确不同类型物流成本改善的最佳途径。

对于变动性物流成本，其成本总额随物流作业量的变动而成倍数变动，降低这种成本的途径应是采取多种举措，包括改进技术工艺设计、改善成本效益关系等，在一定物流作业量下，努力降低成本；对于固定性物流成本，其成本总额在一定范围内保持相对稳定，这类成本的降低途径主要在于改善管理层的决策水平，提高固定成本支出项目的使用效率，合理利用生产能力，取得相对节约；对于混合性物流成本，因其性质的特殊性，首先应根据其与作业量之间的变动关系，将其划分为半变动物流成本、半固定物流成本和延期变动物流成本，然后再结合变动物流成本和固定物流成本的特征，对其逐一进行分析，寻找成本改善的方向。

> **资料阅读**
>
> **为什么共建游泳池反而费用增加呢？**
>
> 一位住在英国伦敦郊区的经济学家，计划与周围的邻居合资建一个游泳池共同使用，说好费用分摊。本来这是一个不错的安排，不料等到分摊费用的时候，大家发现费用高得惊人。这时，那位经济学家连连顿足叹曰："此事有失，责任在我，因为这里只有我一个人是经济学家，而作为一个经济学家，我理应事先考虑到出现这样一种结局的必然性。"按"反正水电费用均摊，不用白不用"的想法，于是一定会产生类似沾光、揩油、搭便车的行为，出现"公家的东西坏得快"的浪费现象，导致"需求旺盛""费用膨胀"。那么，解决问题的办法就是，立即取消公用淋浴室，游泳后各自回家洗澡。

3. 按物流成本是否在会计核算中反映分类

物流成本是管理会计意义上的"大成本"概念，既包括会计核算中实际发生的、计入企业实际成本费用的各项支出，也包括会计核算中没有实际发生，但在物流管理决策中应该考虑的成本支出。物流成本按在会计核算中是否反映，分为显性物流成本和隐性物流成本。

（1）显性物流成本。

显性物流成本是物流成本在管理会计和财务会计两大领域中的共性成本，这部分成本支出是企业实际发生的，既在财务会计核算中反映，又在物流成本管理决策中有所体现。在物流活动过程中实际发生的人工费、材料费、水电费、折旧费、保险费等，都属于显性物流成本。这部分物流成本的计算是以会计核算资料为依据，对会计核算资料分析和信息提取的过程。所有显性物流成本数据均源于财务会计资料。

（2）隐性物流成本。

隐性物流成本是财务会计核算中没有反映，但在物流成本管理决策中需要考虑的成本支出，它是管理会计领域的成本。隐性物流成本的含义较为宽泛，例如，存货占用自有资金所产生的机会成本，由于物流服务不到位所造成的缺货损失、存货的贬值损失、回程空载损失等，这些成本支出和损失确实客观存在，但由于不符合会计核算的确认原则，难以准确量化和缺少科学的计量规则，没有在财务会计中反映。

但是在管理会计领域，为了保证管理决策的科学合理，又要求将这部分成本支出纳入物流总成本范围予以考虑。实践中，从物流成本计算的适度准确和可操作性的要求出发，一般仅将存货占用自有资金所发生的机会成本作为隐性成本纳入物流总成本范围，在管理决策中予以考虑。

将物流成本划分为显性成本和隐性成本，是现代物流成本管理的必然要求。加强显性物流成本管理，可以减少实际发生的成本支出，这是一种绝对成本管理理念；而加强隐性成本管理，可以减少未实际记录的成本损失，是考虑了资金时间和风险价值的成本管理，是一种相对的成本节约理念。

4. 按物流成本管理对象分类

物流成本按管理对象的不同，可以分为事业部物流成本、营业网点物流成本、部门物流成本和作业物流成本等。企业根据物流成本管理实践，选择成本管理对象，通过计算和分析管理对象的物流成本，寻找物流成本管理的薄弱环节，制定相应措施，改进成本管理。

例如，企业若想通过对各区域分公司物流成本的绩效考核来进行物流成本管理和控制，就应该以区域为物流成本管理对象；若想完善事业部制度，加强事业部的内部利润考核，就应该以各事业部为成本管理对象；若要完善物流作业系统，则应以各物流作业为物流成本管理对象。总之，成本管理的选择应密切配合物流成本管理工作。根据工作需要和管理目标，不同时期的物流成本管理对象可以有不同的选择。

课后练习

一、不定项选择题

1. 物流系统的目的是实现物资的空间效用和时间效用，在保证社会再生产顺利进行的前提下，实现各种物流环节的合理衔接，并（　　）。
   A. 实现成本最低　　　　　　　　B. 实现速度最快
   C. 取得最佳经济效益　　　　　　D. 保证最低损耗

2. 下列选项中，属于物流功能成本范畴的是（　　）。
   A. 运输成本　　　　　　　　　　B. 仓储成本
   C. 装卸搬运成本　　　　　　　　D. 流通加工成本

3. 存货相关成本是指物流活动过程中发生的与持有存货有关的成本支出，具体分为（　　）。
   A. 流动资金占用成本　　　　　　B. 存货风险成本
   C. 存货保险成本　　　　　　　　D. 物流信息成本

4. 物流成本总额不随物流作业量的变化而变化，其主要特点是物流成本总额保持不变，但单位物流成本与物流作业量成反比关系的是（　　）。
   A. 变动性物流成本　　　　　　　B. 固定性物流成本
   C. 混合性物流成本　　　　　　　D. 显性物流成本

5. 下列选项中，属于物流隐性成本的是（　　）。
   A. 存货占用自有资金所产生的机会成本
   B. 由于物流服务不到位所造成的缺货损失
   C. 存货的贬值损失
   D. 物流活动过程中运输设备的折旧费用

二、简答题

1. 如何理解物流系统？
2. 物流系统要素有哪些？
3. 美国、日本和中国关于物流成本的定义有何不同？
4. 试分析企业物流成本的构成。
5. 哪些成本属于隐性物流成本？

三、案例分析题

一家饺子馆的物流管理

三年前，胡小艾在海滨小城开了家饺子馆，生意还算火爆。不少周围的小区住户常来光顾小店，有些老顾客一气儿能吃半斤①饺子。胡经理说，"别看现在生意还不错，开业这一段时间，让我头疼的就是每天怎么进货，很多利润被物流吃掉了。"

刚开始卖出一盘10个烤饺，定价为5元钱，直接成本为饺子馅、饺子皮、佐料和燃料，每个饺子成本大约2角钱。虽然存在价差空间，可是胡经理的小店老赚不了钱，原因在于每天都有大量剩余原料，这些采购的原料不能隔天使用，算上人工、水电、房租等经

---

① 1斤=500克。

营成本，饺子的成本都接近4角钱了。

胡经理很感慨，如果一天卖出1 000个饺子，同时多余500个饺子的原料，相当于亏损了100元左右，每个饺子的物流成本最高时有1角钱，加上年初粮食涨价，因此利润越来越薄。

胡经理分析关键在于控制数量、准确供货，但数量挺难掌握。做少了吧，有的时候人家来买没有，也等不及现做，眼看着要到手的钱飞走了；做多了吧，就会剩下。

从理论上说，一般有两种供应方式：每天定量供应，一般上午10点开始，晚上9点结束，这样可能会损失客流量；根据以往的经验作预测，面粉每天的用量比较大，因为不管包什么馅儿都得用面粉呀，所以这部分的需求量相对比较固定。

后来胡经理又开了两家连锁店，原料供货就更需要统筹安排了。饺子馅的原料要根据头天用量进行每日预测，然后根据原料清单进行采购。一日采购两次，下午会根据上午的消耗进行补货，晚上采购第二天的需求量。

麻雀虽小，五脏俱全。饺子馆的物流管理同样容不得差错。胡经理咨询了一些物流专家，这是波动的需求和有限的生产能力之间的冲突。在大企业里，它们通常会提高生产柔性去适应瞬息万变的市场需求。可是对于经营规模有限的小店来说，要做到这点太难。所以有些人建议想办法调整顾客的需求以配合有限的生产能力，用物流专业名词说，叫作平衡物流。比如，用餐高峰期大概在每天12:00—13:00和19:00—20:00这两个时段，胡经理就选择在11:00—11:45和18:00—18:45推出九折优惠计划，吸引了部分对价格比较敏感的顾客，有效分散了需求。

如果碰到需求波动比较大的情况，也就是说某一种饺子的需求量非常大的时候，比如客户要的白菜馅儿没有了，胡经理就要求店员推销牛肉馅儿或者羊肉馅儿，同时改进店面环境，安上空调，提供杂志报纸，使顾客在店里的等待时间平均从5分钟延长到10分钟。

胡经理做了三年的水饺生意，从最初每个饺子分摊大约1角钱的物流成本，到现在的5分钱甚至更低。因为需求的种类和数量相对固定，每个饺子的物流成本得到有效控制，大约在2分钱左右，主要就是采购人工、运输车辆的支出。

思考题：

1. 结合案例分析企业物流成本的构成。
2. 分析该店对物流成本进行管控的措施。

第 3 章 物流系统要素成本管理（上）

学习目标

了解运输、仓储和装卸搬运的概念；
了解运输、仓储和装卸搬运的主要业务内容；
掌握运输成本、仓储成本和装卸搬运成本的构成内容；
掌握运输成本、仓储成本和装卸搬运成本的核算方法；
理解运输、仓储和装卸搬运业务的优化及其成本优化措施。

案例导读

2021年修正的《中华人民共和国道路交通法》让很多物流企业和货物承运商怨声载道，之前企业的盈利点过多地依托于超载，现在新法出台，企业抱怨成本高、运费低导致生意难做，认为是颁布的法律堵死了自己的利润源，却没有考虑如何改善现代物流的运营，比如如何把汽车空驶率控制在最小范围内。

根据有关统计结果，我国物流成本占 GDP 比例非常大，1990 年时占 14.5%，1997 年占 16.9%，2011 年上半年增加至 18%，近几年上升比例更大，比同期国际水平高很多。为什么我国的物流水平居高不下呢？业界认为，主要原因是一些物流企业对物流知识的运用比较差，缺乏对物流网络的规划，缺少合理的运输体系设计，很多运输车辆往往是去时满载、回时空空，空驶率过高，空载费用被分摊，导致总成本必然提高。有学者指出，网络型联营是降低物流成本的重要出路。

思考：如何利用网络对物流运输进行规划？

3.1 运输成本构成、核算及其优化

我国物流行业虽然已经历了三十多年的发展，但是与其他国家的物流业对比，在管理上还有许多不足之处。就目前来看，物流业成本相对来说处于较高水平，占 GDP 总值将

近20%的比例,而运输成本就占物流成本50%以上的比例,与国外物流行业对比,我国这些占比过大。因此,加强物流行业运输成本的控制势在必行。

3.1.1 运输成本概述

1. 运输及运输成本概念

我国国家标准《物流术语》(GB/T 18354—2006)对运输的解释是"用专用运输设备将物品从一个地点向另一地点运送。其中包括集货、分配、搬运、中转、装入、卸下、分散等一系列操作"。运输是物流作业中最直观的要素之一,是人和物的载运及输送(本书中的运输专指"物"的载运及运输),是在不同地域范围内以改变"物"的空间位置为目的的活动。

企业将"物"从生产地运输到需求地使用户的需求得到满意,按照用户的标准使货物产生空间位置转移的改变,其中所产生人、财、物资源的损耗,用货币的形式来体现,其费用之和就是运输成本。运输成本在物流成本中占有很大的比重。运输成本与运输量和运输里程成正比,运输里程越长,运输量越大,运输的成本就越高,在整个物流成本中所占的比例就越大。

2. 运输方式

现代运输方式有很多,常见的运输方式有以下五种。

(1)公路运输。

公路运输是现代交通运输中陆路运输的方式之一,在物流管理系统中,公路运输一般指汽车货物运输,主要承担中、短途货物运输,是内陆及城市物流的主要交通工具。

公路运输的主要优点是灵活性强、运输速度快、物品损耗少等。公路运输的缺点是运输能力较低、能耗和运输成本高、长距离运输费用高、运行持续性差、受自然条件影响较大、安全性较低及不适宜运输大宗物资等。

(2)铁路运输。

铁路运输也是陆路运输的方式之一,其优点是运行速度较快、运距较长、运输能力强、连续性强、较少受自然条件的影响、可以常年运行、可以进行各种物品运输、安全性较好、运输成本相对较低等。由于受运行线路和站点固定的限制,铁路运输存在灵活性较差、发车频率比公路运输低、近距离运输成本较高等缺点。

(3)水路运输。

水路运输主要包括沿海运输、远洋运输和内河运输三种形式。其优点是运输能力强,几乎不受限制;运距长,只要有宜航水路就能运;成本较低。但水路运输受自然条件影响最大,河流流向、季节及天气等都会对其造成影响;另外,水路运输速度慢,需要时间较长,安全性和准确性也比较差。水路运输适宜运输大宗的、长距离的、对物品到岸时间要求低以及运费负担能力较低等运输任务。

(4)航空运输。

航空运输是各种运输方式中速度最快的一种,可以大大节省运输时间,安全性和准确性都很高。但由于航空运输投资大、能耗高,因此其成本较高,同时受运输工具的限制,运量也有限。因此,航空运输适宜于小批量的贵重物品、邮件及鲜活品的运输。

(5) 管道运输。

管道运输是目前陆上运输油气的主要方式之一，近年来也被用来运输煤炭和精矿等。其优点是工程小；占地少；运量大；一般不受气候影响，可以全天候运行；损耗也比较小。但其对运输对象要求严格，只能用来传送液体、气体和浆状物品。

3. 运输特点

随着科技水平的提高，物流行业的运输特征主要表现为以下几点。

（1）物流运输手段丰富化。

运输方式越来越多样化，这样可以有效缩短运输周期，实现更大的经济效益。目前物流的运输方式有很多，且各自具有自身的长处和不足，不过除特殊物品之外，大多数货物可以选择多种运输方式。

（2）物流运输科学技术化。

随着科学技术的广泛应用，物流行业逐渐开始采用条码技术、信息网络技术、人工智能化技术等，相关设备也更加先进，促进了物流运输业的进一步发展。

（3）物流运输调度信息化。

运输在一定程度上涉及信息的更替，可以用计算机技术管理用户的信息管理系统、运输网络系统、车辆的监控系统，为用户查询货物信息提供方便。

（4）物流组织网络化。

不同供应链之间的竞争模式称为物流竞争，一个企业要想在行业中取得竞争优势，就必须在物流竞争的管理体系上具有优势，企业通过建立网络化的信息平台使供应链各环节的信息流动速度加快，在降低库存货物量的同时，提高货物运输速度。

（5）物流活动国际化。

经济全球化的发展趋势使世界各国都能随时了解世界的动态。很多大型企业设有物流分配中心，这既加快了产品的运输速度，提高了生产效率，还在全世界范围内为企业赢得了信誉，提高了企业的知名度。

3.1.2 运输成本的构成

1. 运输成本的构成

不同运输方式的运输成本的构成项目有所不同。本书从各类运输方式共同的成本构成角度、以公路运输为例介绍运输成本的构成。

无论采用何种运输方式，从成本性态的角度看，运输成本一般包括以下四部分。

（1）变动成本。

变动成本就是在运输过程中由于各种各样的原因，货物需要发生变动而产生的相应的费用，而且只要货物产生变动就会有此成本费用。比如，车辆的油耗费、轮胎磨损费、装卸搬运费、过路费、过桥费、日常维护修理费等，将会随着运输的距离、运输的重量等因素的变化而变化。

（2）固定成本。

固定成本是指在一段时间内不会变化，即使企业没有运输业务也会出现的成本。比如，运输工具的折旧费、运输管理费、运输管理人员工资、车辆使用税等属于固定成本，这些成本不会因为运输距离、运输重量或者信息系统的维护、运输工具的更新等而急剧变化，所以固定成本相对比较稳定。

（3）联合成本。

联合成本是物流企业在接受客户订单和运输过程中必不可少的一项费用，仅仅从理论角度很难理解，以一个简单例子来介绍：假设物流企业接到客户订单，将货物从 A 地区运输到 B 地区，这个过程就已经产生了两部分费用，即从 A 地区到 B 地区的费用和从 B 地区返回 A 地区的费用，对于物流企业来说可以通过两种方式解决，同一时刻接受从 B 地区运输到 A 地区的货物订单，或者由客户支付该任务的隐性费用。

（4）公共成本。

公共成本主要是指端点站和管理部门收取的费用，一般情况下，该费用是先由运输人承担，而后分配到每个客户手中，根据客户运输货物的重量或者多少进行合理划分，可见公共成本的最终承担者依然是客户。

本书以公路运输为例，将公路运输成本的构成项目分为车辆费用和营运间接费用两部分。车辆费用是运输车辆从事运输生产活动所发生的各项直接费用，具体项目如表 3-1 所示。营运间接费用指企业在营运过程中发生的不能直接接入成本计算对象的各种间接费用，包括为管理和组织运输营运生产活动的各项费用，如管理人员的工资福利费、办公费、差旅费等，为筹集运输生产资金而发生的利息支出等费用。

表 3-1 车辆费用

序号	费用名称	内容
1	人工费	按规定支付给营运车辆司机和随车人员的基本工资、津贴、补贴、奖金等；按规定比例和工资总额计提的职工福利费、社会保险、工会经费等
2	燃料费	营运车辆在运行过程中耗用的各种燃料，如汽油、柴油等。自动倾卸车辆卸车时所耗用的燃料费也在本项目内核算
3	轮胎费	营运车辆耗用的外胎、内胎、垫带的费用支出以及轮胎翻新费用和零星修补费用等
4	修理费	营运车辆进行各级维护和修理所发生的工料费用、修复旧件费用和行车用机油费用。采用总成互换修理法的企业，维修部门领用周转总成价值和卸下总成的修理费用，也在本项目内核算
5	车辆折旧费	营运车辆按照规定的方法和年限计提的折旧费用
6	养路费	按规定向公路管理部门缴纳的养路费
7	运输管理费	按规定向公路运输管理部门缴纳的运输管理费
8	车辆保险费	向保险公司缴纳的营运车辆的保险费用
9	事故损失费	营运车辆在运输过程中，因行车事故发生的损失，扣除保险公司赔偿后的事故费用
10	税金	营运车辆按规定缴纳的车船使用税
11	其他费用	营运车辆在营运过程中发生的不属于以上项目的费用，比如过桥费、过路费、随车工具费、车辆牌照和检验费、洗车费、停车住宿费等

2. 运输成本的影响因素

影响运输成本的因素有许多，一些是明显的，还有一些并没有具体显示，但是物流企业必须考虑在内。本书从以下几个方面介绍影响因素。

（1）运输距离。

运输距离是决定整个运输过程中耗费成本的一个关键性因素，因为其决定着运输过程燃料的消耗量和费用变动等各方面的成本，将运输距离与运输成本两者的关系用曲线图表示，如图3-1所示。

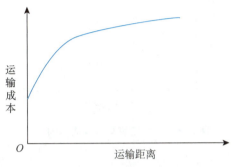

图3-1 运输距离与运输成本的关系

由图3-1可以看出：当运输距离为0时，成本并不为0，此时纵坐标表示的就是前面提到的固定成本；随着运输距离的增大，运输成本也在不断增加，只是增加的幅度越来越小，最后趋于稳定，这是因为车辆在城市之间的运输过程距离远，司机能够提高车速，进而降低每公里①的单位费用。

（2）运输重量。

运输货物的重量是影响运输成本的另一个重要因素。在运输距离相同的情况下，运输货物越重，运输费用越高。单位重量的运输成本也是随着运输重量的增加而减少的，如图3-2所示。

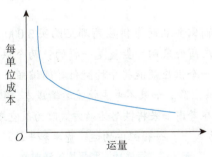

图3-2 运输重量与运输成本的关系

从图3-2可以看出，运量与每单位重量的成本是成反比关系的，运量越大，每单位重量运输成本就越低。原因是：固定成本最终是由客户分摊的，运量越多时，分摊的客户就会越多，相应的固定成本就会减少。所以在理论上，物流企业完全可以通过扩大经济规模来控制自身的运输成本。

---

① 1公里=1 000米。

(3) 货物密度。

货物密度主要影响的是货车的承载重量和占据空间，假如运输车辆的能源和货物量关系不明显，相应地，运输工作人员通过控制货物的密度，可以通过加大货物密度的方式，使每单位重量的货物运输成本降低；反之，则应该减小货物密度。每单位成本和产品密度的具体关系如图3-3所示。

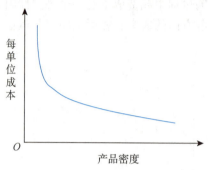

图3-3 货物密度与运输成本的关系

(4) 装卸搬运。

物流活动中需要使用许多运输工具，根据运输货物的地区和路线的不同，运输工具的选择也不同，而与不同的运输工具对应的搬运装备也各有差别，如船只或者卡车等运输工具，都需要专业的搬运设备，这就会增加运输成本。而一些货物可以采用加工处理装箱整体搬运，不需要人工进行，会减少一些人工搬运装卸费用，降低运输成本。

(5) 运输方式的选择。

选择合适的运输方式能够大大降低运输成本，在经济全球化和区域物流不断发展的浪潮下，单一的运输方式不能完成区域范围大的运输业务，而应该采用各种运输方式的最佳组合。目前常用的运输方式有公路运输、水路运输、航空运输、铁路运输和管道运输五种，这几种方式各有优缺点，运输成本也有差异。有时多种运输方式的组合相较于单一的运输方式成本更低。

例3-1：某家设备制造商需要从两个供应商那里购买3 000箱塑料配件，每箱配件的价格是100元。目前，两个供应商处采购的数量是一样的；两个供应商都采用铁路运输，平均运送时间也相同。如果其中一个供应商能将平均交付时间缩短，那么每缩短一天，制造商会将采购订单的5%转给这个供应商。如果不考虑物流运输成本，供应商每卖出一箱配件可以获得20%的利润。供应商A正在考虑如果将铁路运输方式改为航空或卡车运输，是否可以获得更多的收益。在各种物流运输方式下，每箱配件的运输费率和平均运送时间如表3-2所示。

表3-2 运输费率和平均运送时间

运输方式	运输费率/(元·箱$^{-1}$)	运送时间/天
铁路运输	2.50	7
卡车运输	6.00	4
航空运输	10.35	2

供应商A根据可能得到的潜在利润进行选择。表3-3是从供应商A的角度列出的不同运输方式下可以获得的利润。

表 3-3　不同运输方式的利润

运输方式	销售量/箱	毛利/元	运输成本/元	净利润/元
铁路运输	1 500	30 000	3 750	26 250
卡车运输	1 950	39 000	11 700	27 300
航空运输	2 250	45 000	23 287.5	21 712.5

如果该设备制造商能够恪守承诺，物流供应商 A 应该转而采用卡车运输。当然，物流供应商 A 应该注意物流供应商 B 可能采取的任何反击手段，一旦对手采取相应措施，可能会导致自身优势消失。

(6) 竞争性。

不同运输模式之间的竞争、同一运输模式的线路竞争以及同种运输方式之间的竞争，都会影响运输费用。铁路、水路、航空及海运之间长期以来都存在不同程度的竞争，有时为了赢得市场份额，会提供一些不同的价格策略或优惠政策。例如，相同起运地的货物运输可采用两种不同的运输方式进行，运输速度比较慢的那种运输方式只能实行较低的运价。

例 3-2：某制造商分别从三个供应商（A、B、C）处购买 4 500 个配件，每个配件价格 100 元。目前这些配件是由三个供应商平均提供的，如果供应商缩短运达时间，则将得到更多的交易份额，每缩短一天，可从总交易量中多得 6% 的份额，即 270 个配件。供应商在每个配件上可赚取占配件价格 25% 的利润。各种运输方式的运输费率和运达时间如表 3-4 所示。

表 3-4　各种运输方式的运输费率和运达时间

运输方式	运输费率/(元·件$^{-1}$)	运达时间/天
铁路	2.5	10
水路	4.0	7
公路	6.0	4
航空	10.8	2

供应商 A 考虑如果将原先运输成本最低的铁路转到其他方式是否有利可图？当然，供应商 A 只是根据他可能获得的潜在利润来对运输方式进行选择。表 3-5 是供应商 A 使用不同的运输方式可能获得的预期利润。

表 3-5　供应商 A 使用不同运输方式的预期利润

运输方式	配件销售量/个	收入/元	运输成本/元	净利润/元
铁路	1 500	37 500	3 750	33 750
水路	2 310	57 750	9 240	48 510
公路	3 120	78 000	18 720	59 280
航空	3 660	91 500	39 528	51 972

在这种情况下，供应商将会选择公路运输，既可以为自己赚取更高的利润，同时又可提供良好的运输服务质量。当然，在实际情况中，供应商 A 必须要考虑其他两位供应商的竞争反应行为。

3.1.3 运输成本的核算

公路运输是一种最普遍最常见的运输方式，本书以公路运输为例介绍运输成本的核算。其他运输方式的运输成本可以参考公路运输的计算进行。

1. 公路运输成本核算对象

在使用公路运输方式进行物流运输的过程中，企业一般采用汽车运输。汽车运输成本计算对象可以根据管理和成本核算方式的需要选择。当汽车运输成本采用独立核算方式时，如果车型较为复杂，为了反映不同车型的运输经济效益，可以将其按照不同燃料和不同类型分类，作为成本计算对象；如果车型比较少，可以直接一并计算。对于以特种大型车、集装箱车、零担车、冷藏车、油罐车等从事运输活动的企业，不同类型、不同用途的车辆要分别作为单独的成本对象。

2. 汽车运输成本计算单位

汽车运输成本计算单位是以汽车运输工作量的计量单位为依据的。货物运输工作量通常称为货物周转量，其计算单位为"吨公里"，即实际运送的货物吨数与运距的乘积。为计算方便，通常以"千吨公里"作为汽车运输成本计算单位。

大型车组的成本计算单位为"千吨位小时"，集装箱车辆的成本计算单位为"千标准箱公里"。集装箱以 20 英尺①为标准箱，小于 20 英尺箱的，每箱按照 1 标准箱计算；大于 20 英尺箱，至 40 英尺箱的集装箱，每箱按 1.5 标准箱计算。其他特种车辆，如零担车、冷藏车、油罐车等运输业务，其运输工作量以"千吨公里"为成本计算单位。

3. 汽车运输成本计算期

汽车运输成本应按月、季度、年度计算从年初至各月末止的累计成本。营运车辆在经营跨月运输业务时，一般不计算"在产品"成本，以行车路单签发日期所归属的月份计算其运输成本。

4. 汽车运输成本核算项目

一般公路运输成本项目主要包括车辆直接费用和间接费用两大类。车辆直接费用包括人工费、燃料费、轮胎费、修理费、车辆折旧费、缴纳或支付的营运费和保险费、事故损失费等，具体如表 3-1 所示。

5. 运输费用的归集与分配

若某项汽车运输费用发生时属于能直接确认成本计算对象的直接费用，可直接归集计入该对象成本；若属于不能直接确认成本计算对象的间接费用，需要计入营运间接费用进行归集，经过分配后计入相关对象的成本。

要正确计算各种对象的成本，必须正确编制各种费用分配表和计算表，成本计算过程要有完整的记录，即通过有关的会计科目、明细账或计算表来完成计算的全过程，并登记到相关明细账，计算出各种物流对象的成本。

（1）车辆直接费用的核算。

①人工费用。人工费用是指按规定支付给营运车辆司机的工资和按比例计算的福利

---

① 1 英尺=0.304 8 米。

费。运输企业营运人员的工资大多采用计时工资，工资额往往与工资水平、出勤天数、工龄等因素有关。有固定车辆的司机及其随车工作人员的工资、行车津贴等，应由相关车型的运输成本负担，按实际发生额直接计入成本的人工费用项目；没有固定车辆的后备司机的工资及津贴，应按照营运车辆的吨位或营运车日，分配计入相关车辆的分类运输成本。计算公式为：

$$每营运车吨日工资分配率 = \frac{应分配的后备司机工资总额}{总营运车吨日}（元/车日）$$

某车型应分摊的司机工资 = 该车型实际总营运车吨日 × 每营运车吨日工资分配额

例 3-3：东方公司为了便于管理，将其自营运输车辆分为四个大的类型。其中载重量为 5 吨的运输车辆配备 2 个固定司机和 1 个后备司机。2020 年 2 月，采用计时工资制计算的固定司机、后备司机的工资分别为 2 000 元、2 100 元和 1 800 元；其中后备司机当月总营运车日为 30 车日，在该车型上的营运时间为 6 车日。福利费的计提比例为工资总额的 14%。计算本月该车型的人工费。

解：营运车辆后备司机工资分配率 = 1 800÷30 = 60（元/车日）

该车应分摊的后备司机工资 = 60×6 = 360（元）

工资费用 = 2 000+2 100+360 = 4 460（元）

福利费 = 4 460×14% = 624.4（元）

人工费合计 = 4 460+624.4 = 5 084.4（元）

②燃料费。燃料费是根据行车路单或其他有关燃料消耗报告所列的实际消耗量和单价计入成本。燃料实际耗用量的确定要取决于企业采用哪种燃料管理方式。常用的车存燃料管理方式有满油箱制和盘存制。

> **知识链接**
>
> **车存燃料管理方式**
>
> 满油箱制车存燃料管理——如果企业采用满油箱制管理，营运车辆在投入运输生产活动时将油箱加满燃料，以后每次加油均加满油箱，补充其车存燃料的原来数量，那么车辆当月的加油数就是当月的燃料耗用量。
>
> 盘存制车存燃料管理——如果企业采用盘存制管理，营运车辆在投入运输生产活动前，也需加满油箱，日常根据耗用量加油，月末对车存燃料进行盘点。

在盘存制车存燃料管理方式下，实际耗油量的计算方法：

$$本月实际消耗数 = 月初车存数 + 本月领用数 - 月末出存数$$

经营长途运输的车辆，外地加油量比较大，油款结算比较迟。为了及时计算燃料耗用量，可先按照车队统计的燃料消耗计入成本费用，等外地加油结算凭证到达后，与车队统计数量进行核对，按差额调整燃料消耗成本。

例 3-4：接例 3-3，东方公司对运输车辆油耗计算实行实地盘存制，其中载重 5 吨的车辆月初的油箱存油数为 85 升，月末存油数为 45 升，当月领用油料 1 060 升，若该机动车使用的燃油价为 5 元/升，计算该车型当月的燃油成本。

解：当月实际消耗数 = 85+1 060-45 = 1 100（升）

燃油成本 = 1 100×5 = 5 500（元）

③轮胎费。运营车辆耗用的外胎、内胎、垫带的费用支出及轮胎翻新按实际领用数和发生数计入当月成本。由于内胎和垫带价值较低,可视同一般消耗材料,在领用时一次直接计入成本。对于汽车外胎,由于价值较高,更换频繁,所以除了管理部门的车用轮胎在领用时一般按实际领用数计入成本费用外,营运车辆的轮胎在领用时可按照一次摊销法或者分次摊销法或按行驶公里数预提法计入运输成本。

> **知识链接**
>
> **摊销方法**
>
> 一次摊销法——一次摊销法是指在营运轮胎领用时,一次性将轮胎的价值计入运输成本。
>
> 分次摊销法——分次摊销法就是在一次领用营运轮胎数量较大时,将其价值按月分期计入运输成本,摊销期限一般不超过一年。
>
> 按行驶公里数预提法——这种核算方法是在新车开始运行后,逐月按轮胎已行驶的公里数预提轮胎费用计入运输成本,待轮胎更换时,再用领用轮胎的价值冲减预提轮胎费用。

例 3-5:接例 3-3,该型号车领用轮胎若干,总成本计 2 400 元,按企业会计核算的要求,该轮胎费用在一年内按月分期摊销,计算当月的轮胎费用。

解:轮胎费 = 2 400÷12 = 200(元)

④修理费。营运车辆的修理包括日常维修和大修理。日常维修发生的直接材料费、人工费等可以根据各项凭证汇总,直接计入各项成本计算对象;维修发生的共同费用,可按营运车日比例分配计入各车辆运输成本。车辆发生的大修理费用,可采用按月预提或待摊的办法计入各月成本。

> **知识链接**
>
> **大修理的待摊法和预提法**
>
> 大修理费用的待摊方法——当车辆发生大修理费时,将其计入待摊费用,再按受益期分期摊入运输成本。
>
> 大修理费用的预提方法——在车辆进行大修理之前,按月预提大修理费用,计入当期成本费用,当实际发生大修理费时再冲减预提费用。同时,应按实际大修理费用与预提每次大修理费用的差额调增或调减本项目。

例 3-6:接例 3-3,当月对载重 5 吨的营运车辆进行日常养护,期间发生材料费用 400 元,修理人工费用 500 元,同时该月完成对该车型部门车辆的大修理,共发生修理费 28 800 元。按照相关制度要求,该大修理费在 24 个月内分期摊销,计算该车当月的修理费用。

解:修理费 = 400+500+28 800÷24 = 2 100(元)

⑤车辆折旧费。营运车辆折旧费是指车辆因使用磨损而逐渐转移到成本费用中去的价值。企业一般应当按月提取折旧,当月增加的车辆,从下月开始计提折旧;当月减少的车辆,当月照提折旧,下月停止提取。营运车辆提足折旧后,不管能否继续使用,均不再提

取折旧；提前报废的车辆，也不再补提折旧。

目前会计上使用的折旧方法有直线法、工作量法、双倍余额递减法、年数总和法等，而车辆折旧一般使用工作量法计算折旧。具体计算如下：

$$车辆单位里程折旧额 = \frac{固定资产原始价值 \times (1 - 预计净残值率)}{预计行驶总里程}$$

$$当月或当年折旧额 = 单位里程折旧额 \times 当月或当年实际行驶里程$$

例3-7：接例3-3，东方公司载重量为5吨的运输车辆的原始价值为40万元，预计净残值率为5%，预计总行驶里程为200万公里，当月实际行驶里程为12 000公里，计算该车辆当月计提的折旧额。

解：单位里程折旧额 = 400 000×(1-5%)/2 000 000 = 0.19（元/公里）

当月应提折旧 = 0.19×12 000 = 2 280（元）

⑥养路费及运输管理费。养路费及运输管理费按运输收入的一定比例计算缴纳的企业，应按不同车型分别计算应缴纳的养路费和运输管理费，计入各分类成本；按车辆吨位于月初或季度初预先缴纳养路费或运输管理费的企业，应根据实际缴纳分摊计入各分类运输成本的项目内。

⑦车辆保险费。车辆保险费按实际支付的投保费用和投保期，并按月份分车型分摊计入各分类成本的项目内。

⑧事故费。营运车辆在营运过程中因碰撞、翻车、碾压、落石、失火、机械故障等原因而造成的人员伤亡、牲畜死亡、车辆损失、物资毁损等行车事故所发生的修理费、救援费和赔偿费，以及支付给外单位人员的医药费、丧葬费、抚恤费、生活补助费等事故损失，在扣除向保险公司收回的赔偿收入，以及事故对方或过失人的赔偿金后，计入有关分类成本项目内。

⑨其他营运费用。营运车辆在营运过程中发生的不属于以上项目的行车杂费，应于发生时根据实际数额计入运输成本。

（2）营运间接费用。

营运间接费用一般包括车队管理费和车站经费。

①车队管理费用的分配。车队管理费应分配计入本车队各类车型的运输成本。通常先按车队发生的营运车辆的车辆费用和其他业务的直接费用比例，由运输业务和其他业务分摊；然后再按各类车辆的直接费用比例或营运车日比例，由各类运输成本分摊。计算公式如下：

运输业务应分摊的车队费用 = 当月运输业务直接费用总额 × 车队费用分配率

车队管理费按各种车辆的直接费用比例分配，公式如下：

$$车队费用按车型分摊的分配率 = \frac{运输业务应分摊的车队费用}{该车队各车型营运车的直接费用} \times 100\%$$

某车型的营运车应分摊的车队费用 = 当月该车型营运车直接费用总额 × 车队费用按车型分摊的分配率

②车站经费的分配。车站经费应在车站各业务之间分配，通常按运输直接费用、其他业务直接费用比例分摊。由运输业务负担的车站费用，应按车型类别的直接费用比例分摊。

6. 计算运输成本

汽车运输成本是通过运输支出、营运间接费用等会计账务处理进行归集和分配的，从而计算出运输总成本和单位成本。运输支出账户按货车车型、大型车组、集装箱车、特种车等成本计算对象，设立运输成本明细账；营运间接费用账户按车队管理费、车站经费等设立费用明细账。企业营运车辆所发生的直接费用，根据原始费用分配表进入运输成本明细账有关项目。月终再根据有关账户记录计算各成本计算对象的总成本和单位成本。

(1) 总成本的计算。

汽车运输总成本是成本计算期内各运输成本计算对象的成本总额之和，公式如下：

$$汽车运输总成本 = \sum 各成本计算对象的成本$$

(2) 单位成本的计算。

单位成本是指成本计算期内，按成本计算对象完成单位运输周转量"千吨公里"的成本额，公式如下：

$$某运输成本计算对象的单位成本 = \frac{该成本对象当月运输成本总额}{该成本计算对象的当月运输周转量}$$

对于不按"千吨公里"计算其生产成本的大型平板车、集装箱专用车等，应按照各自计算生产成本的"千吨位小时""千标准箱公里"计算其运输单位成本。

实际业务中，企业在进行运输成本的核算时，一般将运输成本简单地划分为固定成本和变动成本两个部分。固定成本（如修理费、养路费等）按特定的计算方法和实际发生数计算；而变动成本部分则根据历史消耗水平，测算出单位吨公里成本，然后结合实际运输业务量"吨千米"计算其成本。如：

$$燃料成本 = 每吨公里消耗燃油成本 \times 实际运行吨公里数$$

$$人工工资 = 每千米工资费用 \times 实际行驶千米数$$

在计算出营运的实际固定成本和变动成本后，合并两个部分成本数据即可形成某一成本计算对象当期的运营成本。若需要计算确定某一运输业务的成本，可将其固定成本分摊计算到每天，变动成本部分按实际运输里程计算即可。

例3-8： 某企业的物流运输采用自营运输，其下属的运输公司经营活动中与成本有关的数据如下。

(1) 设备原始价值：长途运输牵引机的购买价格为每台24万元，挂车的购买价格为每台12万元；牵引机的折旧年限为5年，挂车的折旧年限为8年，按预计行驶千米计算的单位里程折旧额为1.5元。

(2) 燃料消耗：柴油价格5元/升，油料消耗为25升/100千米，吨千米附加为1升/100吨·千米。

(3) 人工：为该车配备的专职驾驶员长途运输的工资费用为0.4元/公里。

(4) 保险：支付全年的交通事故责任强制保险4 480元，第三者责任险5 400元，车损险2 600元。

(5) 其他按月支付的费用有：养路费4 500元，大修费1 080元，轮胎费780元，保养费1 200元，车船使用税18元，印花税14元，税金及附加845元，土地使用税32元。运输管理费800元，防洪基金50元，其他支出925元。

(6) 本次运输从甲地至乙地往返600千米，需2个工作日。一辆20吨货车去时载货重20吨，回时顺路带货4吨。该次运输实际发生差旅费80元，行车补贴0.05元/公里，路桥费520元。

根据上述数据，计算此次运输成本。

解： 第一部分，变动成本的计算。

吨公里数：300×20+300×4=7 200（吨·千米）

油料消耗：25×6+1×72=222（升）

燃料费：5×222=1 110（元）

人工费：0.4×600=240（元）

差旅费：80（元）

行车补贴：0.05×600=30（元）

过桥费：520（元）

小计：1 980（元）

第二部分，固定成本的计算。

折旧费：1.5×600=900（元）

养路费及运管费：4 500+800=5 300（元）

轮胎费及保养费：780+1 200=1 980（元）

大修费：1 080（元）

税费：18+14+845+32=909（元）

防洪基金：50（元）

保险及其他：(4 480+5 400+2 600)÷12+924=1 964（元）

小计：11 283（元）

除运输车辆的折旧外，其他费用每月按30天计算的每日固定成本为：

(5 300+1 980+1 080+909+50+1 964)÷30=376.1（元）

本次运输发生的固定成本：376.1×2=752.2（元）

根据以上结果，整理列式如表3-6所示。

表3-6 运输成本   单位：元

变动成本项目	金额	固定成本项目	金额
燃料费	1 110	折旧费	900
人工费	240	养路费及运营费	5 300÷30×2=353.33
差旅费	80	轮胎费及保养费	1 980÷30×2=132
行车补贴	30	大修费	1 080÷30×2=72
路桥费	520	税费	909÷30×2=60.60
		防洪基金	50÷30×2=3.33
		保险及其他	1 964÷30×2=130.93
变动成本小计	1 980	固定成本小计	1 652.20
本次运输任务的总成本=1 980+1 652.20=3 632.20			

对上述计算结果进行分析可知：单位固定成本与营运里程数呈反向变化，营运里程越长，单位固定成本就越低。这是因为总的固定成本是平均分摊到营运里程上的。因此，

大多数的自有车队管理者在分析如何提高车辆利用率问题时，考虑的都是把固定成本分摊到更多的行驶里程数上。

变动成本随着运行里程数增长而呈正向、同比例增长。运行里程越长，变动成本越高。车队的管理者应努力提高单位燃料行驶里程数，节省费用会相当可观。

3.1.4 运输成本的优化

1. 优化运输系统，减少中间环节

（1）优化运输网络。

企业一般不可能改变现有的公路网、铁路网以及航空、海运线路等，但可以对现有运输资源进行合理优化，在现有的运输网络线路中找到运输的最佳路线，减少迂回运输、对流运输、重复运输、空载运输、过远运输等不合理运输，尽可能缩短运输时间和运输距离，从而降低运输成本。

（2）减少不必要的运输环节。

在运输活动中，除了运输业务外，还要进行装卸、搬运、包装甚至流通加工等作业，多一道环节就会增加很多成本。因此，在货物运输的规划中，对有条件直达运输的，尽可能组织直达运输，使物品不进入中转仓库，减少不必要的运输环节，由产地直运销售地或用户，减少二次运输。

（3）直达运输。

直达运输指越过商业、物资仓库环节或铁路交通中转环节，把货物从产地或起运地直接运到销售地或者直接运送给客户，减少中间环节的一种运输方式。直达运输通常适用于体积大、笨重的生产资料运输，比如矿石、钢材的运输等。在商业部门，一些消费品运输可视货物的具体情况，越过不同的中间环节直接送到批发商或零售商手中；出口货物也大多采用直达运输方式运输，出口商品实行由产地直达口岸的办法运输。

（4）"四就"直拨运输。

"四就"直拨运输，指各商业、物资批发企业，在组织货物调运过程中，对当地生产或由外地调运的货物，不运进批发仓库，而是采取直拨的办法，把货物直接分拨给市内基层批发、零售商店或用户，减少一道中间环节。其具体做法有就厂直拨、就车站直拨、就库直拨、就车过载等，以收到双重的经济效益。

2. 选择合理的运输方式

（1）选择合适的运输工具。

在交通运输事业日益发展、各种运输工具并存的情况下，必须注意选择运输工具和运输路线。要根据不同货物的特点，分别利用铁路、水路或汽车运输，选择最佳的运输路线。应该走水运的不要走铁路，应该用火车的不要用汽车；同时，积极改进车辆的装载技术和装载方法，提高装载量，运输更多的货物，提高运输生产率。

（2）实行联合运输。

联合运输指充分利用铁路、汽车、船舶和飞机等各自的特点，并把它们中的两种或两种以上有机组合起来加以有效利用的运输。把卡车的机动灵活和铁路、海运的成本低廉以及飞机的快速的特点结合起来，完成门到门的运输，通过优势互补，实现运输的效率化、低廉化，缩短运输时间。

交通部门规定，凡交通部门直属运输企业，实行联合运输给予运费核减优惠；凡是能办联运的一律不办中转业务；在联合运输中，发货单位在发货时在起始地一次办好运输手续，收货方在指定到达站即可提取运达的商品，具有一次起标、手续简便、全程负责的好处。

(3) 开展国际多式联运。

国际多式联运是一种高效的运输组织方式，它集中了各种运输方式的特点，扬长避短，组成连贯运输，达到简化货物环节，加速货运周转，减少货损、货差，降低运输成本，实现合理运输的目的，比传统单一运输方式具有无可比拟的优越性。

3. 提高车载装卸效率

提高车辆的装载效率是组织合理运输、提高运输效率、降低运输成本的重要内容，可以最大限度地利用车辆载重吨位和充分使用车辆装载容积，主要做法有以下三种。

(1) 组织轻装配置。

把实重货物和轻泡货物组装在一起，既可充分利用车船装载容积，又能达到装载重量，以提高运输工具的使用效率，降低运输成本。

(2) 实行解体运输。

对一些体大笨重、不易装卸又容易碰撞致损的货物，如家具、科学仪器、机械等，可将其拆卸装车，分别包装，以缩小所占空间，并使其易于装卸和搬运，以提高运输装载效率，降低单位运输成本。

(3) 利用高效的堆码方法。

根据车船的货位情况和不同货物的包装形状，采取各种有效的堆码方法，如多层装载、骑缝装载、紧密装载等，可以提高运输效率。推进物品包装的标准化，逐步实行单元化、托盘化，是提高车船装载技术的一个重要方式。

4. 选择最佳运输手段

(1) 拼装整车运输。

企业在组织铁路货运当中，由同一发货人将不同品种的货物发往同一到站、同一收货人的零担托运货物，由物流企业自己组配在一个车皮内，以整车运输的方式托运到目的地；或把同一方向不同到站的零担货物，集中组配在一个车皮内运到一个适当车站，然后再中转分运。采取整车的办法可以减少一部分运输费用，并节约社会劳动力。

(2) 实施托盘化运输。

托盘化运输是指利用托盘作为单元货载运输的一种方法，就是把保管—发货—运输—进货—保管形成一条龙工序，以托盘为基本用具而不改变货物状态，始终一贯地用机械搬运装卸来处理货物。一贯托盘化之后，可以把保管、发货、输送、进货等各项功能联结起来，托盘可以相互连续使用，一贯托盘化的优势为交易单位标准化、输送用具能有效返回、减少装卸场地、用机械装卸解放重体力劳动、减少装卸中的货物损伤、缩短运输时间等。

(3) 实施集装箱运输。

安全、快捷、低价是集装箱运输相对于传统运输方式的主要特点。采用集装箱方式运输的每吨货物装卸费用下降，是生产力发展的必然趋势，也是集装箱运输市场能得以迅速扩展的根本理由。集装箱运输也是单元化运输的一种形式，集装箱主要适用于大宗货物的长途运输。

5. 减少运输事故损失

在运输途中，有可能发生货物丢失、货物变质甚至出现事故，这些都造成了运输成本不必要的增加，因此对运输事故的关注十分必要。

首先，要加强日常防范，加强驾驶员的安全教育，做好车辆的日常维护保养工作。其次，要购买保险，保险是风险转移的最佳方式；如果发生运输事故，积极做好理赔工作，尽量减少损失。

3.2 仓储成本构成、核算及其优化

物流业在 21 世纪已发展为世界各国的重要产业，仓储作业在物流系统中也起着不可替代的作用。在整个供应链体系中，仓储发挥着整合上下游矛盾、平衡各企业部门供需的作用。由于仓储费用在整个物流业务中占据比重最大，所以对其成本的控制是物流业务甚至是整个公司经济决策的重要内容，其成本核算数据直接决定企业产品价格定位，影响企业绩效。

> **资料阅读**
>
> **长虹物流中的"加法"和"减法"**
>
> 长虹对物流业务使用"加减法"进行改革，在销售物流上使用"加法"。长虹在全国设置了绵阳、中山、南通、吉林 4 个基地库房，203 个分公司库房。与国内家电企业同行比较，长虹销售物流的仓储点数量明显高于同行业企业（同时期国内某家电品牌仅有 53 个区域物流中心，另外还有两家知名家电品牌也只在全国设置了 47 个区域物流中心和 78 个区域物流中心）。长虹的库房分布分散、过多且过小，各销售分公司为了满足当地客户需求，不得不多挤占货源，导致整个销售物流库存居高不下，库存资金占用太大，也使仓储管理费用居高不下。后来，长虹将全国 203 个分公司库房进行整合，建立了 4 个区域配送中心和 66 个区域物流中心，仓储和配送一体化运作框架基本形成。
>
> 长虹对采购模式进行改革，使用"减法"。长虹原来采用的是传统的采购模式，需要什么材料提前买回放在仓库，既占仓库又占资金。长虹每年的采购额有 80 多亿元，涉及近 3 万种物料，如果不严格管理会造成支出过多。现在长虹与 900 多家供应商达成协议，由这些供应商在长虹各厂区周边建库房，长虹需要的材料可随时从这些供应商库房购买。这样一来，长虹的仓库中，原材料存货下降 61%。原材料的减少使库房数量减少，长虹在绵阳的外租库房由 23 万平方米变为现在的 5 万平方米。
>
> 长虹使用的"加减法"改革，使长虹在短期内主要物流指标达到了同行业平均水平，市场反应速度大大加快。
>
> **思考：** 在物流系统中，仓储有什么样的作用？

3.2.1 仓储成本的概述

1. 仓储的概念及作用

仓储是以改变"物"的时间状态为目的的活动。它通过克服供需之间的时间差而使产品获得更好的效用。运输是让"物"产生位移,在物流系统中,运输和仓储是并列的两大主要功能要素,被称为物流的两个支柱。仓储是利用仓库存放、储存未及时使用的物品的行为,即在特定的场所储存物品的行为,包括对货物的储存、管理、保养、维护等的相关活动。仓储业务流程如图3-4所示。

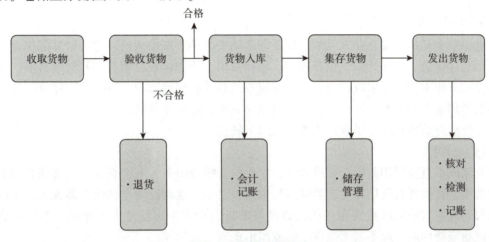

图 3-4 仓储业务流程

仓储作为社会再生产各环节之间的"物"的停滞,构成了上一步活动和下一步活动的必要条件。例如,采购与生产之间、生产的初加工与精加工之间、生产与销售之间、批发与零售之间、不同运输方式转换之间等。生产的复杂性决定了生产的产品要经过一定时间的仓储保管才能和消费相协调。另外,出于合理使用资源而防止产品一时过剩造成浪费的要求,需要对生产的产品进行一定时间的仓储。借用运筹学的语言来描述,可以说仓储管理就是在运输条件为约束力的情况下,寻求最优库存方案作为控制手段,使物流实现总成本最低的目标。

作为控制和调节企业物流(流速)的仓储活动,在物流系统中具有非常重要的积极作用,主要表现在以下三个方面。

(1)降低成本。

提高效率在供应物流方面,企业通常是从多个供应商分别购进商品并运入仓库,经过必要加工处理整批运至下一道工序,或者将商品从工厂运至仓库,然后根据客户要求加工处理后小批量运送至市场或客户。这大大降低了运输成本,调节了运力差异,提高了运输效率。

(2)有利于商品整合,提高附加值。

如果考虑到颜色、形状、大小等因素,企业的一个生产线包括了成百上千种零部件,这些部件通常在不同的工厂生产,企业可以根据客户的需求,将商品在自己的仓库中进行加工、分拣、包装、配套等,然后送给客户。单纯的储存和保管型仓库,已经不能适应生产和市场的需要,增加上述配送和流通加工的功能,向流通型仓库方向发展,是现代仓储管理的趋势。

(3) 调节供需为销售服务。

生产和消费之间会或多或少存在时间、空间上的差异，仓储可以提高商品的时间效用，调整均衡生产和集中消费或均衡消费和集中生产在时间上的矛盾。同时，仓库合理地靠近客户，使商品更适时地送达客户手中，将有利于提升客户的满意度并扩大企业销售，这一点对于企业产成品仓库来说尤其重要。

但是企业的仓储由于其自身特点也会存在成本过高的问题，表现为固定费用支出、机会损失、陈旧损失、跌价损失、保险费支出、验收支出、保管支出等方面。

2. 仓储成本的概念及特点

仓储成本是指仓储企业在开展仓储业务活动中各种要素投入的以货币计算的综合，具体包括仓库租金、仓库折旧、设备折旧、装卸费用、货物包装材料费用和管理费等。仓储成本是物流成本的重要组成部分，对物流成本的高低有直接影响。对各种仓储成本的合理控制能增加企业的利润，反之就会增加物流总成本，冲减企业利润。

仓储业务的特点决定了仓储成本具有以下特点。

(1) 分摊难度大。

仓储成本直接费用的资金需求较少，主要的直接费用多为人工费和水电管理费用等维持性费用，直接材料费用在生产经营过程中极少发生。这就说明仓储成本多表现为无法直接归属到成本对象的间接费用，如设施设备的折旧费等。这就造成了仓储成本分摊难度大，使物流费用因分摊不清而造成了物流冰山现象。

(2) 仓储业务的多样性决定了仓储合同制定过程中的个性化体现。

对于不同种类、数量的服务对象制定不同的服务流程，这使仓储成本具有不稳定性。换句话说，仓储成本的费用消耗主要取决于消费者对不同服务对象存储和保管的需求，因此仓储成本费用很难用传统的会计方法进行核算。

(3) 仓储业务的即时性决定了仓储产品模糊了在产品与产成品的界限。

由于仓储业务不提供有形的产品，当货物结束了存储状态，其生产和销售也同时完成，因而在仓储业务的成本核算中，按会计标准不能将其结转至下期，只能转入本会计周期的损益中去。

3.2.2 仓储成本的构成

1. 仓储成本的构成

仓储成本主要由仓储持有成本、订货或生产准备成本、缺货成本和在途库存持有成本组成。

(1) 仓储持有成本。

仓储持有成本是仓储成本的主要构成部分，是指为了保持适当的库存而发生的成本，如仓储设备折旧、仓储设备的维护费、仓库职工工资、库存占用资金的利息费用、仓库物品的毁损和变质损失、保险费用、搬卸装运费用、挑选整理费用等。仓储持有成本可以分为以下四项。

①资金占用成本。资金成本指库存物资占用资金的成本。资金占用成本也称为利息费

用，指企业购买库存的资金用于其他投资所能实现的收益，属于投资的资金成本，它只是对可能丧失的获利机会的反映，属于机会成本。一般情况下，资金占用成本指占用资金支付的银行利息。

②仓储维护成本。仓储维护成本是仓储设施投入仓储生产的固定成本的体现，包括与仓库有关的租赁、取暖、照明、设备折旧、保险费用和税金费用等，也包括与空间使用相关的空间设施的维护和维修费用、道路使用费和仓储照明供水等能源费用。仓储维护成本随着企业采取的仓储方式不同而有变化，如果企业利用自有的仓库，大部分仓储维护成本是固定的；如果企业利用的是公共仓库，则有关部门仓储的所有成本将直接随库存数量的变化而变化。

③仓储运作成本。仓储运作成本指为库存商品提供的各项服务的成本，包括货物作业、劳务、信息服务、文件服务、投入作业生产设备的燃料费以及作业使用的工具和消耗品等。仓库内的主要作业包括出入库作业、验货作业、日常养护与管理作业、备货作业、装卸搬运作业等。

④仓储风险成本。仓储风险成本指的是由于企业无法控制的一些原因，导致库存商品贬值、变质、损坏、丢失或报废等产生的损失。

（2）订货或生产准备成本。订货成本是指企业为了实现一次订货而进行的各种活动的费用，包括处理订货的差旅费、办公费等。订货成本中有一部分与订货次数无关，如常设机构的基本开支等，成为订货的固定成本；另一部分与订货的次数有关，如差旅费、通信费等，成为订货的变动成本。以下活动会产生订货费用：检查存货，编制并提出订货申请，选择合适的供应商，填写并发出订单，填写并核对收货单，验收货物，筹集资金等。

生产准备成本是指当某些产品不由外部供应而是企业自己生产时，企业为生产一批存货而准备的成本。其中，更换模具、增添某些专用设备等属于固定成本，与生产产品的数量有关的材料费、人工费等属于变动成本。

（3）缺货成本。

缺货成本是指由于库存供应中断而造成的损失，包括原材供应中断造成的停工损失、产品库存缺货造成的延迟发货损失、丧失销售机会的损失以及商誉的损失等。当企业的客户得不到全部订单时，为外部缺货；当企业的内部某个部门得不到全部订单时，为内部缺货。

如果发生外部缺货，会导致延期交货、失销和失去客户三种后果。延期交货会发生特殊订单处理和运输费用，而通常情况下延期交货的特殊订单处理费用高，因此延期交货成本可根据额外订单处理费用和额外运费来计算；失销是在企业缺货的情况下一些客户转向其他供应商而失去销售的机会，这种情况下直接损失就是产品的利润损失，可以用这种商品的利润率乘以客户的订货量来确定；而缺货给企业带来的最大损失是企业失去了客户，从而失去未来一系列收入，还会造成商誉的损失，这些都是难以估计且难以精确计算的成本。

如果发生内部短缺，则可能导致生产损失（比如机器设备和人员闲置等）和交货期的延误。如果由于某项物品短缺而引起整个生产线停工，造成的缺货成本会非常高。

许多企业担心缺货带来损失，会考虑保持一定数量的保险库存（也叫安全库存），以防需求方面的不确定造成的供应中断，但安全库存的存在自然会产生一定的库存成本。这个保险库存的持有成本也应计入缺货成本。

(4) 在途库存持有成本。

企业以目的地交货的方式销售产品，意味着企业要负责将商品运达客户，当客户收到商品时才转移商品的所有权，商品在运送过程中仍然是销售方的库存，那么运送方式以及所需要的运送时间也是构成储存成本的一部分，企业应该对运输成本与在途存货持有成本进行分析。

2. 仓储成本的影响因素

物资储存量是由许多因素决定的，如物资本身的特征、运输条件的便利、物资的使用和销售等。但是，在诸多影响因素中，可以找到起主要作用的因素，同时，也能找到某种形式的指标。对于所要找的指标，应该能综合反映主要因素和其他非主要因素的内在联系，这样就可以通过研究这个指标，实现对问题的解决。在研究物资最佳仓储量时，采购批量的大小是控制仓储量的基础。影响采购批量的成本因素主要有以下四种。

（1）取得成本。

取得成本包括在采购过程中所发生的各种费用的总和。这些费用大体可以归结为两大类：一是随采购数量的变化而变化的变动费用；二是与采购数量关系不大的固定费用。

> **思考**
>
> 公司派采购员小王出差采购货物，乘坐高铁往返费用 500 元，到采购地点打的费 80 元，货物装车卸车费用 100 元，给这批货物购买保险 50 元，该批货物的含税价格 22 600 元（增值税税率 13%），因为当天不能返回，住宿一晚 350 元。请思考这些费用哪些是变动费用，哪些是固定费用？这批货物的取得成本应该是多少？

（2）储存成本。

生产销售使用的各种物资，在一般情况下，都应该有一定的储备。有储备就会有成本费用发生，这种费用也可以分为两大类：一类是与储备资金多少有关的成本，如储备资金的利息、相关的税金、仓储物资合理损耗成本等；另一类是与仓储物资数量有关的成本，如仓库设施维护修理费、物资装卸搬运费、仓库设施折旧费、仓库管理人员工资、福利费、办公费等。

（3）缺货成本。

由于计划不周或环境条件发生变化，企业在仓储中发生了缺货现象，从而影响了生产的顺利进行，造成了生产或销售上的损失，这种由缺货所造成的生产损失和其他额外支出称为缺货损失。所以，为了防止缺货损失，在确定采购批量时，必须综合考虑采购费用、储存费用等相关因素，以确定最佳的经济储量。

（4）运输时间。

在物资采购过程中，要实现随要随到的情况是有条件的。在一般情况下，从物资采购到企业仓库总是需要一定的时间。所以，在物资采购时，需要将运输时间考虑在相关因素中。

总之，在对上述影响物资采购批量的因素进行综合分析之后，才能正确确定物资的最佳经济采购量，从而进一步确定最佳经济储量。

3.2.3 仓储成本的核算

1. 核算范围

仓储成本是因为储存或持有存货而产生的，由投入仓储保管活动中的各种要素的费用构成，因此仓储成本在物资仓储过程中表现为具体的费用，其核算的具体范围如表 3-7 所示。

表 3-7 仓储成本核算的具体范围

项目	内容
工资福利费	指发给仓储各类作业人员的工资、奖金和各种补贴，以及由企业缴纳的住房公积金，医疗保险、养老保险等各种保险。福利费按实发工资的一定标准计算提取
保管费	指为存储货物所支付的货物养护、保管等费用，包括用于货物保管的货架、货柜的费用开支，仓库场地的房地产税等
折旧费	企业以自己拥有所有权的仓库和设备进行储存货物，需要每年提取折旧费计入当期仓储成本
租赁费	企业仓储与设备不足时可租赁仓库，需要按协议交纳租赁费，要计入当期仓储成本
修理费	修理费主要用于设备、设施和运输工具的定期大修理，每年按设备、设施和运输工具投资额的一定比例提取
管理费	管理费是为组织和管理仓储经营业务所发生的费用，包括行政办公费、公司经费、工会经费、职工教育经费、绿化费、业务费等
财务费用	企业为购买仓储设备而借入资金应该支付的利息
保险费	企业对储存的货物按照价值和期限进行投保，对于因意外事故或自然灾害造成仓储货物损害所要承担的赔偿责任进行保险所支付的费用
相关税费	在仓储作业过程中需要支付的各项税费
仓储损失	保管过程中因货物损坏而需要赔付的费用。造成货物损失的原因一般包括仓库本身的保管条件、管理人员的人为因素、货物本身的物理及化学性能、搬运过程中的机械损失等

2. 仓储成本计算

仓储成本的计算一般分为以下三种方法。

（1）按支付形态计算仓储成本。

仓储成本按照支付形态可以分为仓储搬运费、仓储保管费、材料消耗费、人工费、仓储管理费、资金占用利息等，将各项费用汇总即可计算仓储成本的总额。这种计算方法的优点是可以了解哪类项目支出最多，从而确定仓储成本管理的重点，有针对性地降低成本。

这种核算方法是从月度损益表中"管理费用、财务费用、销售费用"等各个科目中，取出一定数值乘以一定的比率（该比率指物流部门比率，分别按照人数平均、台数平均、面积平均、时间平均等计算出来），算出仓储部门的费用，再将算出的成本总额与上一年度的数值进行比较，分析增减的原因，最后确定修改方案。

例3-9：东方公司有职工500人，物流工作人员100人，公司总面积12 000平方米，物流设施面积6 000平方米。东方公司2020年12月份各项费用发生额如表3-8所示。根据各个项目发生的总费用计算应计入仓储的成本。

解：首先，根据人数和面积计算仓储成本的核算基准：

$$人数比率 = \frac{物流工作人员数}{全公司人数} = \frac{100}{500} = 20\%$$

$$面积比率 = \frac{物流设施面积}{全公司面积} = \frac{6\,000}{12\,000} = 50\%$$

然后，根据1~8项发生的仓储成本计算仓储费比率：

$$仓储费比率 = \frac{仓储成本1~8项之和}{总费用1~8项之和} = \frac{280\,000}{436\,000} = 64.2\%$$

最后，根据仓储费比率计算9~12项发生的总费用中应计入仓储成本的数值，如表3-8所示。

表3-8 东方公司按支付形态划分的仓储成本核算表

序号	项目	总费用/元	核算基准/%	仓储成本/元	备注
1	仓库租赁费	120 000	100	120 000	金额比率
2	材料消耗费	85 000	100	85 000	金额比率
3	工资津贴费	135 000	20	27 000	人数比率
4	燃料动力费	23 000	50	11 500	面积比率
5	保险费	12 000	50	6 000	面积比率
6	修缮维护费	12 000	50	6 000	面积比率
7	仓储搬运费	25 000	50	12 500	面积比率
8	仓储保管费	24 000	50	12 000	面积比率
1~8 小计		436 000	64.2	280 000	仓储费比率
9	仓储管理费	88 000	64.2	56 496	仓储费比率
10	易耗品费	63 000	64.2	40 446	仓储费比率
11	资金占用利息	54 000	64.2	34 668	仓储费比率
12	税金等	26 000	64.2	16 692	仓储费比率
9~12 小计		231 000	64.2	148 302	
合计		667 000	64.2	428 302	仓储费占总费用比率

(2) 按仓储项目计算仓储成本。

按照支付形态可以计算出仓储成本总额，但并不能充分说明仓储的重要性。为了能够有效降低仓储成本，了解仓储的实际状态以及哪些环节存在问题，应该按照仓储项目核算仓储成本。与按照支付形态计算仓储成本相比，这种方法能进一步找出仓储不合理的问题以及优势，以便确定合理化目标。

例3-10：接例3-9，东方公司2020年12月发生的各项总费用，按照具体功能划分发生的费用如表3-9所示，要求按仓储项目核算仓储成本。

表 3-9 东方公司按具体功能划分的仓储成本核算表

序号	项目	总费用/元	项目/元				
			仓储租赁费	仓储保管费	仓储管理费	材料消耗费	搬运费
1	仓库租赁费	120 000	120 000	—	—	—	—
2	材料消耗费	85 000	33 000	12 500	15 300	24 200	—
3	工资津贴费	135 000	55 000	22 000	45 000		13 000
4	燃料动力费	23 000	6 500	—	8 600	7 900	—
5	保险费	12 000	3 500	4 500	4 000		
6	修缮维护费	12 000	4 050		5 050	2 900	
7	仓储搬运费	25 000	—	—		13 000	12 000
8	仓储保管费	24 000	—	24 000	—	—	—
9	仓储管理费	88 000	20 000	25 000	30 000	13 000	
10	易耗品费	63 000				63 000	
11	资金占用利息	54 000	30 000	24 000			
12	税金等	26 000	11 000	8 800	6 200		
	合计	667 000	283 050	120 800	114 150	124 000	25 000
	物流成本构成比率/%		42.43	18.11	17.11	18.59	3.76

上表中的成本数据，反映出在构成仓储成本的各个项目中，仓储租赁费所占比例偏高，应通过更换租赁场地等办法降低租赁费；而搬运费所占比例较低，这部分成本控制比较好，可以学习这个环节的优点和经验。

（3）按适用对象计算仓储成本。

按适用对象核算仓储成本，即分别按商品、地区、客户等不同来计算仓储成本，由此可以分析不同的对象对仓储成本带来的影响。如按照各个分店计算仓储成本，要算出各个分店的仓储成本与销售金额的比率，以此来了解每个分店仓储成本中存在的问题，便于提出优化对策。

3.2.4 仓储成本的优化

我国的仓储业在国家调控下，其运作效率和管理水平都得到很大的提升，展现了良好的发展势头，但还是在很多方面存在不足。

为了满足企业自身发展的需求，仓库已成为各行业不可或缺的一部分，这导致了仓库数量不断增多。而为了方便运输和管理，仓库多建在经济集中区和交通便利的地区，这导致仓库选址不合理，造成了在部分地区仓储空间过剩而另一部分地区仓储空间不足的两极化现象。虽然物流业的发展带动了仓储技术水平的提升，但其发展仍处于不平衡的状态。大型企业重视对自动化、智能化、信息化设施设备的引进，如装卸搬运设施设备、全自动立体仓储设备等；中小型企业由于自身发展的限制，很多仓储作业仍旧靠人工操作。这种发展不平衡的现象，使得我国仓储业整体发展效率低下。另外，我国在仓储作业人才方面的培养力度有待加强。为了增加仓储业存储容量和存取效率，必须进行技术创新及设施和设备的改进，但对设施和设备的投资必须要获得相应的收益以满足企业的根本利益，这就需要建立合理的成本核算制度。

1. 仓储成本过高的原因

不合理仓储是仓储成本过高的主要原因，概括为仓储技术不合理以及仓储管理、组织不合理。

不合理仓储主要表现为以下几个方面：储存时间过长，导致有形损耗和无形损耗成本增大；储存数量不合适，储存量过高会增加损耗成本，而储存过低会影响正常的供应、生产和消费，从而带来损失；储存条件不合适，存储条件不足会造成存储物的损坏和混乱，储存条件过剩会使储存物品承担过高的成本；储存结构失衡，即被储存物的比例关系，指储存物的品种、规格、储存期、储存量等结构失调，造成储存成本增加。

2. 仓储成本优化的途径

仓储成本管理是仓储企业管理的基础，对提高整体管理水平、提高经济效益有重大影响，降低仓储成本要在保证物流总成本最低和不降低企业的总体服务质量和目标水平的前提下进行，常见优化措施有以下几个方面。

（1）采用"先进先出法"，减少储存货物保管风险。

先进先出法是指在仓储管理中，先入库的存货优先安排出库。使用这种方法管理存货可以保证仓储物时间不会过长，减少仓储物的损失风险及保管风险。有效的先进先出法包括以下三种方式。

①贯通式货架系统，即利用货架的每层形成贯通的通道，从一端存入物品，另一端取出物品，按照先后顺序排队，不会出现越位等情况。

②"双仓法"储存，这种方法是给仓储物准备两个仓位，轮换存取，并规定必须一个仓位清空后才可以补充物品，以此保证先进先出。

③使用计算机存取系统，即采用计算机管理，在存货时向计算机输入时间记录，编入一个简单的按时间顺序输出的程序，取货时计算机按照时间给予提示从而保证先进先出。

（2）优化仓库布局，适度集中库存。

集中库存是指利用存储的规模优势，以适度集中库存代替分散的小规模储存来实现仓储成本优化。集中库存有利于采用机械化和自动化的操作方式，有利于形成批量的干线运输以及形成支线运输的起始点。但是库存集中必然会引起仓库数量减少，从而增加运输距离。因此要从物流总成本的角度综合考虑，做到"适度"集中，选择最优方案。

（3）运用 ABC 和 CVA 管理法，抓重点，优化库存结构。

ABC 库存管理法是根据库存种类数量与所占资金比重之间的关系，将库存物资分为 A、B、C 三类。该方法是帕累托曲线规律的"关键的少数和次要的多数"在库存管理中的应用。对占资金总量主要部分的 A 类物资进行重点控制管理，对介于 A 类和 C 类物资之间的 B 类物资采用常规管理，对占资金总量少部分的 C 类物资进行简单管理。对每类库存物资制定不同的管理策略，有利于降低库存物资的资金占用，也有利于减轻库存管理人员的工作量。ABC 库存管理法如表 3-10 所示。

表 3-10　ABC 库存管理法

物资分类	特点	库存控制策略
A	品种种类占总品种数的比重约 20%，价值占存货总价值的比重约 80%	严密控制，现场管理严格，经常进行检查和盘点，预测详细
B	品种种类占总品种数的比重约 30%，价值占存货总价值的比重约 15%	次重点管理，现场管理不投入比 A 类物资更多的精力，库存检查和盘点的周期可以比 A 类物资长一些
C	品种种类占总品种数的比重约 50%，价值占存货总价值的比重约 5%	一般管理，由于品种多，定期检查库存和盘点，周期可以较长

ABC 管理法的不足之处表现为 C 类物资得不到重视，因此会给企业的正常运行带来影响。比如，汽车制造厂把螺丝钉列为 C 类物资，但是缺少一个螺丝钉可能会导致整个装配线停工。因此，除了在库存数量上要设计合理、经济，更需要在物资结构上做到合理。如果各种物资之间的关联性很强，只要一种物资耗尽，即使其他物资充足也无法投入使用。因此企业在库存管理中引入了关键因素分析法（Critical Value Analysis，CVA）。这种方法把存货按照关键性分成四类，具体如表 3-11 所示。

表 3-11　CBA 库存管理法

库存类型	特点	管理措施
最高优先级	经营管理中的关键物品，或 A 类重点客户的存货	不可缺货
较高优先级	经营管理中的基础性物品，或 B 类客户的存货	可偶尔缺货
中等优先级	经营管理中比较重要的物品，或 C 类客户的存货	可合理范围内缺货
较低优先级	经营管理中需要但可替代的物品	可缺货

CVA 管理法是在 ABC 管理法基础上的改进，能够做到物资的合理储存。两者结合使用，可以达到分清主次、抓住关键问题的效果。

> **思考**
> ABC 管理法和 CVA 管理法的相同点和不同点分别是什么？

（4）提高储存密度，提高仓容利用率。

通过这种方式，可以减少储存设施的投资，提高单位存储面积的利用率，从而降低成本、减少土地占用面积。可以采用高垛的方法增加储存物的高度，或者缩小库内通道宽度或减少库内通道数量的方式增加有效储存的面积。

（5）采用有效的储存定位系统，提高仓储作业效率。

储存定位指仓储物位置的确定。如果定位系统有效，能大大节约寻找、存放和取出的时间，节约物化劳动和活劳动，且能防止差错，便于清点及实行订货点等的管理方式。储存定位系统可采取计算机管理或人工管理，包括以下两种方式。

① "四号定位"方式。这是用一组四位数字来确定存取位置的固定货位方法，四个号码分别是库号、架号、层号和位号。每个货位都有一个组号，在物资入库时，按规划要求，对物资进行编号并记录在账卡上。这种定位方式可对仓库存货区实现规划，并能快速

地存取货物，有利于提高速度减少误差。

②电子计算机定位系统。电子计算机定位系统是利用电子计算机储存容量大、检索迅速的优势，在入库时将存放货位输入计算机，出库时向计算机发出指令，并按计算机的指示人工或自动寻址，找到存放货物。这种方式充分利用每个货位，不需要专位待货，有利于提高仓库的储存能力。

（6）采用有效的检测清点方式，提高仓储作业的准确程度。

对储存物资数量和质量的监测有利于掌握仓储的基本情况，也有利于科学控制库存。必须及时准确地掌握实际储存情况，经常与账卡核对，确保仓储物资的完好无损，这是人工管理或计算机管理必不可少的。此外，经常监测也是掌握被存物资数量状况的重要方式。

3.3 装卸搬运成本构成、核算及优化

3.3.1 装卸搬运成本的概述

1. 装卸搬运概念及特点

（1）装卸搬运的概念。

装卸和搬运都是物流作业，装卸是物品在指定地点以及人力或机械载入或卸出运输工具的作业过程；搬运是在同一场所内，对物品进行空间移动的作业过程。在物流活动中，装卸和搬运往往是密不可分的，两者的活动内容都一样，是在不同的领域一起发生的，因此通常合并称为装卸搬运。即，装卸搬运是指在同一场所范围内进行的，以改变物品的存放状态和空间位置为主要内容和目的的活动，具体包括装上、卸下、移动、挑选、分类、堆垛、入库和出库等活动。

搬运和运输的不同

搬运是指在同一地域范围之内发生的活动，而运输是指在较大的地域范围内发生的活动，从一个地方到另一个地方。运输的长度往往大于搬运的长度。两者之间没有明确的界限，是量变和质变的关系。

（2）装卸搬运的特点。

①装卸搬运是附属性、伴生性的活动。装卸搬运是物流中心每项活动开始及结束时发生的作业，有时候会被看作其他物流活动的组成部分。例如，汽车运输实际上包含了相伴的装卸搬运活动，仓库中的保管活动也包含装卸搬运活动。

②装卸搬运是支持性、保障性的活动。装卸搬运对其他物流活动有一定的决定性。搬运作业会影响其他物流活动的质量和速度，如装车不当会给运输带来损失。许多物流活动在有效的搬运支持下，才能实现高水平运作。

③装卸搬运是衔接性的活动。其他物流活动相互过渡时，都以装卸搬运来衔接，因而装卸搬运是物流系统的瓶颈，是物流中心各个功能之间形成有机整体的关键。比较先进的

联合运输方式就是为解决这种衔接而进行的。

④装卸搬运是增加物流成本的活动。装卸搬运在各个物流环节反复多次进行，累计成本不可忽视。

关于装卸搬运的相关数据

据统计，我国的铁路货运以 500 公里为分界点，运距超过 500 公里，运输在途时间多于起点站和终点站的装卸搬运时间；运距低于 500 公里，装卸搬运时间超过实际运输时间。

美国和日本之间的远洋航运，往返一次需要 25 天，其中运输时间 13 天，装卸搬运时间 12 天。

据我国对企业生产物流的统计，机械工厂每生产 1 吨成品，需进行 252 吨次的装卸搬运，其装卸搬运成本占总加工成本的 15%。

2. 装卸搬运作业的内容

装卸搬运作业一般包括以下几方面的内容，如表 3-12 所示。

表 3-12 装卸搬运作业内容

项目	具体内容
装卸	将货物装上车辆等运输工具或者将货物从运输工具卸下的活动
搬运	将物品在较短距离内进行移动的活动
堆垛	把物品移动或举升到装运设备或固定设备的指定位置，再按要求的状态放置物品的活动
拆垛	将堆垛好的物品移动到指定的运输工具或仓库内，是堆垛的逆向作业
分拣	将物品按品种、出入库先后顺序进行分类整理，再分别放到规定位置的活动
理货	将物品按品种或发货对象、发货顺序等标准进行分类整理的活动

3.3.2 装卸搬运成本的构成

装卸搬运成本是物品在装卸搬运过程中所支出费用的总和，包括直接营运费用和间接营运费用。

1. 直接营运费用

装卸搬运过程中发生的直接营运费用一般包括以下内容，如表 3-13 所示。

表 3-13 直接营运费用内容

项目	具体内容
装卸搬运人工费	装卸搬运人工费指从事装卸搬运工作的操作工人与其他有关人员的工资、奖金、津贴、福利、五险一金等费用。装卸搬运人工费与装卸搬运工作自动化程度成反比，自动化程度越高，人力成本越低；自动化程度越低，则人力成本越高
燃料和动力费	燃料和动力费指装卸搬运机械在作业过程中所耗用的一切燃料、电力和动力费用的总和。这部分费用直接和机械设备的功率及使用时间有关

续表

项目	具体内容
轮胎费	轮胎费指装卸搬运机械,如起重机、搬运机、运输机和叉车等领用的外胎、内胎、垫带及其翻新和修补费用
设备维修费	设备维修费指为了延长机械设备的使用寿命,确保机械工作安全,提高机械设备的作业效率,对各项设备进行大、中、小修和必要的保养过程中所发生的费用
租赁费	租赁费指企业租入装卸搬运机械或设备进行装卸搬运作业所支付的租金。按照权责发生制将本期应负担的租金计入本期装卸搬运成本
折旧费	折旧费指装卸搬运机械设备在使用过程中会发生有形损耗或者无形损耗,损耗掉的那部分价值应该按照适当的折旧方法计入装卸搬运成本中
外付装卸搬运费	外付装卸搬运费指支付给外单位支援装卸搬运工作的费用
劳动保护费	劳动保护费指从事装卸搬运业务使用的劳动用品、防暑用品、防寒用品等,以及采取劳动保护安全措施所发生的各项费用
事故损失费	事故损失费指在装卸搬运作业过程中发生的货损、机械损坏、外单位人员人身伤亡等事故所发生的损失,应计入本期成本
其他费用	在装卸作业过程中发生的不属于以上项目的其他费用

2. 间接运营费用

间接营运费用主要指营运过程中发生的不能直接计入各项装卸搬运作业成本计算对象和装卸作业部门的经费,包括装卸搬运作业部门非直接生产人员的工资及福利费、办公费、水电费、折旧费等,但是不包括企业本身的管理费用。

3.3.3 装卸搬运成本的核算

1. 核算对象与核算单位

企业的装卸搬运作业包括机械搬运作业和人工搬运作业。在进行成本核算时,应该按照机械化和人工作业的不同分别核算。以机械搬运为主、人工搬运为辅的作业,可以只计算机械作业成本;反之,以人工搬运为主、机械搬运为辅的作业,可以只计算人工作业成本。或者可以将机械作业成本和人工作业成本分别计算。

运输企业的装卸成本一般以装卸操作吨为成本计算单位,港口企业的装卸成本一般以装卸吞吐吨、装卸自然吨或装卸操作吨为成本计算单位,集装箱装卸业务的成本可以采用标准箱和吞吐吨两种单位,1 标准箱=10 吞吐吨。

装卸搬运业务的单位成本(元/千操作吨)=装卸总成本/(装卸操作吨×1 000)

2. 核算项目与核算期间

将装卸搬运成本的构成内容作为核算项目。装卸搬运成本一般选择会计期末作为成本核算期,包括月末、季度末和年末。

3. 装卸搬运费用的归集与分配,登记账簿

成本核算人员严格审核有关物流装卸搬运费用的原始记录,如工时记录、工资结算单、折旧费用核算表等,根据原始凭证、记账凭证、明细账及其他资料,将一定会计期间内应计入本月物流成本的各项装卸搬运费用,从会计核算的有关成本费用账户中分离出来,在各种成本对象之间按照成本项目进行归集与分配,计算出各成本对象的装卸搬运成本,所有各项装卸搬运成本之和即为装卸搬运总成本。

能直接确认为成本对象的费用可直接归集计入成本对象,发生的间接费用需要经过分配才能计入相关对象的成本。

装卸搬运发生的费用可以设置多栏式"主营业务成本——装卸搬运支出"明细账,如表3-14所示。

表3-14 "主营业务成本——装卸搬运支出"明细账

年 月 日

日期	凭证	摘要	职工薪酬	燃料动力	轮胎费	维修费	折旧费	租赁费	保险费	劳保费	事故损失费	……	合计

4. 装卸搬运成本的计算

计算装卸搬运成本,要正确编制各种费用分配表和计算表,通过有关会计科目、明细账或核算表完成计算。装卸搬运总成本、单位成本的计算公式如下:

装卸搬运总成本=装卸搬运直接费用+分摊的营运间接费用

装卸搬运单位成本=装卸搬运总成本/装卸搬运工作量(千操作吨)

本书以装卸搬运人工费为例介绍核算方法。

(1)个人计件工资。

应付工人的计件工资等于职工完成的合格产品数量乘以计件单价。作业中发生的货损货差、合理损耗应支付工资,而因个人原因造成的损失不支付工资。若工人在同一会计期间从事多种作业,需要逐一计算相加。计件工资的计算公式为:

应付计件工资=某种作业装卸搬运货物的数量×该种货物装卸搬运的单价

例3-11:东方物流公司对装卸搬运工作实行计件工资,工人王明1月份装卸甲产品800件,每件1.5元;装卸乙产品500件,每件1元。计算工人王明1月份的装卸搬运工资是多少?

解:王明1月份工资=800×1.5+500×1=1 700(元)

如果公司是以工时支付工资,则需要将工人装卸搬运货物的数量换算为定额工时数,再乘以小时工资率。若工人从事多种作业,需要将各个作业汇总计算。计算公式为:

完成定额工时数=某货物装卸搬运数量×该货物装卸搬运单位工时定额

应付计件工资=完成定额工时数×小时工资率

例3-12:接例3-11,工人王明1月份装卸甲产品800件,每件定额工时5分钟;装卸乙产品500件,每件定额工时4分钟。东方物流公司的装卸搬运工人小时工资率为25元,计算1月份工人王明的装卸搬运工资。

解:1月份完成定额工时数=800×5+500×4=6 000(分钟)=100(小时)

1月份装卸搬运工资＝100×25＝2 500（元）

(2) 班组集体计件工资的计算。

有些企业实行班组集体计件工资，即在班组内按各人的贡献大小进行分配，一般是按照每人的标准工资和实际的工作时间的综合比例进行分配。计算公式为：

$$班组内工资分配率 = \frac{班组集体计件工资总额}{\sum 每人日(工时)工资率 \times 出勤日或工时}$$

应付工人计件工资＝工人日（工时）工资率×出勤日（工时）×班组内工资分配率

例3-13：接例3-11，东方物流公司一批货物由工人王明带领的装卸小组负责集体装卸搬运。甲产品1 000件，装卸搬运单价0.8元/件；乙产品1 500件，装卸搬运单价1元/件；丙产品1 200件，装卸搬运单价1.5元/件。装卸搬运小组由王明等3人组成，出勤情况及小时工资率如表3-15所示。要求计算3位工人的装卸搬运工资。

表3-15 装卸搬运小组出勤情况及小时工资率

姓名	小时工资率/(元·小时$^{-1}$)	出勤工时/小时
王明	10	120
张亮	12	100
王朋	11	80

解：班组集体计件工资总额＝1 000×0.8+1 500×1+1 200×1.5＝4 100（元）

∑每人小时工资率×出勤工时＝10×120+12×100+11×80＝3 280（元）

班组内工资分配率＝4 100÷3 280＝1.25

工人应分担的工资＝1.25×出勤工时×小时工资率

具体结果如表3-16所示。

表3-16 3位工人的装卸搬运工资

姓名	小时工资率/(元·小时$^{-1}$)	出勤工时/小时	小时工资率×出勤工时/元	班组内工资分配率	计件工资/元
王明	10	120	1 200	—	1 500
张亮	12	100	1 200	—	1 500
王朋	11	80	880	—	1 100
合计	—	300	3 280	1.25	4 100

如果多个物流环节涉及装卸搬运作业，则需要将各个环节的装卸搬运成本单独核算。具体应用见例3-14。

例3-14：东方公司2月份共对外支付装卸搬运费27 000元。外部装卸队装卸搬运货物900吨，其中采购阶段装运搬运材料300吨，生产车间装卸搬运材料250吨，销售阶段搬运库存商品350吨。要求计算供应、生产和销售物流阶段对外支付的装卸搬运成本。

解：装卸搬运费分配率＝27 000/900＝30（元/吨）

供应阶段支付装卸搬运成本＝300×30＝9 000（元）

生产阶段支付装卸搬运成本＝250×30＝7 500（元）

销售阶段支付装卸搬运成本＝350×30＝10 500（元）

3.3.4 装卸搬运成本的优化

1. 装卸搬运中不合理现象

在装卸搬运过程中存在无效装运等不合理现象，无效装运指的是超出必要装卸搬运之外的多余作业。具体表现为以下几点。

（1）装卸搬运次数过多。

装卸搬运是物流各项活动中出现频率非常高的作业活动，装卸搬运次数过多必然容易造成货物破损从而增加成本。从发生的费用来看，一次装卸搬运的费用相当于几十千米的运输费用，每增加一次装卸，费用就会有较大比例的增加。

（2）装卸搬运的包装过大。

包装过大、过重，在装卸搬运时会反复在包装上消耗较大的劳动，从而形成无效劳动。将大包装分成小包装分次搬运，之后再恢复原状，这样也会形成无效装运，增加成本。

（3）装卸搬运无效物质。

进入物流过程的一些货物混杂没有使用价值的各种掺杂物，如煤炭中的矿石、矿石中的表面水分、石灰中的未烧熟石灰等。在对货物的装卸搬运中产生对无效物质的搬运，形成无效装运。

2. 装卸搬运的优化措施

虽然装卸搬运作业贯穿物流活动的全过程，但是其本身并不创造价值。所以应当在各个环节加强对装卸搬运成本的控制，尽量节约时间和费用。可以从以下几个方面对装卸搬运作业进行优化。

（1）尽量避免无效装运作业。

根据前文分析，无效装卸会导致货物受损、降低物流速度，从而增加物流成本。因此应尽量减少或避免无效装运作业。尽量减少装卸次数，尽可能缩短搬运距离，减少装卸搬运作业量，这样不仅可以减少成本，还可以加快物流速度。"尽量不进行装运"是装卸搬运作业的经济原则，可以采取的措施包括做好车间、库房、铁路专用线等的布局，提高装卸搬运作业的组织调度水平，配备适应性强的物流设备等。

（2）提高货物的装卸搬运灵活程度。

在物流过程中，将货物从静止状态转变为装卸搬运状态的难易程度称为装卸搬运的灵活性。不同放置状态的货物有不同的活性规定，即"活性指数"不同。根据货物搬运的难易程度将活性指数分为 0~4 级，共 5 级。货物散堆在地上指数为 0，将货物放在包装内指数为 1，货物放在托盘或集装箱后指数为 2，货物放在无动力车厢中指数为 3，货物装在传送带或动力车上的指数为 4。一般来说，活性指数越高，需要进行的搬运活动越少；反之，活性指数越低，需要的搬运活动越多。因此，为提高装运的灵活性，应尽量把货物整理成堆或者放在托盘或输送带上。

（3）充分利用重力或消除重力影响，减少装卸的消耗。

在装卸时考虑重力因素，可以利用货物本身的重量，进行有一定落差的装卸，以减少装卸动力或不消耗动力，这是装卸合理化的重要方式。例如，从车辆卸货时，利用车厢与地面之间的高度差，使用类似滑板的工具，依靠货物本身的重量从高处自行滑到低处，减少劳动力的消耗。另外，在使用两种运输工具换装时，采用不落地搬运，也是利用货物的重力减少劳动力的消耗。

（4）充分利用机械，实现规模装卸搬运。

随着生产力的发展，装卸搬运的机械化程度不断提高，装卸搬运的机械化操作可以解放人力，对于危险物品的装卸搬运，机械化操作能保证人和货物的安全。为了降低单位装卸工作量的成本，对装卸机械来讲也存在规模问题，装卸机械的能力达到一定规模才会有最优效果。追求规模效益的方法，主要是通过各种集装实现间断装卸时一次操作的最合理装卸量，从而使单位装卸成本降低；也可以通过散装实现连续装卸的规模效益。

课后练习

一、不定项选择题

1. 影响运输成本的因素主要有（   ）。
   A. 运输距离   B. 运输重量   C. 运输方式   D. 货物密度
2. 关于距离与运输成本的关系，描述正确的是（   ）。
   A. 当距离为 0 时，运输成本也为 0
   B. 随着运输距离的增加，运输成本也增加
   C. 随着运输距离的增加，运输成本增加的幅度减小
   D. 随着运输距离的增加，运输成本增加的幅度增大
3. 在成本计算单位中，40 英尺集装箱按（   ）标准箱计算。
   A. 1   B. 2   C. 1.5   D. 3
4. ABC 库存管理中，A 类商品所占用的库存金额约为库存总金额的（   ）。
   A. 10%   B. 20%   C. 50%   D. 80%
5. 与仓储活动有关的物流成本主要包括（   ）。
   A. 材料购买成本   B. 资金占用成本   C. 仓储风险成本   D. 缺货成本
6. 关于车辆折旧费的计提，说法正确的是（   ）。
   A. 当月增加的车辆，当月开始计提   B. 当月增加的车辆，次月开始计提
   C. 当月减少的车辆，当月停止计提   D. 当月减少的车辆，当月照常计提
7. 由于库存供应中断，即在发生缺货的情况下，会产生以下（   ）几种后果。
   A. 失销   B. 失去客户   C. 延期交货   D. 人工费增加
8. 仓储成本按支付形态划分，包括（   ）。
   A. 仓储保管费   B. 仓储管理费   C. 财务费用   D. 管理费用
9. 装卸搬运的特点不包括（   ）。
   A. 伴生性   B. 衔接性   C. 保障性   D. 独立性
10. 属于装卸搬运作业项目的有（   ）。
    A. 装卸   B. 搬运   C. 堆垛   D. 分拣

二、简单题

1. 如何优化运输成本？
2. 什么是仓储持有成本？具体包括哪些项目？
3. 如何控制仓储成本？

4. 仓储成本的影响因素有哪些？

5. 简述什么是 ABC 管理法？其优缺点分别是什么？

三、案例分析题

1. 东方公司要从位于 J 市的工厂直接装运 500 台电视机送往位于 Q 市的一个批发中心。这批货物价值为 150 万元。Q 市的批发中心确定这批货物的标准运输时间为 2.5 天，如果超出标准时间，每台电视机每天的机会成本是 30 元。东方公司的物流经理设计了下述三个物流方案，请从成本角度评价这些运输方案的优劣。

（1）甲公司是一家长途货物运输企业，可以按照优惠费率每公里 0.05 元/台来运送这批电视机，装卸费为每台 0.10 元。已知 J 市到 Q 市的公路运输里程为 1 100 公里，估计需要 3 天的时间才可以运到（因为货物装卸也需要时间）。

（2）乙公司是一家水运企业，可以提供水陆联运服务，即先用汽车从甲公司的仓库将货物运至 J 市的码头（20 公里），再用船运至 Q 市的码头（1 200 公里），然后再用汽车从码头运至批发中心（17 公里）。由于中转的过程中需要多次装卸，因此整个运输时间大约为 5 天。询价后得知，陆运运费为每公里 0.06 元/台，装卸费为每台 0.10 元，水运运费为每百台 0.6 元。

（3）丙公司是一家物流企业，可以提供全方位的物流服务，报价为 22 800 元。它承诺在标准时间内运到，但是准点的百分率为 80%。

2. 某公司仅仅经营运输业务，各站、队合并设账归集营运间接费用，2020 年 12 月实际发生额为 2 015 元，当月营运车日总计为 2 015，其中甲车队为 930，乙车队为 1 085。请根据以上资料，编制营运间接费用分配表，将数据填入表 3-17 中。

表 3-17 营运间接费用分配表

成本计算对象	分配标准/车日	分配率	分配额/元
甲运输队	930	10	
乙运输队	1 085	10	
合计	2 015	10	

第 4 章 物流系统要素成本管理（下）

学习目标

了解配送、包装和流通加工的概念；
了解配送、包装和流通加工的主要业务内容；
掌握配送成本、包装成本、流通加工成本的构成内容；
掌握配送成本、包装成本、流通加工成本的核算方法；
理解配送、包装、流通加工业务的优化及其成本优化措施。

案例导读

沃尔玛的配送中心

美国沃尔玛商品公司的配送中心是由沃尔玛公司独资建立的，专为本公司的连锁店按时提供商品，确保各店稳定经营。该中心设在100家连锁店的中间位置，商圈范围为320千米，服务对象店的平均规模为1.2万平方米。中心库存商品达4万种，主要是食品和日用品，通常库存为4 000万美元，旺季为7 000万美元，年周转库存24次。在库存商品中，畅销商品和滞销商品各占50%，库存商品期限超过180天为滞销品，各连锁店的库存量为销售量的10%左右。配送设备包括200辆车头、400节车厢、13条配送传输带，配送场内设有170个接货口，中心24小时运转，每天为分布在纽约、宾夕法尼亚州等6个州的沃尔玛公司的100家连锁店配送商品。配送中心完全实现了装卸搬运机械化，全面采用叉车、托盘作业系统，配以蓄电池拣选搬运车等。这种交叉输送的作业方式非常独特，而且效率极高，进货时直接装车出货，没有入库作业与分拣作业，从而降低了成本，加速了流通。800名员工通过24小时倒班完成装卸搬运配送。商品在配送中心停留不超过48小时。

不只是沃尔玛，由于高科技的发展，国外配送中心均普遍采用机械化和自动化作业，装卸搬运均由吊车、电动叉车和传送带完成。设有高层货架的立体仓库，使储存向空间延伸。如，美国的立体仓库大部分建有专业通信网，货物的存取搬运都使用托盘、货架铲车和吊车；日本也呈现采用尖端物流技术的趋势，例如电脑控制的机器人和搬运特殊物品的机械手、高速分拣装置和特殊运货车辆等。而我国大部分连锁商业目前处于比较落后的状态，运输、通信等手段都很落后，技术和设备比较缺乏，效率低，效益差。

思考：配送中心在沃尔玛的物流体系中起到什么作用？

4.1 配送成本构成、核算及优化

4.1.1 配送成本的概述

1. 配送

根据我国国家标准《物流术语》(GB/T 18354—2006) 定义，配送是指在经济合理区域范围内，根据客户要求，对物品进行拣选、加工、包装、分割、组配等作业，并按时送达指定地点的物流活动。通俗地说，配送就是为了将货物送达客户手中所发生的一切费用的总和。通过配送，物流活动的目的才得以最终实现，而且配送活动不仅能增加产品价值，还有助于提高企业的竞争力。配送是一个"小物流"的概念，集若干物流功能于一身，是物流的终端活动，它使物流服务更贴近市场、贴近消费者。配送活动流程如图 4-1 所示。

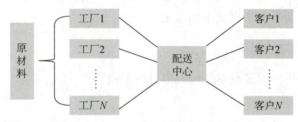

图 4-1 配送活动流程

> **知识链接**
>
> 配送是物流活动中"配"和"送"两项活动的有机结合。"配"是指物品的分拣和配送等活动；"送"是指各种送货方式和送货行为。

2. 配送成本

配送成本是指在配送活动的备货、储存、分拣、配装、送货及配送加工等环节所发生的各项费用的总和，是配送过程中所消耗的各种活劳动和物化劳动的货币表现。配送成本直接关系到配送中心的利润，进而影响到企业的利润。因此，如何以最少的配送成本"在适当的时间将适当的物品送到适当的地方"，是摆在企业面前的一个重要问题，企业必须对配送成本进行管理控制。

3. 配送成本的特点

配送成本与企业其他物流成本相比，具有以下特点。

（1）配送成本具有隐蔽性，财务会计分解难度大。

目前企业没有单独设置"配送费用"会计科目来专门核算企业对内对外发生的配送费用，因此通常的财务会计不能完整掌握配送成本。企业把对外支付的配送费用计入"销售费用""管理费用"等会计账户中，很大一部分配送费用都隐藏在其他会计账户。例如，与配送有关的利息计入"财务费用"账户。由于对配送费用甚至整个物流费用没有制度规范，要分解这些隐藏的费用具有很大的难度，操作成本也比较高，成本不清晰，考核配送中心或站点的绩效也不容易。

（2）配送成本对于提高企业效益的潜力巨大。

随着企业间竞争日益激烈，提高销售额、降低广告宣传费、提高产品性能等传统竞争方式对提高企业经济效益的作用不明显。而物流作为企业的"第三利润源"，降低物流成本尤其是作为物流终端的配送成本，对提高企业效益起着不可估量的作用。如果配送成本占销售额的1%，那么配送成本降低1元，相当于使销售额增加100元。可见，配送成本的下降对企业经营影响巨大。

（3）配送成本与其他物流功能成本存在"效益背反"关系。

配送成本与其他物流功能成本之间存在"效益背反"现象，即一种功能成本的削减会使另一种成本增加，或者要达到一方面的目的必然要损失另一方面的利益。例如，配送成本与服务水平密切相关，而要提高配送服务水平必然会使配送成本大幅度增加，企业为了降低保管费用、减少仓库数量和每个仓库的库存量，将导致库存补充频繁、运输次数增加，仓库减少也会导致配送距离变长，运输费用进一步增大。因此，配送管理的目标是追求总成本的最小化，而不是个别成本的优化。

4.1.2 配送成本的构成

从不同的角度分析，配送成本的构成项目也不同。

1. 按照配送流程分析

根据配送流程，配送成本主要包括配送运输成本、分拣成本、配装成本和流通加工成本等项目。

（1）配送运输成本。

配送运输成本是指配送车辆和人员在完成配送货物过程中发生的各种直接费用和间接费用。具体项目如表4-1所示。

表4-1　配送运输成本具体项目

配送运输成本	
直接费用	间接费用
配送人员的工资、福利费	管理人员的工资、福利费
配送车辆耗用的燃料费、轮胎费、折旧费、修理费、清洗费	管理费及业务费，如办公费、差旅费、保险费、水电费、取暖费等
营运车辆养路费、车辆管理费、车船使用税	管理部门固定资产折旧费、修理费等
事故损失费	其他费用
其他费用	

企业的配送运输成本占配送总成本比例较高，企业应重点关注配送运输成本。

（2）分拣成本。

分拣是按照发货单和用户要求到存放货位进行验货，在设定货位地点进行分类、组织包装等作业的组织过程，按商品形态特点、作业批量大小、用户多少，分别选用"摘果式"或"播种式"作业方法。分拣成本是指分拣机械和人员在完成货物分拣的过程中所发生的各种费用，包括直接费用和间接费用。直接费用包括分拣作业人员的工资、福利费和分拣机械的维修、折旧费等，间接费用包括分拣管理部门为管理和组织分拣生产而发生的各项管理费用和业务费用。

（3）配装成本。

配装要求把收来的货物合理安全地装到车上，保证货物的安全以及车厢空间的最大利用率，还要注意货物卸车时的方便及安全等。配装成本指在完成配装货物过程中发生的各种费用，主要包括配装材料费、人工费和辅助费。具体内容如表4-2所示。

表4-2 配装成本具体内容

配装成本	
材料费	指配装过程中消耗的各种直接材料费用，包括木材、纸、箱、桶等。材料保证功能不同，所需材料成本差异较大
人工费	从事配装工作的人员的工资、奖金、补贴费用等
辅助费	除材料费和人工费以外的费用，如包装标志的印刷费等

（4）流通加工成本。

流通加工是指为了提高配送效率，便于销售，在物资进入配送中心后，按照用户的要求进行一定的加工活动。流通加工成本是在流通和加工过程中支付的各种费用，主要包括直接材料费、直接人工费、间接费用等，具体内容如表4-3所示。

表4-3 流通加工成本具体内容

流通加工成本	
直接材料费	指流通加工产品过程中发生的直接消耗材料、辅助材料、包装材料以及燃料和动力等费用
直接人工费	指流通加工过程中从事直接活动的人员的工资、福利费、奖金、津贴等
间接费用	包括流通加工管理人员的工资、福利费等，流通加工中心房屋、设备等固定资产的折旧费和维修费，固定资产租赁费，低值易耗品摊销，取暖费、水电费、办公费、差旅费，保险费，停工损失费等

2. 按支付形态分析

从支付形态的角度分析，配送成本包括材料费、人工费、维护费、一般经费、特别经费、公益费、对外委托费和其他费用等项目，具体内容如表4-4所示。

表4-4 配送成本按照支付形态分析的具体内容

项目	具体内容
材料费	因物料消耗而发生的费用，由物资材料费、燃料费、消耗性工具费、低值易耗品摊销以及其他物料消耗费构成
人工费	因劳动力的消耗而发生的费用，包括工资、奖金、津贴、补贴、福利费、劳保费、职工教育经费以及其他用于职工的费用

续表

项目	具体内容
维护费	房屋建筑物、机器设备、车船、搬运工具等固定资产的使用、运转和维修保养所发生的费用，包括维修保养费、折旧费、租赁费、保险费、房产税、车船使用税等
一般经费	包括差旅费、交通费、资料费、零星购进费、邮电费、城市维护建设税、教育费附加等，还包括商品损耗费、事故处理费以及其他杂费等一般项目支出
特别经费	采用不同于财务会计的计算方法计算出来的配送费用，包括企业内利息和按实际使用年限计算的折旧费等项目
公益费	向电力、煤气、自来水、绿化、热力等公益服务部门支付的费用
对外委托费	企业对外支付的包装费、运费、保管费、装卸费、手续费等费用
其他费用	除上述费用外发生的其他费用

3. 按配送作业分析

在配送过程中会发生各类不同的作业，如接收订单、货物入库、货物出库、分货、发货等，各个不同的作业会产生不同的费用，具体作业对应的成本如表4-5所示。

表4-5 配送成本按照配送作业分析

作业项目	作业内容	成本项目
接收订单	从客户端接收订单；订单输入电脑、输出拣货单	订单事务处理费
入库验收	检查送货单与订货单的一致性；检查货品的品质、数量是否正确	入库验收费
入库作业	已验收货品移送库内；将货品放置合适的仓位	入库作业费
库存管理	管理货品的存放位置和数量；根据需求量形成订单	保管管理费
拣货作业	根据拣货单取出对应数量货品；拣好的货品放入合适的容器	拣货作业费
出货检查、包装	拣出的货品全数或抽样检查；根据需要进行包装；包装货品贴好标签便于分货	出货检查费、包装费
分货、发货	对货品分货以便于装车；按排列顺序将货品装入车内	装车作业费
配送、交货	将货品运送至客户手中；交货并接受对方的验收	配送费
订货作业	根据库存管理的结果向供应商发出订单	订货作业费
流通加工	对货品贴上零售价标签、根据要求重新包装等加工作业	流通加工费
退货处理	将回收的退货分类，进行报废、退给供应商或放回仓库等操作	退货处理费
补货作业	从保管位置移动到拣货位置，控制补货时机与数量	补货作业费
其他作业	凭单的发行、回收的确认以及派车管理等	其他物流管理费

4.1.3 配送成本的核算

1. 配送运输成本的核算

例4-1： 某企业从工厂向外省某地区配送中心运货，如果用铁路运输平均运输时间7小时，公路运输时间4小时，每节省1小时可降低3%的库存。每天平均在途运输库存占用资金为3%，平均仓储库存占用资金为2%，铁路运价为0.2元/吨，公路运价为0.3元/吨。

为满足需求必须保持库存 500 吨，年需求量为 5 000 吨，每吨货物价值 80 元。若用铁路运输，一年需要运 10 次，而公路要运 20 次。采用何种运输方式才能使总运费最低？

解：铁路和公路两种运输方式的各项费用如表 4-6 所示。

表 4-6 两种运输方式的各项费用 单位：元

项目	铁路	公路
运输费用	0.2×5 000＝1 000	0.3×5 000＝1 500
仓库的仓储费用	2%×500×80＝800	2%×250×80×0.91＝364
运输过程中的存储费用	3%×5 000×80×7÷365＝230	3%×5 000×80×4÷365＝131.5
总费用	2 030	1 995.5

注：表中系数 0.91 是由于公路运输比铁路运输节约 3 小时。

由表 4-6 中数据可以看出，选择公路运输更节省运输费用。

（1）配送运输成本计算方法。

配送运输成本计算方法，是指配送运输车辆在生产过程中所发生的费用按照规定的成本计算对象和成本项目，计入配送运输成本的方法。具体计算方法如下。

①工资及职工福利费。根据"工资分配汇总表"和"职工福利费计算表"中各车型分配的金额计入配送运输成本。有固定车辆的司机及其随车人员的工资、津贴等，应由有关车型的运输成本负担，将其实际发生数直接计入运输成本的工资项目。没有固定车辆的后备司机的工资及津贴，应按营运车吨位或营运车日，分配计入有关车辆的分类运输成本。计算公式为：

$$每营运车吨日工资分配额（元/车吨日）＝\frac{应分配的司机工资总额}{总营运车吨日}$$

某车型应分摊的司机工资额（元）＝该车型实际总营运车吨日×每营运车吨日工资分配额

②燃料。根据"燃料发出凭证汇总表"中各车型耗用的燃料金额计入成本。在本企业以外的油库加油，其领发数量不作为企业购入和发出处理时，应按照配送车辆领用数量和金额计入成本。

如果企业对油箱管理实行实际满油箱制，在月初和月末油箱加满的前提下，车辆当月加油的累计数，即为当月燃料实际消耗数。企业根据行车路单领油记录核实的燃料消耗统计表，便可计算当月燃料实际消耗数。如果企业对油箱管理实行盘存制，应在月底测量车辆油箱存油数，并根据行车路单加油记录，计算各车当月实际耗用的燃料数。计算公式为：

当月实耗数＝月初车存数＋本月领用数－月末库存数

③轮胎费。营运车辆领用的内胎、垫胎及轮胎零星修补费用和轮胎翻新费用，按实际领用数和发生数计入各分类运输成本。外胎可按领用轮胎实际成本计入当月运输成本，但在一次领用轮胎较多时，可以在一年内分月摊入各月运输成本。

汽车运输企业，一般按每胎公里摊销额和月度内实际行驶胎公里数计算列入成本。计算公式为：

$$每胎公里摊提额（元/每胎公里）＝\frac{外胎计划价格－计划残值}{新胎到报废行驶里程定额/1 000}$$

外胎的轮胎摊提费用，应按月计入运输成本。计算公式为：

某车型外胎应计摊提费用（元）= 每胎公里摊提额×该车型外胎实际使用胎公里/1 000

④维修费。营运车辆因维护和修理而领用的各种材料、配件等费用，直接计入各分类成本的修理费项目；预提的车辆大修理费用，根据"预提大修理费用计算表"计入本项目。

营运车辆的大修理费用，如果按实际行驶里程计算预提，计算公式为：

某车型运营车千公里大修理费用预提额（元/千车公里）= $\dfrac{\text{预计大修理次数×每次大修理费用}}{\text{该车型新至报废行驶里程定额}/1\,000}$

某车型运营车月大修理费用预提额（元）= 该车型运营车千公里大修理费用预提额（元/千车公里）×该车型营运车当月实际行驶里程（车公里）/1 000

营运车辆的大修理费用如果按使用年限计算预提，计算公式为：

某车型运营车月大修理费用预提率（%）= $\dfrac{\text{预计大修理次数×每次大修理费用}}{\text{该车型平均原值×预计使用年限×12}}\times 100\%$

⑤折旧费。营运车辆的折旧计算可采用工作量法和年限平均法计算。若车辆采用工作量法，即按照行驶里程计算折旧，计算公式为：

某车型营运车单位折旧额（元/公里）= $\dfrac{\text{车辆原值}-（\text{预计净残值}-\text{清理费用}）}{\text{该车型预计行驶总公里}}$

某车型营运车折旧费用（元）= 该车型营运车当月实际行驶公里数×该车型营运车单位折旧额（元/公里）

若车辆按照使用年限计算折旧，计算公式为：

某车型营运车年折旧率（%）= $\dfrac{1-\text{残值率}}{\text{该车型预计使用年限}}\times 100\%$

某车型营运车年折旧额 = 该营运车原值×年折旧率

某车型营运车月折旧额 = 某车型营运车年折旧额÷12

例4-2： 2020年1月1日，某物流公司购买一辆卡车用于配送原材料，购买价格700 000元，预计净残值率为4%，预计使用年限10年，采用年限平均法计提折旧。计算该配送车辆每个月的折旧额。

解： 车辆年折旧率 = $\dfrac{1-4\%}{10}\times 100\% = 9.6\%$

车辆年折旧额 = 700 000×9.6% = 67 200（元）

车辆月折旧额 = 672 00÷12 = 5 600（元）

假如该公司购买的这辆车的预计行驶总里程为200 000公里，车辆报废时预计残值率5%，无其他清理费用。2020年2月份该配送车辆行驶共计5 000公里。若该配送车辆按照行驶里程计提折旧，计算2020年2月份应计提折旧额是多少？

车辆单位折旧额 = $\dfrac{700\,000-700\,000\times 5\%}{200\,000} = 3.325$（元/公里）

车辆当月折旧额 = 5 000×3.325 = 16 625（元）

⑥养路费及运输管理费。按运输收入的一定比例计算缴纳的企业，应按不同车型分别计算应缴纳的养路费和运输管理费，计入各分类成本；按车辆吨位于月初或季初预先交纳养路费或运输管理费的企业，应根据实际交纳数分摊计入各分类运输成本的本项目内。

⑦车船使用税、事故损失和其他费用。如果是通过银行转账、应付票据、现金支付的，根据付款凭证等直接计入有关车辆成本；如果是在企业仓库内领用的材料物资，根据"材料发出凭证汇总表"和"低值易耗品发出凭证汇总表"中各车型领用的金额计入成本。

⑧营运间接费用。根据"营运间接费用分配表"计入有关配送车辆成本。

（2）配送运输成本计算表。

物流配送企业月末应编制配送运输成本核算表，用来反映配送总成本和单位成本。配送运输总成本是指成本核算期内成本计算对象的成本总额，即各个成本项目金额之和。单位成本是指成本核算期内各成本计算对象完成单位周转量的成本额。各成本核算对象计算的成本降低额，是反映该配送运输成本由于成本降低所产生的节约金额的一项指标。按各成本核算对象核算的成本降低率，是反映该配送运输成本降低幅度的一项指标。计算公式为：

成本降低额＝上年度实际单位成本×本期实际周转量－本期实际总成本

$$成本降低率 = \frac{成本降低额}{上年度实际单位成本 \times 本期实际周转量} \times 100\%$$

配送运输成本核算表如表4-7所示。

表4-7 配送运输成本核算表

项目	计算依据	配送车辆合计	配送营运车辆			
			车辆1	车辆2	……	车辆N
1. 车辆费用						
工资						
职工福利费						
燃料						
轮胎						
修理费						
折旧						
车船使用税						
运输管理费						
行车事故费						
其他						
2. 营运间接费用						
3. 配送运输总成本						
4. 周转量/千吨公里						
5. 单位成本/(元·千吨公里$^{-1}$)						
6. 成本降低率/%						

2. 分拣成本的核算

拣货作业是配送中心最复杂的作业，所占成本比例较大，应作为管理的重点。拣货成本的计算公式为：

$$每订单投入拣货成本=\frac{拣货投入成本}{订单数量}$$

$$每件商品投入拣货成本=\frac{拣货投入成本}{商品累计件数}$$

（1）分拣成本的计算方法。

配送环节分拣成本的核算是指将分拣过程中所发生的费用，按照规定的成本计算对象和成本项目计入分拣成本，核算方法如下。

①工资及福利费。根据"工资分配汇总表"和"职工福利费计算表"中分配的金额计入分拣成本。

②修理费。辅助生产部门对分拣机械进行保养和修理的费用，根据"辅助生产费用分配表"中分配的分拣成本金额计入成本。

③折旧费。根据"固定资产折旧计算表"中按照分拣机械提取的折旧金额计入成本。

④其他费用。根据"低值易耗品发出凭证汇总表"中分拣成本领用的金额计入成本。

⑤间接费用。根据"配送管理费用分配表"计入分拣成本。

（2）分拣成本计算表。

物流配送企业月末应编制配送分拣成本计算表以反映配送分拣总成本。分拣总成本是指成本计算期内成本计算对象的成本总额，即各个成本项目金额之和。可按表4-8计算分拣成本。

表4-8　分拣成本计算表

项目	计算依据	合计	分拣品种	
			货物A	货物B
直接费用				
工资				
福利费				
修理费				
折旧				
其他费用				
间接费用				
分拣总成本				

3. 配装成本的核算

配装成本是指在完成配送配装货物过程中发生的各种费用，包括配装人工费用、配装材料费用和配装辅助费用。

（1）配装成本的计算方法。

配送环节的配装活动是配送的独特要求，其成本的计算方法是指将在配装过程中所发生的费用按照规定的成本计算对象和成本项目进行计算的方法。

①工资及福利费。根据"工资分配汇总表"和"职工福利费计算表"中分配的配装成本的金额计入成本。计入产品成本中的直接人工费用的数额是根据当期"工资结算汇总

表"和"职工福利费计算表"来确定的。

其中,"工资结算汇总表"是进行工资结算和分配的原始依据,根据"工资结算单"按人员类别汇总编制。"职工福利费计算表"是依据"工资结算汇总表"确定的各类人员工资总额按照规定的比例计算后编制。

②材料费用。根据"材料发出凭证汇总表""领料单"以及"领料登记表"等原始凭证,将配装成本耗用的金额计入成本。在直接材料费用中,材料费用数额是根据全部领料凭证汇总编制"耗用材料汇总表"确定的。在归集直接材料费用时,能分清某一成本计算对象的费用要单独列出,直接计入该配装对象的产品成本计算单中;几个配装成本对象共同耗用的材料费用要用适当的方法分配计入各自对象的成本计算单中。

③辅助材料费用。根据"材料发出凭证汇总表"和"领料单"中的金额计入成本。

④其他费用。根据"材料发出凭证汇总表""低值易耗品发出凭证"中配装成本领用的金额计入成本。

⑤间接费用。根据"配送间接费用"计入配装成本。

(2)配装成本计算表。

物流配送企业月末应编制配送环节配装成本计算表,以反映配装总成本。有效的配装可以提高送货水平,降低送货成本。表4-9为配装成本计算表。

表4-9 配装成本计算表

项目	计算依据	合计	配装品种	
			货物A	货物B
直接费用				
工资				
福利费				
材料费				
辅助材料费				
其他费用				
间接费用				
分拣总成本				

4. 流通加工成本的核算

流通加工处于不易区分生产和物流的中间领域,与一般的生产加工在加工程度、加工对象方面有所差异。配送环节的流通加工程度大多是简单加工,是对生产加工的辅助和补充,流通加工的对象是进入流通过程的商品。在对配送环节的流通加工成本进行核算时,应根据流通加工的复杂程度来确定核算方法。

(1)流通加工成本项目的归集。

①直接材料费用的归集。在直接材料费用中,材料和燃料费用数额是根据全部领料凭证汇总编制的"耗用材料汇总表"确定的,外购动力费用是根据有关凭证确定的。在归集直接材料费用时,凡能分清某一成本计算对象的费用,应单独列出,以便直接计入该加工

对象的产品成本；属于几个加工成本对象共同耗用的直接材料费用，要选择适当的方法分配计入各个加工成本计算对象的成本计算单。

②直接人工费用的归集。计入产品成本中的直接人工费用的数额，是根据当期"工资结算汇总表"和"职工福利费计算表"确定的。

"工资结算汇总表"是进行工资结算和分配的原始依据，根据"工资结算单"按人员类别汇总编制。"工资结算单"依据职工工资卡片、考勤记录、工作量记录等工资计算的原始记录编制。"职工福利费计算表"依据"工资结算汇总表"确定的各类人员工资总额，按规定的提取比例计算后编制。

③制造费用的归集。制造费用是通过设置制造费用明细账，按照费用发生的地方来归集的。制造费用明细账按照加工生产单位开设，按费用明细账项目设专栏组织核算。由于流通加工环节的折旧费用、固定资产修理费用等占成本的比例比较大，其费用归集尤为重要。

（2）流通加工成本计算表。

企业月末应编制流通加工成本计算表，反映配送总成本和单位成本。配送环节的流通加工成本是指成本计算期内成本计算对象的成本总额，具体如表4-10所示。

表4-10 流通加工成本计算表

项目	计算依据	合计	配装品种	
			货物 A	货物 B
直接材料				
直接人工				
制造费用				
总成本				

4.1.4 配送成本的优化

1. 配送成本不合理的表现

配送成本管理的目的是将配送成本进行优化，以较低的配送成本完成较高的配送服务。当前配送有以下不合理表现。

（1）配送设计不合理。

配送活动要求有非常高的管理水平来进行系统的统筹规划，把各个方面的工作进行科学、合理的设计。一些企业的配送活动缺乏计划性，配送路线设计不合理、车辆配载设计不合理，从而导致配送成本过高。例如，在配送活动中，发生临时配送、紧急配送等情况会降低配送车辆的使用效率，大幅度增加配送成本。

（2）配送资源筹措不合理。

配送是通过集中筹措资源的规模效益来降低资源筹措成本，使配送资源筹措成本低于客户自己筹措资源的成本，从而取得优势。如果配送仅仅是为个别用户代购代筹，而不是集中多个用户的需求进行批量资源筹措，那么客户要向配送企业多支付代办费，配送中心也会加大配送成本。

(3) 库存决策不合理。

配送应充分利用集中库存总量低于各用户分散库存总量的优势，降低客户平均分摊的库存成本，从而实现节约社会财富。如果库存决策不合理，库存量过大，库存成本就会增加；如果库存量过少，就会给客户造成缺货损失，影响配送中心的服务水平。

(4) 配送价格不合理。

一般来讲，配送价格应该低于客户自己完成物流活动的总成本，这样才会吸引客户。配送具有较高的服务水平，有时候价格偏高，部分客户也能接受，但这不具有普遍性。如果配送价格普遍高于客户自己进货的价格，损伤客户的利益，就是一种不合理的表现。而价格制定偏低，配送企业处于无力或亏损状态下运行，损伤配送企业的利益，也是一种不合理的表现。

(5) 送货运输不合理。

配送与客户自提相比，优势在于可以集中配装一车送几家，尤其是对多个小客户来讲可以大大节省运力和运费。如果不能利用这一优势，仍然是一户一送，车辆达不到满载或合理配载，就是不合理的表现。

(6) 经营观念不合理。

在配送实施中，经营观念不合理则无法发挥配送优势，有损配送企业形象。这是在准备开展配送时需要注意克服的。配送企业利用配送手段向客户转嫁资金和库存问题、占用客户资金或者将客户委托资源挪为他用等不合理配送形式会增加配送成本，使配送企业丧失原有的领先优势，因此对配送成本控制要有系统的概念。

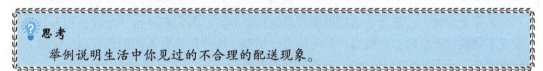

思考

举例说明生活中你见过的不合理的配送现象。

2. 配送成本的优化措施

通过配送才能最终使物流活动得以实现，同时，配送可以增加产品价值，有助于提高企业竞争力。配送成本的优化措施主要有以下几个方面。

(1) 优化配送的计划性。

在配送活动中，临时配送、紧急配送或无计划的配送都会增加配送成本。临时配送一般不能考虑正确的装配方式和恰当的运输路线，往往进行单线配送且车辆不满载，从而增加配送成本，紧急配送因为来不及认真安排车辆配装及配送路线，从而造成载重和里程的浪费；无计划的随时配送则对订货要求没有计划安排，根据情况随时送货。

上述情况虽然保证了服务质量，但是不能保证配装与路线的合理性，所以造成成本增加。为加强配送的计划性，应制定配送申报制度，即零售商店订货申请制度。解决这个问题的基本思路是在尽量减少零售店存货和缺货损失的前提下，相对集中各零售店的订货。针对不同商品的特性制定相应的配送申报制度。

(2) 确定合理的配送路线。

采用科学方法确定合理的配送路线是优化配送成本的重要措施。可以采用数学模型进行定量分析，也可以采用方案评价法，拟定多种方案，选择多项评价指标，对各个方案进行比较后选出最佳方案。采用上述方法都应该考虑一些约束条件,比如满足客户对商品品种、规格和数量的要求,满足客户对货物到达时间范围的要求,各配送路线的商品量不超过车辆容积及载重量等要求。

(3) 优化配送业务的策略。

①混合策略。混合策略是相对于纯策略的一个概念。全部配送活动由企业自身完成的纯策略容易形成一定的规模经济,使管理简化,但是采用纯策略配送方式超出一定程度不仅不能取得规模效益,反而会造成规模不经济。混合策略是企业自身完成一部分配送,外包给第三方物流完成一部分配送,从而使配送成本最低。

例 4-3:2020 年东方企业产品销售部不仅负责销售商品,还负责配送活动,因环节过多,业务复杂,导致物流成本偏高。2021 年 1 月企业决定只保留一个配送中心,其余配送仓库全部撤销,将配送业务委托给第三方公司。该企业在物流外包前后月份库存成本的变化如表 4-11 所示。由表中数据可见,通过配送业务实行外包,产品的库存成本降低了 16.07%。

表 4-11 不同配送模式下库存成本变化

项目	自营配送/元	外包配送/元	节约成本/元	节约比例/%
库存资金成本	52 000	42 000	10 000	19.23
仓储成本	43 000	41 000	2 000	4.65
管理成本	17 000	11 000	6 000	35.29
库存总成本	112 000	94 000	18 000	16.07

②差异化策略。差异化策略指根据产品的特征不同,顾客服务水平也应有所差异。当企业有不同段位产品时,应根据产品的特点、销售价格分别设置不同的库存量、运输方式及储存地点,而不是按照统一的标准提供配送服务。

例 4-4:东方公司生产甲乙丙三种产品,其中甲产品的销售量占 60% 左右,乙产品的销售量占 30% 左右,丙产品的销售量占 10% 左右。为降低物流成本,东方公司根据产品销售量设置不同库存量。甲产品在各个销售点备有 7 天销售量库存,乙产品在销售点备有 3 天销售量的库存,而丙产品仅准备当天销售库存。经过一段时间的运行,证明这种差异化库存量可以有效降低配送成本。

③合并策略。合并策略包括配送方法合并和配送设施合并。配送方法合并指企业在安排车辆完成配送任务时,既考虑货物的重量也考虑密度,充分考量车辆的容积和载重量,尽量实现满载满装,从而达到降低成本的目的。将货物按照轻重配装,按照容积大小合理搭配,不但在载重方面达到满载,车辆的容积也得到最大利用。

配送设施合并指几个企业联合起来,共同利用同一配送设施对某一个或几个客户提供配送服务。这样可以减少企业配送费用,配送能力得到互补,有利于提高配送车辆利用率。

例 4-5:东方公司为郊区一家批发商店配送洗化用品,但配送数量不多,要占用一辆车送货。东方公司附近还有几家公司给郊区同一家批发商店配送蔬菜水果、床上用品等,配送量都不多。因此东方公司和附近几家公司协商每次联合送货,按照比例分担运费。经过一个月的运行,大大降低了配送成本。

④延迟策略。延迟策略指的是接到顾客订单后再确定产品的外观、形状以及生产、组装和配送，这样会避免传统的配送方式中因为预测量与实际需求量不相符导致库存过多或过少的风险。采用延迟策略的基本要求是信息传递非常快，接到订单的反应快，生产、组装和配送的速度快，否则会带来因迟延而降低服务水平、带来失去客户的风险。

> **思考**
>
> 东风公司的主打产品是面粉，每年从加拿大进口小麦，散装船海运进港，装袋，用汽车运进工厂仓库内存放。每天加工面粉15吨，送到粮食批发市场。为防止受潮，采用双层塑料复合袋包装，50斤一袋。如果面粉超过一个月没卖掉，就低价处理给饲料厂。分析该物流过程，提出改进意见。

⑤标准化策略。标准化策略就是尽量减少因品种多变而导致附加配送成本，尽可能采用标准零部件、模块化产品。采用标准化策略要求厂家从产品设计开始，就要站在消费者的立场考虑节省配送成本，而不要等到产品定型生产出来以后才考虑采取措施降低配送成本。配送成本控制除了采用合理配送策略外，还可以利用标准成本法控制配送成本。

4.2 包装成本构成、核算及优化

> **资料阅读**
>
> 我国每年平均生产衬衫12亿件，而包装盒用纸量达到24万吨，相当于砍伐168万棵碗口粗的树；每生产1 000个月饼纸盒，所需包装耗材相当于砍伐400棵到600棵直径在10厘米以上的树木。在多次会议上，许多专家纷纷提出，一段时期以来，不少名酒、洋烟、高档茶叶等的包装奢侈。据统计，单是北京市每年产生近300万吨垃圾，其中商品包装物就占83万吨，而60万吨是可节约的过度包装物。
>
> **思考**：过度包装带来什么后果？

包装是生产的终点，也是物流的起点，与运输、保管、配送和流通加工等各个物流要素关系密切。包装成本的核算在物流成本中占有重要地位。

4.2.1 包装成本概述

1. 包装

包装是指在流通过程中为保护商品、方便运输、促进销售，按照一定技术方法而采用容器、材料及辅助物等的总体名称，也指在为了达到上述目的而采用容器、材料和辅助物的过程中施加一定技术方法等的操作活动。

2. 包装的功能

对货物进行包装具有以下几方面功能。

（1）保护功能。

包装最基本的功能是对商品的保护作用，保护商品不受到外力损坏。一件商品从生产完毕到市场流通，要经过装卸、运输、库存、陈列、销售等多个环节，气体、细菌等诸多外界因素都会威胁商品安全。因此要选择并设计合适的包装以有效保证商品的安全。

（2）便利功能。

对商品进行包装应方便使用、携带和储运，因此在对包装的大小、形态、材料、重量、标志等要素进行设计时要考虑为运输、保管、验收、装卸等作业创造方便条件，也要求能容易区分不同商品并进行计量。

（3）促销功能。

恰当的包装能够唤起人们的购买欲望，因此包装具有促销功能。商品的包装如同广告一样，是对商品的宣传与促销，能吸引顾客购买商品。只靠商品自身的质量与广告是不够的，人们接触商品首先看到的是商品的包装。包装是不会讲话的推销员，企业应充分利用商品包装的促销功能使自己的产品从琳琅满目的商品中脱颖而出。

（4）定量功能。

定量功能也叫单元化功能，是指可以通过包装将商品整理成适合搬运、运输的单元，适合使用托盘、集装箱、货架或载重汽车、货运列车等运载的单元。从物流方面考虑，包装单位要和装卸、保管、运输条件的能力相适应。在此基础上应当尽量做到便于集中输送以获得最佳的经济效益，同时又要求能分割及重新组合，以适应多种装运条件及分货要求。

3. 包装的分类

包装可以按照功能和层次分类。

（1）按包装功能分类。

按包装功能分为工业包装和商业包装。工业包装是以运输、保管为主要目的的包装，是从物流需要出发的包装，也称为运输包装。工业包装对商品起着保护、定量等作用。商业包装是根据零售业的需要，作为商品的一部分或为方便携带所做的包装，主要目的在于促销商品，同时也具有定量和便利的作用。

工业包装和商业包装并不是完全划清界限的，在有些情况下工业包装也是商业包装。比如，家电的包装是兼具商业包装的工业包装。

（2）按包装层次划分。

按包装层次可分为内包装和外包装。内包装也称销售包装，主要作用是保护商品，促销商品，对商品进行宣传、美化，便于陈列、识别、选购和携带等。例如，商场陈列的烟、酒、化妆品、服装、首饰等，其包装就是内包装。外包装是从物流的角度，方便商品的运输、装卸和储运，减少损耗，便于检核。例如，商品运输中使用的箱、包、袋、集装箱、托盘等属于外包装。

4.2.2 包装成本的构成

包装成本是指一定时期内企业为完成商品包装业务而发生的全部费用。包装成本的构成主要包括包装材料费用、包装人工费用、包装机械费用、包装技术费用和其他辅助费用等，具体如表4-12所示。

表4-12 包装成本项目构成

项目	内容
包装材料费用	包装材料费用是各类商品在实施包装过程中耗费在材料上的费用支出。常见的包装材料有木材、纸、塑料、玻璃、金属、陶瓷等，不同的包装材料，其成本相差也比较大
包装人工费用	包装人工费用是指从事包装工作的操作工人与其他有关人员的职工薪酬，具体包括工资、奖金、津贴、福利费、社会保险等
包装机械费用	包装机械费用是参与包装作业的机械设备，在从事包装作业过程中发生的折旧费、维修费、租赁费。折旧费指包装机械设备由于在使用过程中的损耗而定期逐渐转移到包装中的那部分价值；维修费是包装机械设备发生损坏而进行修理时支出的费用；租赁费是企业从外部租入有关包装机械设备的费用
包装技术费用	包装技术费用指在包装过程中包装技术的设计、实施所发生的支出，包括包装技术设计费和包装技术实施费。包装技术设计费指在包装技术设计过程中所发生的支出，包括设计人员的人工费、设计过程中领用的材料或产品费及其他各种费用；包装技术实施费指实施包装技术所需的内包装材料费和一些辅助包装费用
其他辅助费用	除上述费用以外的其他包装辅助费用，如包装标记、包装标志的印刷费，拴挂物费用，低值易耗品损耗，燃料动力费等

4.2.3 包装成本的核算

货物包装成本由包装过程中发生的包装材料费用、包装人工费用、包装机械费用、包装技术费用等各项费用之和。

1. 包装材料费用

（1）购入材料成本的确定。

包装材料可以自制也可以外购，大部分企业以外购包装材料为主。下文以外购包装材料为例介绍包装材料费用。

外购的包装材料成本由材料买价以及入库前发生的采购费用构成。

①买价。买价即购买价格，在购买材料时如果存在购货折扣应予以扣除，按照扣除折扣之后的净额作为入账价值。

②入库前发生的采购费用。入库前发生的采购费用包括购买材料时的运输费、装卸费、保险费、仓储费、运输途中的合理损耗、入库前的挑选整理费以及购入材料负担的不能抵扣的税金和其他费用。

企业采购材料时很少采购单一品种材料，往往会采购多种材料。如果能分清归属材料的，买价可以直接计入各种材料的采购成本及各种附带成本。如果不能分清归属材料的，可根据购买材料特点，按照一定的分配方法（比如按照材料的价格、体积、重量等标准），分配计入各种材料的采购成本。

例4-6： 东方公司从外地购入甲材料2 000千克，不含税单价为每千克8元；购买乙材料3 000千克，不含税单价为6元。购买两种材料共支付运杂费600元，入库前的挑选整理费300元。运杂费和入库前挑选整理费均按照材料重量比例分摊。要求计算甲、乙材料的采购成本。

解： 本例中材料的买价可直接计入各自材料成本，运杂费、入库前的挑选整理费由甲、乙材料共同承担，进行分配。甲、乙材料的采购成本计算如表4-13所示。

$$运杂费分配率 = \frac{600}{2\,000+3\,000} = 0.12（元/千克）$$

$$入库前挑选整理费分配率 = \frac{300}{2\,000+3\,000} = 0.06（元/千克）$$

表4-13 材料采购成本计算

材料	买价/元	运杂费分配率	应分摊运杂费/元	入库前挑选整理费分配率	应分摊入库前挑选整理费/元	总成本/元	单位成本/（元·千克$^{-1}$）
甲材料	16 000	0.12	240	0.06	120	16 360	8.18
乙材料	18 000		360		180	18 540	6.18

（2）发出材料成本的确定。

企业的库存材料是在不同时间、不同地点按不同价格购买的，所以在每次发出材料时，存在按照哪个价格计价的问题。企业可以根据情况不同，分别采用个别计价法、先进先出法、月末一次加权平均法、移动加权平均法进行计价。不同的计价方法会影响企业财务状况损益的计算以及对所得税产生影响，因此计价方法一经选定，不得随意变更。

①个别计价法。个别计价法指按照各种存货逐一辨认各批发出存货和期末存货所属的购进批别或生产批别，分别按其购入或生产时所确定的单位成本计算各批发出存货和期末存货成本的方法。

个别计价法的成本计算准确，符合实际情况，但在包装物收发频繁的情况下，其发出成本分辨的工作量较大。因此，这种方法适用于一般不能替代使用的包装物。

②先进先出法。先进先出法是指以先购入的存货应先发出（销售或耗用）这样一种存货实物流动假设为前提，每次发出材料的单价，要按库存材料中最先购入的那批材料的实际单价计价的一种方法。采用这种方法要求每次购买材料时要分别记录其数量与单价，便于以后核算。在发出材料时，应逐笔登记发出材料的数量和金额，并结算结存的数量和金额。

先进先出法的优点是企业不能随意挑选材料计价用来调整当期利润，可以随时结转材料发出成本。缺点是核算工作量比较烦琐，且当物价上涨时，会高估企业当期利润和库存材料价值；在物价持续下跌的情况下，又会使计入产品成本的材料费偏高，导致低估企业期末库存材料价值和当期利润。先进先出法适用于材料收发业务较少且材料单价相对稳定的材料计价。

例 4-7：东方公司 2020 年 5 月甲包装材料的收入、发出及购进单位成本如表 4-14 所示。从该表可以看出材料成本的计价顺序，如 5 月 11 日发出的 200 件包装材料，按先进先出法的流转顺序，应先发出期初库存材料 1 500（150×10）元，然后再发出 5 月 5 日购入的 50 件，即 600（50×12）元，其他以此类推。从表中可以看出，使用先进先出法得出的发出材料成本和期末材料成本分别为 4 800 元和 2 200 元。

表 4-14 甲包装材料购销明细账（先进先出法）

日期		摘要	收入			发出			结存		
月	日		数量/件	单价/(元·件$^{-1}$)	金额/元	数量/件	单价/(元·件$^{-1}$)	金额/元	数量/件	单价/(元·件$^{-1}$)	金额/元
5	1	期初余额							150	10	1 500
	5	购入	100	12	1 200				150	10	1 500
									100	12	1 200
	11	销售				150	10	1 500	50	12	600
						50	12	600			
	16	购入	200	14	2 800				50	12	600
									200	14	2 800
	20	销售				50	12	600	150	14	2 100
						50	14	700			
	23	购入	100	15	1 500				150	14	2 100
									100	15	1 500
	27	销售				100	14	1 400	50	14	700
									100	15	1 500
	31	本期合计	400	—	5 500	400	—	4 850	50	14	700
									100	15	1 500

东方公司日常账面记录显示，甲包装材料期初结存成本为 1 500（150×10）元，本期购入材料三批，按先后顺序分别为：100×12、200×14、100×15。假设经过盘点，发现期末库存 150 件，则本期发出材料为 400 件。

发出材料成本 = 150×10+50×12+50×12+50×14+100×14 = 4 800（元）

期末存货成本 = 50×14+100×15 = 2 200（元）。

③ 月末一次加权平均法。月末一次加权平均法是以月初结存材料成本与本月购入材料成本之和，除以月初结存材料数量与本月购入材料数量之和，算出以数量为权数的材料平均单价，从而确定材料的发出和库存成本。这种方法在每个月的月末计算一次平均单价。其计算公式为：

$$月末加权平均单价=\frac{月初结存材料成本+本月购入材料成本}{月初结存材料数量+本月购入材料数量}$$

本月发出材料成本=本月发出材料数量×月末加权平均单价

月末库存材料成本=月末库存材料数量×月末加权平均单价

=月初结存材料成本+本月购入材料成本−本月发出材料成本

月末一次加权平均法的优点是只在月末一次计算加权平均单价,有利于简化成本核算工作,而且在材料市场价格不稳定时计算出来的单位成本比较平均,对材料成本的分摊较为折中。缺点是这种方法平时在账上无法提供发出和结存材料的单价和金额,不利于材料的日常管理。同时,材料计价工作集中在月末进行会影响材料核算工作的均衡性和及时性。月末一次加权平均法适用于材料收发量比较大,且对平时结存材料成本核算要求不高的情况。

例 4-8: 仍以上述例题为例,采用月末一次加权平均法计算发出材料成本和期末库存材料成本,如表 4-15 所示。

表 4-15 甲包装材料购销明细账(月末一次加权平均法)

日期		摘要	收入			发出			结存		
月	日		数量/件	单价/(元·件$^{-1}$)	金额/元	数量/件	单价/(元·件$^{-1}$)	金额/元	数量/件	单价/(元·件$^{-1}$)	金额/元
5	1	期初余额							150	10	1 500
	5	购入	100	12	1 200				250		
	11	销售				200			50		
	16	购入	200	14	2 800				250		
	20	销售				100			150		
	23	购入	100	15	1 500				250		
	27	销售				100			150		
	31	本期合计	400	—	5 500	400	—		150		

5 月份甲包装材料月末加权平均单价 $=\dfrac{150\times10+100\times12+200\times14+100\times15}{150+100+200+100}\approx12.727$(元/件)

5 月份甲包装材料的发出存货成本=400×12.727=5 090.8(元)

5 月份甲包装材料的期末结存成本=7 000−5 090.8=1 909.2(元)

④移动加权平均法。移动加权平均法是以原结存材料成本与本次购入材料成本之和,除以原结存材料数量与本次购入材料数量之和,计算出以数量为权数的材料平均单价,作为本次发出材料的单价。每次新购入材料,就要重新计算一次加权平均单价。其计算公式为:

$$移动加权平均单价=\frac{原结存材料成本+本次购入材料成本}{原结存材料数量+本次购入材料数量}$$

移动加权平均法的优点是能够使企业管理层及时了解材料的结存情况,计算的平均单位成本以及发出和结存的材料成本比较客观。缺点是由于每次收货都要计算一次平均单价,计算工作量较大,对收发货较频繁的企业不适用。

例 4-9：仍以上述例题为例，采用移动加权平均法计算发出材料成本和期末库存材料成本，如表 4-16 所示。

表 4-16　甲包装材料购销明细账（移动加权平均法）

日期		摘要	收入			发出			结存		
月	日		数量/件	单价/(元·件$^{-1}$)	金额/元	数量/件	单价/(元·件$^{-1}$)	金额/元	数量/件	单价/(元·件$^{-1}$)	金额/元
5	1	期初余额							150	10	1 500
	5	购入	100	12	1 200				250	10.8	2 700
	11	销售				200		2 160	50	10.8	540
	16	购入	200	14	2 800				250	13.36	3 340
	20	销售				100		1 336	150	13.36	2 004
	23	购入	100	15	1 500				250	14.016	3 504
	27	销售				100		1 401.6	150	14.016	2 102.4
	31	本期合计	400	—	5 500	400	—	4 897.6	150	14.016	2 102.4

5 月 11 日发出材料的移动加权平均单价 $= \dfrac{1\ 500+1\ 200}{150+100} = 10.8$（元/件）

5 月 20 日发出材料的移动加权平均单价 $= \dfrac{540+2\ 800}{50+200} = 13.36$（元/件）

5 月 27 日发出材料的移动加权平均单价 $= \dfrac{1\ 500+2\ 004}{150+100} = 14.016$（元/件）

每次发出成本 = 每次发出材料成本数量 × 每次平均单价

采用移动加权平均法得出的本期发出存货成本和期末结存存货成本分别为 4 897.36 元和 2 102.4 元。计算过程略。

存货发出计价方法的特点如表 4-17 所示。

表 4-17　存货发出计价方法

方法	特点
个别计价法	适用于一般不能替代使用的材料、为特定项目专门购入或制造的包装物
先进先出法	在物价持续上升时，而发出成本偏低，会高估企业当期利润和库存存货价值；反之，会低估企业存货价值和当期利润。期末存货成本接近于市价
月末一次加权平均法	平均单价 =（月初材料结存成本 + 本月购入材料成本）÷（月初材料结存数量 + 本月购入材料数量）
移动加权平均法	每次平均单价 =（原有库存的实际成本 + 本次进货的实际成本）÷（原有库存存货数量 + 本次进货数量）

2. 包装人工费用

包装人工费用的计算，必须有准确的原始记录资料，具体包括工资卡、考勤记录、工时记录、工作量记录等原始凭证，企业的会计部门根据劳动合同的规定和企业规定的工资标准、工资形式、奖励津贴等制度，按照考勤记录、工时记录、产量记录等资料，计算每个包装工人及其他有关人员的工资。具体计算与装卸搬运人工费的计算相同，支付给所有包装工人及其他有关人员的工资总额即为包装人工费用。

3. 包装机械费用

包装机械费用主要指包装机械的维修费和折旧费。

（1）包装机械的维修费。

包装机械的维修费是指包装机械发生部分损坏进行维修时支出的费用，可以分为大修理和中小修理。中小修理的费用直接计入当期包装成本，大修理的费用可分期计入包装成本。

（2）包装机械的折旧费。

包装机械的折旧费是指包装机械在使用过程中发生的损耗，通过一定的方法计算逐渐转移到包装成本中的那部分价值。影响折旧的因素有包装机械的原始价值、折旧期限、净残值和计提折旧的起止时间。计提折旧的方法有年限平均法、工作量法、双倍余额递减法和年数总和法等。不同的折旧方法会影响企业当期损益的计算以及所得税的计算，因此折旧方法一经选定，不得随意变更。

4. 包装技术费用

包装技术费用包括包装技术设计费用和包装技术实施费用。

（1）包装技术设计费用。

包装技术设计费用是指设计人员在包装技术的设计过程中，所发生的与设计包装技术有关的一切费用，主要包括设计过程中领用的材料或产品、设计人员的薪酬以及与设计有关的各种费用支出。

①在设计过程中领用的材料或产品。设计人员在对包装进行设计时，需要经过反复试验，为试验领用的材料，其成本与企业当期领用的包装材料成本相同；为试验领用的产品，其成本与企业计算的产品成本核算相同。

②设计人员的薪酬。设计人员的薪酬指为包装物的设计人员支付的一切费用，包括工资、奖金、津贴和补贴、加班报酬及特殊情况下支付的报酬。设计人员的薪酬，根据其考核记录和个人工资标准计算，计算公式如下：

$$每月应付薪酬 = 月标准工资 + 各类补贴 + 加班报酬 + 各类奖金 - 平均日工资 \times 事假或旷工日数 - 平均日工资 \times 病假日数 \times 病假应扣工资百分比$$

其中，平均日工资的计算公式为：平均日工资＝月标准工资÷30天。

③与设计有关的各种费用支出。与设计有关的各种费用支出指除了设计过程中领用的材料或产品以及设计人员薪酬之外的其他费用，其核算以实际支出额为准。

（2）包装技术实施费用。

包装技术实施费用包括实施包装技术所需要的内包装材料费和一些辅助包装费用。

①内包装材料费。企业在实施防震、防潮、防锈、防霉等技术时，会需要具有这些功能的内包装材料，如充气塑料、塑料泡沫、干燥剂、防潮纸等。这些内包装材料的成本为实际发生成本。如果是采购获得，按照前述购入材料成本的核算方法。

②辅助包装费用。辅助包装费用是指为了实施包装技术而发生的，不属于内包装材料费的其他费用。例如，清洗水费、控制温度的电费、水费，可根据实际耗用的数量和水电部门规定的水电单价计算。

4.2.4 包装成本的控制与优化

1. 包装成本的控制

在核算包装成本时，可对包装材料费、包装人工费、包装机械费和包装技术费的设定核算标准，根据标准成本的要求控制包装成本。

（1）包装材料的标准成本。

包装材料的标准成本的计算公式为：

$$包装材料的标准成本 = 单位产品的标准用量 \times 材料的标准价格$$

其中，标准用量指生产单位包装产品或包装单位产品所需的材料数量，包括构成包装实体的材料、必要的损耗和不可避免的废品损失损耗。标准价格指采购部门按供应单位的价格及相应因素确定的材料单价，包括买价和运杂费等。

例 4-10：东方公司对要运送的货物进行包装，需要耗用纸箱和塑料两种材料，包装材料的标准成本如表 4-18 所示。

表 4-18 包装材料的标准成本

项目	纸箱	塑料
A 预计基本用量/(千克·件$^{-1}$)	15	18
B 预计损耗/(千克·件$^{-1}$)	0.4	0.5
C 标准用量/(千克·件$^{-1}$) = A+B	15.4	18.5
D 预计购买单价/(元·千克$^{-1}$)	2	1.8
E 预计采购费用/(元·千克$^{-1}$)	0.5	0.3
F 预计合理损耗/(元·千克$^{-1}$)	0.1	0.2
G 标准价格/(元·千克$^{-1}$) = D+E+F	2.6	2.3
H 材料的标准价格/(元·件$^{-1}$) = C×G	40.04	42.55
I 包装物标准成本/(元·件$^{-1}$)	82.59	

（2）包装人工费的标准成本。

包装人工费的标准成本的计算公式为：

$$包装人工费的标准成本 = 包装单位产品所需的标准工时 \times 小时标准工资率$$

其中，标准工时指包装单位产品必须消耗的时间，包括直接包装所用工时、必要的间歇和停工时间等。

$$小时标准工资率 = \frac{预计支付直接人工标准工资总额}{标准总工时}$$

例 4-11：东方公司某包装车间人工费标准成本如表 4-19 所示。

表 4-19 人工费标准成本

项目	成本
A 直接包装工时/(小时·件$^{-1}$)	5
B 间歇工时/(小时·件$^{-1}$)	0.2
C 停工工时/(小时·件$^{-1}$)	0.3

续表

项目	成本
D 标准工时/(小时·件$^{-1}$) = A+B+C	5.5
E 包装工人数/人	20
F 每人每月标准工时/小时	150
G 每月标准工时/小时 = E×F	3 000
H 每月生产包装工人工资总额/元	45 000
I 小时标准工资率/(元·小时$^{-1}$) = H÷G	15
J 包装人工标准成本/(元·件$^{-1}$) = D×I	82.5

(3) 包装机械费的标准成本。

包装机械费的标准成本的计算公式为：

$$包装机械费的标准成本 = 包装单位产品人工工时 \times 机械费用标准分配率$$

$$机械费用标准分配率 = \frac{包装机械费用预算额}{包装人工标准总工时}$$

例 4-12：东方公司某包装机械费用标准成本的计算如表 4-20 所示。

表 4-20　包装机械费用标准成本

项目	成本
A 折旧费/元	5 000
B 维修费/元	600
C 包装机械费用预算额/元 = A+B	5 600
D 包装人工工时/小时	4 000
E 机械费用分配率/(元·小时$^{-1}$) = C÷D	1.4
F 直接人工工时标准/小时	2
G 包装机械标准成本/元 = E×F	2.8

(4) 包装技术费用的标准成本。

包装技术费用包括变动成本和固定成本。人工工时标准在制定人工成本时已经确定。计算公式为：

$$变动费用的标准成本 = 人工标准工时 \times 变动费用标准分配率$$

$$变动费用标准分配率 = \frac{变动费用预算}{人工总工时}$$

$$单位产品固定费用标准成本 = 单位产品人工标准工时 \times 固定费用标准分配率$$

$$固定费用标准分配率 = \frac{固定费用预算总额}{人工标准总工时}$$

2. 包装成本的优化

可以采用以下措施进一步优化包装成本。

(1) 用科学方法确定最优包装。

产品从出厂到最终销售目的地的过程中，装卸条件、运输条件、储存条件、气候条件等因素对包装有不同的要求，企业要根据不同的环境因素制定相应的措施。

比如，基于装卸因素的考虑，包装的外形和尺寸要适合人工操作，另外要提高装卸人员素质、规范装卸作业标准等，从而促进包装、物流的合理化。基于运输因素的考虑，运输工具的类型、运输距离、道路情况等对包装都有影响，要考虑不同运输方式对包装的不同要求。

（2）防止包装不足和包装过剩。

如果包装强度不足、包装材料不足，商品在物流过程中会发生不可估计的损耗。而如果包装强度设计过高，包装材料选择不当而造成包装过剩，则会造成包装成本的浪费，这一点在发达国家表现尤其突出。因此要合理确定包装程度，包装不足和包装过剩都会导致包装成本升高。

过度包装如何界定？

业内专家认为，包装的价值超过被包装产品价值的 1 至 2 倍，就称为过度包装。中国消费者协会指出，包装体积明显超过商品本身的10%、包装费用明显超出商品价格的30%，可判定为侵害消费者权益的"商业欺诈"。

过度包装广泛存在于我们的商品包装中，如保健品、食品、饰品、化妆品等。举例说明你生活中见到的过度包装产品。

（3）发展包装机械化。

包装过去主要依靠人力作业，进入大量生产大量消费时代后，包装的机械化应运而生。包装机械化不仅可以节省劳动力、使货物单元化、提高销售效率，而且可以确保包装质量、促进包装规格化、减少包装损耗，从而降低包装成本。

（4）回收利用旧包装。

生产企业每年产生的旧包装数量惊人，回收利用潜力巨大。企业回收利用旧包装，可以降低生产成本，及时解决产品的包装问题，保证产品物流活动的顺利进行。另外，包装材料对资源的消耗很大，如果能回收利用旧包装，可以节省大量资源。

4.3 流通加工成本构成、核算及优化

资料阅读

阿迪达斯公司在美国的一家超级市场，设立了组合式鞋店，摆放的是做鞋用的半成品，而非成品。半成品款式花色多样，有6种鞋跟、8种鞋底，鞋面的颜色以黑、白为主，鞋带的颜色有80种，款式有百余种，顾客进来可任意挑选自己所喜欢的，交给职员当场进行组合。只要10分钟，就可得到一双崭新的鞋子。这家鞋店昼夜营业，职员技术熟练，鞋子的售价与成批制造的价格差不多，有的还稍便宜些。所以顾客络绎不绝，销售额比邻近的鞋店高出十多倍。

思考：流通加工在物流中所起的作用是什么？

流通加工是流通中的一种特殊形式，流通和流通对象的关系，一般不是改变其形态而创造价值，而是保持流通对象的已用形态，完成空间的转移，实现时间效应和场所效应。

4.3.1 流通加工成本概述

1. 概念和特点

（1）概念。

流通加工是为了提高物流速度和物品的利用率，在物品进入流通领域后，按客户的要求进行的加工活动。即物品从生产者向消费者流通的过程中，企业为了促进销售、维护产品质量和提高物流效率，对物品进行的加工，包括简单包装、分割、计量、分拣、贴标签等作业。

（2）特点。

流通加工与生产加工相比，具有以下特点。

①从生产对象看，流通加工的对象具有商品属性，是进入流通过程的商品。而生产加工的对象是原材料、零配件或半成品等。

②从加工程度看，流通加工大多是简单加工。一般来讲，如果必须进行复杂加工才能形成人们需要的商品，那么这种复杂加工应专设生产加工过程。流通加工只是对生产加工的一种辅助及补充。

③从价值观点看，流通加工的目的在于完善商品使用价值，生产加工的目的在于创造商品使用价值。

④从加工人和加工单位看，流通加工的组织者是从事流通工作的人员，能密切结合流通的需要进行加工活动，由商业或物资流通企业完成。

⑤从加工目的看，流通加工是为了消费而进行加工，也以自身流通为目的进行加工，而生产加工只是为流通创造条件。

2. 分类

根据加工目的不同，流通加工主要有以下几种类型。

（1）保护产品的流通加工。

在物流过程中为了保护产品的使用价值，延长产品在生产和使用期间的寿命，防止产品在运输、储存、装卸搬运、包装等过程中遭受损失，要对产品进行一些保护措施。一般包括冷冻、防腐、防霉、防虫、防潮、保鲜、涂油等措施，比如，对水产品、肉蛋类进行保鲜、冷冻、防腐等；对木材采用防腐、防干裂处理等。

（2）适应多样化需要的流通加工。

企业生产部门主要负责大批量和高效率的生产，该环节的产品不能完全满足消费者需求。为了满足用户对产品多样化的需要，可以将生产出来的单一化的产品进行多样化的改制加工。比如，对玻璃按需要进行大小切割、对木材进行改制等加工。

（3）提高物流效率、降低物流损失的流通加工。

有些产品本身形态不方便进行物流操作，在运输和搬运过程中容易受损，因此可以对产品进行适当的流通加工使物流操作简单可行，从而提高物流效率、降低物流损失。比如，将造纸用的木材加工成木屑，可以提高运输工具的装载效率等。

(4) 弥补生产领域加工不足的流通加工。

受多种因素的限制，许多产品在生产领域并不能完全实现商品终极的加工。为弥补存在的加工不足，要对产品进行进一步流通加工。比如，在生产家具时，如果将木板加工为家具的成品模样，将会给运输带来很大的困难，因此要将生产环节加工的木板运输到目的地进行组装安装等流通加工。

(5) 为衔接不同运输方式、使物流更加合理的流通加工。

在干线运输和支线运输的结点设置流通加工环节，可以有效解决大批量、低成本、长距离的干线运输与多品种、少批量、多批次的末端运输和集货运输之间的衔接问题。比如，散装水泥中转仓库把水泥装袋、将大规模散装水泥转化为小规模散装水泥的流通加工，就衔接了水泥厂大批量运输和工地小批量装运的需要。

4.3.2　流通加工成本的构成

流通加工成本指在物流系统中进行流通加工所消耗的物化劳动和活劳动的货币表现，具体包括以下几方面费用。

1. 流通加工设备费用

流通加工设备费用指在流通加工过程中，由于流通加工设备的使用而发生的实体损耗和价值转移。流通加工设备因流通加工形式、服务对象不同而不同，物流中心常见的流通加工设备有剪版加工需要的剪板机、木材加工需要的电锯、印刷标签条码的喷印机、拆箱机等。购买这些设备支出的费用，以流通加工的形式转移到被加工的产品中。

2. 流通加工人工费用

流通加工人工费用指在流通加工过程中，支付给从事流通加工活动的管理人员、工人以及相关人员的工资、奖金、补贴、社会保险等费用。

3. 流通加工材料费用

流通加工材料费用指在流通加工过程中，投入加工过程中的材料消耗的费用。

4. 流通加工其他费用

除上述费用外，在流通加工过程中耗用电力、燃料、油料等发生的费用，属于流通加工其他费用。

4.3.3　流通加工成本的核算

核算流通加工成本，可以将物流过程中各种流通加工成本设置为流通加工直接材料费用、流通加工直接人工费用、流通加工制造费用三部分。

1. 流通加工直接材料费用的核算

流通加工直接材料费用指在流通加工过程中直接消耗的辅助材料和包装材料等费用，该费用的核算主要取决于材料数量和材料价格。

(1) 材料消耗数量的计算。

为了正确计算在流通加工过程中材料的消耗量，企业应当采用连续记录法，连续并及时记录材料的消耗量。记录流通加工过程中材料消耗量的原始凭证有"领料单""限额领料单""领料登记表""退料单"等。严格管理材料发出的凭证和手续，是正确计算和确定材料消耗数量的保证。

（2）消耗材料价格的确定。

购入的流通加工材料成本包括材料的买价和入库前发生的各种费用，比如运输途中的合理损耗、入库前的挑选整理费等。关于购买材料成本的核算，在前文包装物成本核算中已有介绍，在此不再赘述。

（3）消耗材料费用的归集。

根据材料消耗的数量和价格，可以计算出消耗的直接材料费用。在计算直接材料费用时，材料费用数额是根据全部领料凭证汇总编制的"耗用材料汇总表"确定的。如果能确定是某个产品消耗的费用，要直接计入该产品成本中；如果是由多个产品共同消耗的直接材料费用，则应按照一定的方法分配至各个产品的成本中。

在直接材料费用中，流通加工所消耗的材料和材料费用的分配，一般可以选择重量分配法、标准产量分配法、定额耗用量比例分配法、工时比例分配法等。

2. 流通加工直接人工费用的核算

流通加工直接人工费用是指直接进行流通加工活动的工人的工资总额以及按照工资总额比例提取的职工福利费等总和，其中工资总额包括工人的工资、奖金、津贴、补贴、加班费等。

（1）流通加工直接人工费用的归集。

流通加工直接人工费用的数额是根据当期"工资结算汇总表"和"职工福利费核算表"来确定的。

其中，"工资结算汇总表"是进行工资结算和分配的原始依据，是根据"工资结算单"按职工类别（或工资用途）汇总编制。"工资结算单"应当依据职工工作卡片、考勤记录、工作量记录等工资核算的原始记录编制。

"职工福利费核算表"是依据"工资结算汇总表"确定的各类人员工资总额，按照规定的提取比例经计算后编制。

（2）流通加工直接人工费用的分配。

流通加工的工人工资一般包括计件工资和计时工资。如果是以计件形式发放工资，则将所支付费用直接计入加工产品成本，无须分配。如果是以计时形式发放工资，只加工单一产品时，将所支付费用直接计入加工产品成本；而加工多个产品时，则要按照一定的办法，将支付费用在所加工产品之间进行分配。

职工福利费的分配方法与工资的分配方法相同。

直接人工费用的分配方法一般有生产工时分配法、系数分配法等。其中，生产工时分配法中的生产工时，可以是加工产品的实际工时，也可以是按照单位加工产品定额工时和实际加工生产量计算的定额工时，计算公式为：

$$加工产品应分配费用 = 该产品加工工时 \times 费用分配率$$

$$费用分配率 = \frac{应分配的直接人工费用}{各产品加工工时之和}$$

3. 流通加工制造费用的核算

流通加工制造费用是物流中心设置的生产加工单位为组织和管理生产加工所发生的各项间接费用，主要包括流通加工管理人员的工资及相应提取的福利费、生产加工单位固定资产的折旧费和修理费、取暖费、水电费、办公费、差旅费、保险费、季节性停工损失以及其他间接费用。

（1）制造费用的归集。

制造费用是通过设置制造费用明细账，按照费用发生地点来归集。制造费用明细账按照加工生产单位开设，并按照费用明细账栏目设专栏组织核算。比如折旧费，通过定期编制"折旧费用计算汇总表"计算各生产单位的本期折旧费用，再计入流通加工部门的制造费用。对于维修费，发生数额不大时直接计入当月制造费用，发生数额较大时可以采用摊销或预提的方法计入各月制造费用。其他费用一般按照会计期间编制制造费用预算进行控制。

（2）制造费用的分配。

制造费用的收益对象是流通加工单位本期所加工的所有产品，要按照一定的方法分配到各个产品中去。制造费用的分配方法有工时分配法、系数分配法、直接人工费用比例分配法和计划分配率分配法等。下面以工时分配法和计划分配率分配法为例介绍说明。

①工时分配法。工时包括加工各种产品的生产工时和机器工作的时间两类。当制造费用中机器设备的折旧费和维修费比例较高时，采用机器工时作为分配标准比较合适。由于不同机器设备在同一个工作时间内的折旧费用和维修费用差别较大，所以各类机器设备的实际工作时间，要按照其工时系数换算成标准工时，计算公式为：

$$加工产品应分配费用 = 该产品的加工工时 \times 费用分配率$$

$$费用分配率 = \frac{应分配的制造费用}{该产品加工工时之和}$$

例 4-13：2020 年 12 月，东方公司物流中心流通加工部门发生制造费用总额 20 000 元。本月加工甲产品和乙产品，加工甲产品 300 小时，加工乙产品 200 小时，共计 500 小时。要求按照生产工时分配法编制制造费用分配表。计算结果如表 4-21 所示。

制造费用分配率 = 20 000 ÷ 500 = 40（元/小时）

表 4-21 制造费用分配表

产品名称	加工工时/小时	分配率	分配金额/元
甲产品	300		12 000
乙产品	200	40	8 000
合计	500		20 000

例 4-14：2020 年 12 月，东方公司物流中心流通加工部门发生制造费用 42 000 元。使用 A 设备和 B 设备加工共计 3 000 小时，生产丙产品和丁产品。其中，A 设备生产丙产品 1 500 小时，生产丁产品 500 小时，共计 2 000 小时；B 设备生产丙产品 600 小时，生产丁产品 400 小时，共计 1 000 小时。按照设备使用和维修费用发生情况确定的 A 设备系数为 1，B 设备系数为 1.5。采用机器工时分配法编制制造费用明细表，结果如表 4-22 所示。

制造费用分配率 = 42 000 ÷ 3 500 = 12（元/小时）

表 4-22 制造费用分配表

产品名称	机器工作时间/小时				分配率	分配金额/元
	A 设备	B 设备（系数1.5）		工时合计		
		加工时数	折合时数			
丙产品	1 500	600	900	2 400	12	28 800
丁产品	500	400	600	1 100		13 200
合计	2 000	1 000	1 500	3 500		42 000

②计划分配率分配法。计划分配率分配法是按照年初确定计划制造费用分配率分配制造费用，将实际发生的制造费用与按计划分配率分配的制造费用的差异在年末进行调整，计算公式为：

应分配制造费用＝该产品按实际加工量计算的定额总工时×计划制造费用分配率

$$\text{计划制造费用分配率} = \frac{\text{年度制造费用预算总额}}{\text{年度计划完成定额总工时}}$$

4. 加工产品费用在完工产品和期末在产品之间分配

流通加工的产品到期末分为在产品和完工产品。

该加工产品月末全部为在产品，则加工费用合计数等于月末在产品加工成本；该加工产品月末全部为完工产品，则加工费用合计数等于本月完工产品加工总成本；月末既有在产品，又有完工产品，需要将加工费用按照某种方法，比如固定成本计价法、约当产量比例法、在产品按定额产品计价法、定额比例法等进行分配，具体方法与传统生产过程中的分配方法类似。

如果有月初余额，计算时要考虑，公式为：

本月完工产品成本＝月初在产品加工成本＋本月发生加工费用－月末在产品加工费用

4.3.4 流通加工成本的优化

1. 不合理的流通加工形式

当前流通加工作业在实施过程中存在一些不合理现象，具体表现在以下几方面。

（1）流通加工点布局不合理。

在设置流通加工地点时，企业没有考虑流通加工的具体需求。如果将流通加工点设置在生产地，为满足客户的多样化需求，需要进行多品种、小批量产品从产地向需求地进行长距离运输，会造成运输成本的增加，也会造成生产地增加近距离运输、装卸、储存等一系列物流活动。如果流通加工的目的是方便物流，则应将流通加工点设置在生产环节。

（2）流通加工方式选择不当。

流通加工是生产加工的一个合理分工。如果将本来应该由流通加工完成的作业安排给生产加工来完成，属于流通加工方式选择不当；或者本来应该由生产加工完成的作业却安排给流通加工完成，同样是不合理的。流通加工是对生产加工过程的延续，对生产加工起到补充完善的作用，而不是替代作用。所以在一般情况下，对于由生产过程更容易解决的，或者工艺复杂、技术装备要求比较高的作业，都不宜设置流通加工环节。

(3) 流通加工成本过高。

流通加工对生产加工起着有效的补充完善作用，具有较高的产出投入比。但是如果流通加工成本过高，不能达到以较低投入实现更高使用价值的目的，则除了必要的硬性要求以外的流通加工都是不合理的。

2. 流通加工成本的优化措施

在流通加工过程中要实现流通加工的最优配置，不仅能避免发生各种不合理现象，使流通加工有存在的价值，而且能做到最优的选择。对流通加工成本优化，既包括对流通加工的优化，也包括对其成本的优化。

(1) 加工和配送结合。

在配送点设置流通加工，既可以按照配送的需要进行加工，又是配送业务流程中分货、拣货、配货的一个环节，加工后的产品直接投入配货作业。这样无须单独设置一个加工的中间环节，使流通加工与中转流通结合在一起。同时，对配送来说，由于配送之前有加工，可以使配送服务水平大大提高。这是当前流通加工最合理的选择方式，在煤炭、水泥等产品的流通中已经表现出较大优势。

(2) 加工和合理运输结合。

流通加工能有效衔接干线运输与支线运输，促进两种运输形式的合理化。利用流通加工，在支线运输转干线运输或干线运输转支线运输这些本来就必须停顿的环节，不进行一般的"支转干"或"干转支"，而是按照干线或支线运输合理的要求进行增设流通加工环节，对产品进行适当加工，从而大大提高运输及运输转载水平。

(3) 加工和合理商流相结合。

通过流通加工，可以有效地促进销售，促进商流合理化，这也是流通加工合理化的考虑方向之一。通过流通加工与配送相结合，提高了配送水平，强化了销售，是加工与商流合理化相结合的一个成功例证。此外，通过简单改变包装加工，形成方便的包装形式和数量，通过组装加工解决用户使用前进行组装、调试的难度，都可以有效促进商流。例如，电脑销售商在出售电脑时都提供硬件组装和软件安装的服务。

(4) 合理确定流通加工方式和加工深度。

流通加工方式与流通加工成本存在密切联系。流通企业应根据服务对象要求不同，选择适当的加工方式和加工深度。不同的加工方式和加工深度，成本支出也不同。如果对产品过度加工，则会造成成本的浪费；如果加工不足，则达不到客户需求或销售要求。所以在确定加工方式时必须进行经济核算和可行性研究，合理确定加工成本的支出。

(5) 加强流通加工的生产管理。

流通加工的生产管理影响着流通加工的成本。一般来说，生产管理水平越高，则成本水平越低。流通加工生产管理包括对劳动力、设备、原材料、生产批量等方面的管理，其内容与流通加工成本密切相关。例如，加工的出材率高、物资利用率高，流通加工成本相对下降；批量越大，数量越多，流通加工成本越高。因此，要从控制材料的利用率、对加工批量和数量进行合理均衡、控制人工成本等方面进行管理，从而降低流通加工成本。

(6) 优化流通加工作业排序。

根据加工工艺和负荷的大小，对在一定期间内分配给各个加工单位的生产任务进行合理排序，并确定各个加工单位作业的开始时间和结束时间，即为流通加工作业排序。这样可以缩短加工周期，节约加工费用，减少延期交货和违约损失，降低流通加工作业成本。在进行排序时，要根据客户的需求变化，及时改变作业排序，以取得良好的经济效益。

课后练习

一、不定项选择题

1. 在经济合理区域范围内，根据客户要求，对物品进行拣选、加工、包装、分割、组配等作业，并按时送达指定地点的物流活动是（　　）。
   A. 仓储　　　　　B. 运输　　　　　C. 流通加工　　　　D. 配送

2. 要提高配送服务水平必然会使配送成本大幅度增加，企业为了降低保管费用，减少仓库数量和每个仓库的库存量，会导致配送距离变长，运输费用进一步增大。这种现象属于（　　）原理。
   A. 冰山理论　　　B. 成本中心说　　C. 效益背反　　　　D. 黑大陆学说

3. 配送成本按照配送流程可分为（　　）等项目。
   A. 配送运输成本　　　　　　　　B. 分拣环节成本
   C. 配装环节成本　　　　　　　　D. 流通加工环节成本

4. 配送成本不合理的表现包括（　　）
   A. 配送活动缺乏计划性　　　　　B. 配送路线未提前设计
   C. 配送价格偏高　　　　　　　　D. 库存量过大

5. 当企业有不同段位产品时，应根据产品的特点、销售价格分别设置不同的库存量、不同的运输方式以及储存地点，而不是按照统一的标准提供配送服务，这种方法是（　　）。
   A. 混合策略　　　B. 差异化策略　　C. 合并策略　　　　D. 延迟策略

6. 包装具有（　　）功能。
   A. 保护　　　　　B. 便利　　　　　C. 促销　　　　　　D. 降低成本

7. 包装按照功能分为（　　）。
   A. 工业包装　　　B. 商业包装　　　C. 内包装　　　　　D. 外包装

8. 发出材料成本的确定方法有（　　）。
   A. 个别计价法　　B. 先进先出法　　C. 后进先出法　　　D. 加权平均法

二、简答题

1. 配送成本从支付形态的角度可以分为哪些？
2. 可以降低配送成本的措施有哪些？
3. 在发出材料计价方法中，月末一次加权平均法和移动加权平均法相比，各自优缺点是什么？分别适用于什么情况？
4. 降低包装成本的措施有哪些？
5. 流通加工的构成项目有哪些？

三、案例分析题

有一家销售企业，主要对自己的销售点和大客户进行配送，配送方法为销售点和大客户有需求就立即组织装车送货,结果经常造成送货车辆空载率过高,同时往往出现所有车都派出去而其他用户需求满足不了的情况。所以销售经理一直要求增加送货车辆,但由于资金原因一直没有购车。

问题1:如果你是公司决策人,你会买车来解决送货效率低的问题吗?为什么?

问题2:请用配送的含义分析该案例,并提出解决办法。

第 5 章　企业物流成本的核算

🎯 **学习目标**

了解物流成本核算的意义、原则和程序；
掌握物流成本核算的方法；
掌握物流成本核算的科目和账户；
掌握物流成本报表项目。

案例导读

某家电生产企业的物流成本核算

某家电生产企业拥有4个产品事业部，分别是电视事业部、冰箱事业部、洗衣机事业部和空调事业部。4个事业部的产品统一由公司销售，在全国按地域划分有7个分公司：沈阳的东北销售分公司、北京的华北销售分公司、西安的西北销售分公司、重庆的西南销售分公司、广州的华南销售分公司、上海的华东销售分公司、武汉的华中销售分公司。

销售公司不仅要负责4类产品的销售推广和销售组织，也全面负责销售物流的组织与管理。整个企业的销售物流成本也没有进行单独的核算，包括运输费用、仓储费用、物流管理费用等在内的销售物流成本分散在企业"营业费用"账户的各个费用项目中。

近日，为实现适应商流与物流的分离，企业提出成立单独的物流公司，以第三方物流的形式开展公司的销售物流业务。此时，公司的决策层要求财务部提供当前物流成本信息。由于没有对物流成本的单独核算，财务人员只统计出外包的运输和仓储成本，而不能明确地提供销售物流成本的全面情况。

企业意识到物流成本的核算对于企业物流管理以及进行物流系统优化的重要性。财务经理首先了解到物流成本核算的对象包括物流成本范围（供应物流成本、生产物流成本和销售物流成本等）、物流成本支付形式（材料费、人工费、公益费、维护费、一般经费等）和物流的功能（运输费、保管费、包装费、装卸费、物流信息费等）等。

财务经理就物流成本的核算对象问题征求了各事业部和销售公司有关领导的意见：(1) 各事业部领导认为，物流成本的核算应该将各个事业部作为成本核算的对象，即分别核算电视、冰箱、洗衣机和空调4类产品的物流成本，以利于各事业部的内部利润核算以及绩效考核,促进事业部管理的体制的完善。(2) 销售公司的总经理认为,物流成本的核算应该以各个分公司(地域)作为物流成本核算的对象,分别核算各区域的物流成本,以更好地对销售分公司进行管理控制。(3) 会计核算人员认为,目前的营业费用是按照人工费、材料费、折旧费、差旅费、办公费等项目进行核算的,因此,物流成本的核算口径应该与之相对应,按照费用项目来进行物流成本的核算,这样物流成本的核算才更有可操作性。

面对诸多意见,财务经理一时也很难确定物流成本的核算对象和核算方式。于是,他拜访了一位物流成本管理专家,专家听了上述情况后,向财务经理说了一番话:"企业物流成本核算的最终目标肯定是降低物流成本,但是如何实现物流成本的降低呢?比如,若企业想通过各区域分公司物流成本的绩效考核来进行物流成本的控制,那么就应该将区域作为物流成本核算对象;如果企业想完善事业部制度,加强事业部的内部利润考核,就应该将各事业部作为物流成本核算的对象;如果是要进行物流系统的完善,就最好将物流功能(运输、仓储、配送、装卸搬运等)作为成本核算的对象。总而言之,物流成本核算对象的确定要根据企业自身的管理要求决定。确定了成本核算对象之后,物流成本核算方法的选择就简单了,你是财务专家,核算方法的选择对你来说不是难题。"

财务经理听完这番话之后,似乎明白了其中的道理,虽然一时还是不能决定到底应该如何选择成本核算对象,但是他相信,回去之后通过与公司相关人员的再次讨论以及征求管理决策层的意见之后,一定能够设计出一套完整的物流成本核算体系。

5.1 物流成本核算的意义、原则及程序

5.1.1 物流成本核算的意义

1. 物流成本计算的微观意义

物流成本计算的微观意义表现在如下几个方面。

(1) 为企业物流成本管理提供依据。

随着物流重要性的日益突出,不少企业已经开始着手进行系统的物流管理。然而,科学管理物流的前提是了解物流现状的不足,明确物流过程中的成本损耗。在我国当前的企业财务会计制度中没有单独的物流成本项目,一般是将企业的物流成本列在费用一栏,因而,企业难以对发生的各种物流费用进行明确、全面的计算与分析。

通过建立企业物流成本计算制度,准确、及时计算物流成本,可以为企业提供详细、真实、及时、全面的物流成本数据,帮助企业了解其在物流管理方面的优势与不足,为企业建立物流成本预算制度、建立标准成本制度、明确物流成本责任单位,以及制定物流发展策略等提供参考。

(2) 为企业自营或外包物流决策提供依据。

随着现代经营理念的引入，很多企业更加专注于提高核心竞争力，而把不具备竞争优势的物流业务全部或部分外包出去，这就要计算投入产出比，在此基础上进行科学有效的决策。建立物流成本计算制度，准确、及时计算物流成本，可以使企业较详尽地了解自身物流成本支出情况，同时通过对自身物流成本和委托物流成本的比较，在充分考虑其他相关因素的基础上，对自营或外包物流进行科学合理的决策。

(3) 为企业间物流成本水平的比较提供依据。

由于竞争的需要，企业在物流管理过程中，既要了解自身的物流成本水平，也需要了解行业中其他企业物流成本水平以及行业平均物流成本水平。通过建立企业物流成本计算制度，准确及时地进行物流成本计算，不仅有可能使企业了解其他企业物流成本的水平，而且使行业平均物流成本水平数字的生成成为可能，为物流成本水平的横向比较提供依据。

2. 物流成本计算的宏观意义

物流成本计算的宏观意义表现在如下两个方面。

(1) 为制定物流服务价格提供依据。

成本是制定价格的依据，而物流成本是制定物流价格的主要依据。近几年来，随着市场竞争的加剧，越来越多的生产流通企业希望将物流外包以集中精力提高核心竞争力，然而，由于我国物流业发展时间短，市场不规范，物流服务价格及质量标准不一，恶性的价格竞争使物流企业要么以超载、违规运作等方式生存，要么以降低物流服务质量生存，使物流业及生产流通企业的利益同时受到损害。建立企业物流成本计算制度，通过物流成本统计为国家确定指导性的物流服务价格与质量标准提供依据，可以减少恶性竞争，促进我国物流业健康发展。

(2) 为完善我国会计核算制度和社会物流统计制度奠定基础。

建立企业物流成本计算制度，通过借鉴会计核算的思路计算物流成本，获取物流成本数据，可以弥补现行企业会计核算制度在物流成本计算方面的缺失，为我国企业会计制度与国际会计准则的接轨奠定基础；同时，建立企业物流成本计算制度，计算企业物流成本，可以更准确地获取物流统计数据，有助于推进社会物流统计制度的顺利实施。

5.1.2 物流成本核算的原则

(1) 合法性原则。

合法性原则指计入成本的支出都必须符合国家法律、法令、制度等关于成本支出范围和标准的规定，不符合规定的支出不能计入成本。所谓成本费用开支范围，是指哪些支出可计入成本，哪些支出不可计入成本；所谓成本开支标准，是指可计入成本范围的支出的数据限制。

(2) 可靠性原则。

可靠性原则为了保证成本核算信息的正确可靠，包括真实性和可核实性。真实性就是所提供的成本信息与客观的经济事项相一致，不应掺假，或人为地提高、降低成本；可核实性指成本核算资料按一定的原则由不同的会计人员加以核算，都能得到相同的结果。

(3) 相关性原则。

相关性原则包括成本信息的有用性和及时性。有用性是指成本核算要为管理当局提供有用的信息，为成本管理、预测、决策服务；及时性是强调信息取得的时间性，及时的信息反馈使企业可以及时地采取措施，改进工作，否则提供的成本核算信息就成为徒劳无用的资料。

(4) 分期核算原则。

企业为了取得一定期间所发生的物流成本，必须将生产经营活动按一定阶段（如月、季、年）划分为各个时期，分别计算各期的物流成本。成本核算的分期必须与会计年度的分月、分季、分年相一致，这样便于利润的计算。

(5) 权责发生制原则。

权责发生制原则是指成本核算应以权责发生阶段为基础，对于应由本期成本负担的支出，不论其是否在本期已经支出，都要计入本期物流成本；不应由本期物流成本负担的支出（即已计入以前各期的成本，或应由以后各期成本负担的支出），即使是在本期支付，也不应计入本期物流成本。凡应当由本期负担而尚未支出的费用，作为预提费用计入本期成本；凡已支出而应当由本期和以后各期负担的物流费用，应当作为待摊费用，分期摊入物流成本。

> **知识链接**
>
> **权责发生制**
>
> 权责发生制又称"应收应付制"，它是以本期会计期间发生的费用和收入是否应计入本期损益为标准，处理有关经济业务的一种制度。凡在本期发生应从本期收入中获得补偿的费用，不论是否在本期已实际支付或未付的货币资金，均应作为本期的费用处理；凡在本期发生应归属于本期的收入，不论是否在本期已实际收到或未收到的货币资金，均应作为本期的收入处理。实行这种制度，有利于正确反映各期的费用水平和盈亏状况。
>
> 由于权责发生制是以是否取得收款权力和是否形成付款义务为标准来确认收入和费用的，因此，它能更加真实、合理地反映特定会计期间的财务状况和经营成果。我国企业会计的确认、计量和报告都以权责发生制为基础。
>
> 与权责发生制对应的是收付实现制，它以实际收到的现金或支付现金作为确认收入和费用的记账基础。目前，我国的行政事业单位采用收付实现制。

(6) 按实际成本计价原则。

物流成本核算应遵循按实际成本计价的原则。企业在生产经营过程中所发生的各项费用应当按实际发生数计入成本。生产经营所耗用的原材料、燃料、动力要按实际耗用数量和实际单价计算成本。已经完工的服务成本的计算要按实际发生的成本计算。虽然"原材料""燃料""产成本"等的账户可按计划成本（或定额成本、标准成本）记账，但计算物流成本时，应加、减成本差异，以调整到实际成本。总之，在成本发生的确认、分配、归集和结转的全过程中，都应遵循按实际成本计价的原则，以保证成本信息的真实性。

(7) 一致性原则。

企业应当根据本企业的生产经营特点和管理要求，确定适合本企业的物流成本核算对象、物流成本项目和物流成本计算方法。物流成本核算对象、物流成本项目和物流成本计算方法一经确定，不得随意变更。如需变更，应当根据管理权限，经股东大会、董事会、经理（厂长）会议或类似机构批准，并在会计报表附注中予以说明。成本核算遵循一致性的原则，成本核算对象、成本项目和成本计算方法前后各期一致，其目的是使各期的成本资料有统一的口径，前后连贯，互相可比，以提高成本信息的利用程度。

（8）重要性原则。

重要性原则是指在物流成本核算过程中，应基于管理要求，区分主次，对于那些对物流成本有重大影响的项目应作为管理重点，力求精确；而对于那些不太重要的琐碎项目，则可以从简处理。一般来讲，发生的经济业务是否重要，既取决于该项业务金额的大小，还决定于各项业务的性质以及对信息使用者所产生的作用和影响的大小。成本核算遵循重要性原则，其目的是在满足管理要求的前提下，讲求成本核算工作本身的成本效益原则。

5.1.3 物流成本核算的程序

物流成本核算的程序如下。

1. 明确物流成本范围

明确物流成本范围是指计算物流成本的起点到终点的长短。一般以物流成本范围作为成本的核算领域，包括供应物流、生产物流、销售物流、回收和废弃物物流。可见，物流成本范围的大小，会使物流成本发生很大的变化。

也可以按功能确定物流成本范围。明确物流功能范围指在运输、仓储、包装、装卸搬运、流通加工、配送、信息管理等众多的物流功能中，把哪种物流功能作为成本范围。可以想象，把所有的物流功能作为成本范围与只把运输、仓储这两种功能作为成本范围，所得到的成本相差很大。

2. 确定物流成本对象

确定物流成本对象是指计算谁的成本。物流成本对象就是归集和分配物流费用所确定的各个具体对象，是物流费用的承担者。物流成本核算的过程，就是按照一定的成本对象分配、归集物流费用的过程。成本对象不是由人们主观随意规定的，不同的企业经营类型从客观上决定了不同的成本对象。企业可以根据自己的经营特点和管理要求的不同进行选择。确定成本对象，是设置成本明细账、分配与归集物流费用和计算物流成本的前提。

3. 确定物流成本项目

确定物流成本项目是指分几项计算成本。为了便于归集生产费用，正确核算物流成本，需要对构成物流成本的各项物流费用进行合理的分类，这就是物流成本项目。物流成本项目的选取，应当放在成本控制的重点上，根据具体情况与需要设置，既要有利于加强成本管理，又要便于正确核算物流成本。一般来说，物流成本的核算并非越全越细越好，所以成本项目也并非越全越好。过细、过全的成本核算是不必要的，同时也是不经济的。

4. 确定物流成本期间

确定物流成本期间是指多长时间计算一次成本。成本期间是指归集费用、核算成本的时间范围，可以按年、月、日、周、经营周期、批次等确定成本期间。物流成本期间从理论上应该是某项物流经营活动从开始到完成这一周期，但物流经营活动是连续不断进行的，很难对某项物流经营活动确定经营期和单独核算成本。因此，往往根据权责发生制原则，以月份作为物流成本期间。但对于一些经营周期比较短的特殊物流活动，可将经营周期或批次作为物流成本期间。

5. 审核有关资料

审核有关资料是指根据什么计算成本。企业日常成本核算是以有关的原始记录、账簿记录为依据进行的，例如，据以计算材料费用的领料单或领料登记表、计算工资费用的考勤记录和业务量记录等。为了保证成本核算的真实、正确和合法，成本核算人员必须严格审核有关的原始记录，只有经过审核无误后才能将其作为成本核算的依据。

6. 进行物流费用归集与分配

进行物流费用归集与分配是指如何计算成本。在一定会计期间，将应计入本月物流成本的各项物流费用在各种成本对象之间按照成本项目进行归集和分配，计算出按成本项目反映的各种成本对象的物流成本，这是本月物流费用在各种成本对象之间横向的归集和分配。企业若有需要跨会计期间完成的经营活动，还应该将归集到某物流成本对象的费用在已完成和未完成的经营活动之间进行分配，这种分配在物流经营活动中比较少，最后才能计算出某项物流经营活动的总成本和单位成本。

7. 设置和登记账簿

设置和登记账簿是指如何记录成本。为了使成本核算结果真实、可靠、有据可查，成本核算的过程必须要有完整的记录，即通过有关的明细账或计算表来完成计算的全过程。要正确计算各种对象的成本，必须正确编制各种费用归集的计算表和分配表，并且登记各类有关的明细账，这样才能将各种费用最后分配、归集到成本的明细账中，计算出各种物流对象的成本。

物流成本核算程序就是从物流费用发生开始，到计算出物流成本对象的总成本和单位成本为止的整个成本核算的过程。

5.2 物流成本核算的对象

> **资料阅读**
>
> **成本对象**
>
> 成本核算对象是指企业或管理部门为归结或分配各项成本费用而确定的，以一定期间和空间范围为条件而存在的成本核算实体，即成本的发生者和承担者。
>
> 物流成本核算对象即物流成本的发生者和承担者。应根据受益原则和成本费用与收入配比的原则选取。在进行物流成本对象的选取时，应根据管理的需要而确定。例如，可以按成本项目、物流成本范围、支付形态、商品、地域以及责任物流成本、变动物流成本、特殊物流成本等确定。
>
> 物流成本的计算取决于成本计算对象的选取。成本计算对象的选取方法不同，得出的物流成本的结果也就不同。因此，要计算物流成本，明确物流成本计算对象是前提。

明确成本对象是核算物流成本的前提。一般来说，物流成本计算对象的选取主要取决于物流成本项目、物流成本范围、物流成本支付形态以及企业物流成本控制的重点。其中前三项是计算物流成本的基础，是最基本的物流成本计算对象，各企业计算物流成本时一般应将物流成本项目、物流成本范围、物流成本支付形态这三项作为物流成本计算对象，也可以根据不同企业物流成本管理和控制的重点，选择其他成本对象。

1. 基本物流成本对象

（1）以物流成本项目为物流成本对象。

物流成本项目是最基本的物流成本计算对象。以物流成本项目为物流成本计算对象，是将物流成本首先按是否属于功能性成本分为物流功能成本和存货相关成本。其中，物流功能成本包括运输成本、仓储成本、包装成本、装卸搬运成本、流通加工成本、物流信息成本和物流管理成本；存货相关成本指企业在物流活动过程中所发生的与存货有关的流动资金占用成本、风险成本和保险成本。

以成本项目为物流成本计算对象具有重要意义。首先，有利于加强各物流功能环节的管理，促进各功能成本的降低；其次，可以直观地了解与存货有关的物流成本支出数额，有利于加速存货资金周转速度，减少资金风险损失；再次，有利于通过掌握物流功能成本以及功能成本之外的成本支出在总成本中所占的份额及其具体构成，提高物流成本控制和管理的针对性。

> **知识链接**
>
> 在企业的财务会计核算中，各项成本费用的账户往往是按照各个成本项目进行分类的，即把成本费用分成人工费、材料费、折旧费、办公费、水电费、差旅费等成本费用项目。因此可以说，按照成本项目进行物流成本核算是最基本的物流成本核算方式。不管采用什么样的成本核算对象，都可以按照成本项目对这些核算对象的物流成本进行细化。

（2）以物流成本范围为物流成本对象。

物流成本范围，就是起点与终点之间的物流活动过程的选取，也就是对物流活动过程空间的截取。物流活动可分为供应物流、企业内物流、销售物流、回收物流和废弃物物流等不同阶段。

供应物流成本是从材料采购和管理费用等科目中分离出的，如材料采购账户中的外地运输费、装卸搬运费，管理费用中的市内运杂费以及列入有关费用科目中的采购环节所发生的企业自行负担的人工费、燃料费、运输工具的折旧费、维修费等，都属于供应物流成本；企业内物流成本是从生产成本、制造费用、管理费用等账户中分离出的，例如与仓储有关的人工费、仓库的折旧费、维修费、企业内的运输成本、企业内的包装成本以及仓储存货的资金占用成本、风险损失等，都属于企业内物流成本；销售物流成本是从销售费用中分离出的，如销售过程中发生的运输、装卸搬运、流通加工等费用，都属于销售物流成本；若企业发生退货、物品返修、包装容器的周转使用以及废弃物处理等业务，还应从销售费用、管理费用以及其他业务支出等账户中分离出回收物流成本和废弃物物流成本。

通过上述数据分离和计算，可以得出不同范围物流成本以及物流成本总额，有利于管理者全面了解各范围物流成本的全貌，并据此进行比较分析。

（3）以物流成本支付形态为物流成本对象。

以物流成本的支付形态为物流成本计算对象，是将一定时期企业的物流成本分为自营物流成本和委托物流成本。自营物流成本指企业在物流活动过程中发生的人工费、材料费、办公费、差旅费、折旧费、维修费、租赁费、利息费、保险费等；委托物流成本指企业委托外单位组织物流活动所支付的运输费、保管费、装卸搬运费等。

以支付形态为物流成本计算对象，可以得到不同形态的物流成本信息，掌握企业本身发生的物流成本和对外支付的物流成本；同时，可以获取较为详尽的内部支付形态信息，为企业制定标准物流成本和编制物流成本预算提供资料依据。

2. 其他物流成本对象

除了以上述物流成本项目、物流成本范围、物流成本支付形态为物流成本计算对象，企业还可以根据物流成本管理和控制的重点选取其他物流成本计算对象。

（1）以客户为物流成本对象。

在物流服务业竞争日益激烈的今天，以客户为成本计算对象，可以掌握为不同客户提供服务所发生的成本支出，对加强客户服务管理、确定有竞争力的服务价格以及为不同客户提供差别化的物流服务具有重要意义。

以客户为物流成本计算对象主要是针对物流服务企业而言的。这种核算方式对于加强客户服务管理、制定有竞争力且能营利的收费价格是很有必要的。特别是对于物流服务企业来说，在为大客户提供物流服务时，应认真分别核算对各个大客户提供服务时所发生的实际成本，这有利于物流企业制定物流服务收费价格，或者为不同客户确定差别性的物流水平等提供决策依据。

（2）以产品为物流成本对象。

以产品为物流成本计算对象主要指生产企业及流通企业将产品品种作为成本计算对象。通过计算为组织不同产品购、产、销所发生的物流成本，掌握各产品的物流成本开支情况，明确管理和控制的重点。同时，通过不同产品物流成本支出的比较和分析，明确目标产品物流成本改进的取向。但是，以产品作为物流成本计算对象，不同产品的成本计算会相对复杂，主要涉及间接成本在不同产品之间的分配以及在完工产品和在产品之间的分配，这需要借鉴产品成本分配的一些思路和规则。

（3）以部门为物流成本对象。

以部门为物流成本计算对象获取物流成本信息，对于内部划分了运输、保管、装配等部门的企业而言，意义尤为重大。这种计算方式便于明确物流成本责任中心，有利于开展物流责任成本管理。通过不同责任部门物流成本的对比分析，了解各责任中心物流成本的升降趋势，可以进一步明确责任，为部门绩效考核提供依据。

（4）以营业网点为物流成本对象。

计算各营业网点组织物流活动所花费的物流成本，进而了解企业物流总成本以及各网点物流成本构成，是企业进行物流成本日常控制、对各网点实施绩效考核和物流系统优化决策的重要依据。

值得注意的是，企业在进行物流成本核算时，往往不局限于某个成本核算对象，通过会计科目和账户的细化设置，可以从多角度对物流成本进行核算。如图5-1所示的三维物流成本核算模式，就是要从三个角度对物流成本进行核算归类，从而得到更多角度、更详细的成本信息，满足企业管理的多方面需求。

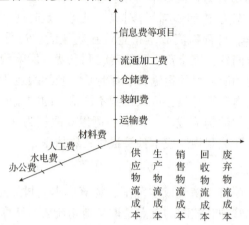

图 5-1　三维物流成本核算模式

当然，物流成本的核算也可以是四维、五维，甚至更多维的，维数越多，物流成本信息就越详尽，当然对于会计核算来说，难度和工作量也就越大。目前，随着会计电算化工作的日益普及，物流成本的多维核算成为可能。企业物流成本的全面核算往往要借助会计信息化工作的全面开展。一般来说，企业结合自身的管理要求和实际情况，三维或四维的物流成本核算模式是比较适合的，关键在于选择什么样的维度作为成本核算的对象。

5.3　物流费用的归集与分配

从一定意义上讲，物流成本的计算，就是成本归集和成本分配两大部分。首先是成本归集，然后是成本分配，两者是密切联系、交错进行的。

> **资料阅读**
>
> 　　正确的成本归集是保证成本计算质量的关键。要做到成本归集的正确，一是费用划分要正确，如果费用划分错误，应由甲对象负担的费用，误归入乙对象的成本，则成本计算就不可能正确；二是汇总要按一定的程序进行，如果汇总程序乱了，就会发生费用漏记或重记的情况，影响成本计算的正确性。
>
> 　　物流成本的分配包括物流成本位置分配和物流成本承担者分配。物流成本位置分配要回答的问题是：在某一核算期内，各个成本位置发生了哪些成本？各是多少？成本位置分配是在成本归集的基础上完成的。通过成本位置分配，还可将不能直接计入最终产品的成本分摊到最终产品上去。物流成本承担者分配要回答的问题是：在某一核算期内，企业发生了哪些成本？为谁发生的？各是多少？所以，成本承担者具有双重任务，一是要对每个效益单位的成本进行评价，二是要对核算期内总生产成本进行评价。前者称为单位产品成本核算，后者称为企业经济效益核算。

5.3.1　物流费用的归集

物流成本归集指对企业生产经营过程中所发生的各种物流费用，按一定的对象所进行的成本数据的收集和汇总。收集某类成本的聚集环节，称为成本归集点。

物流费用按其计入成本对象的方式分为直接费用和间接费用，二者最主要的区别在于能否直接计入成本核算对象。一般来说，直接材料、直接人工，应按成本核算计算对象，如对物流服务的功能、支付形态、部门等直接进行归集，计入有关成本核算对象中；而对于间接费用，则应按发生地点或用途等进行归集，然后再通过恰当的分配方法分配计入相关成本核算对象的成本中。

需要注意的是，正确确定成本计算对象，是进行成本计算的基础。成本计算对象是企业或成本管理部门，为归集和分配各项成本费用而确定的。物流成本如何归集与计算，取决于对所评价与考核的成本计算对象的选定。物流成本计算对象的选取，主要决定于物流成本范围、物流功能范围、物流成本费用范围和物流成本控制等。物流成本计算对象的选取，不仅影响成本计算方法的选择，而且会直接影响物流成本的计算结果。

5.3.2　物流费用的分配

物流成本分配指在有多个物流成本计算对象的情况下，为求得各成本计算对象的成本，对不能直接计入成本对象的费用，在按照费用发生的地点和用途归集后，按一定分配标准所进行的分配。成本的分配，是指将归集的间接成本分配给成本对象的过程，也叫间接成本的分摊或分派。

通常情况下，对于能直接计入的物流费用，只要掌握一定的成本核算方法和步骤，就可以直接计算出结果；但对于不能直接计入的物流费用，为求得各成本对象的成本，则需要对归集的物流费用采取一定的分配原则和方法进行分配。

为了合理地选择分配基础，正确分配间接物流成本，需要遵循以下原则。

（1）因果原则。

因果原则是说资源的使用导致成本发生，两者有因果关系，因此应当按使用资源的数量在对象间分摊成本。按此原则，要确定各对象使用资源的数量，例如耗用的材料、工时、机时等，按使用资源的数量比例分摊间接物流成本。

（2）受益原则。

受益原则可概括为：谁受益、谁负担；负担多少，视受益程度而定。这一原则，要求选用的分配标准能够反映受益者受益的程度，谁受益多，谁多负担成本，应按受益比例分摊间接成本。按此原则，成本管理人员要确定间接物流成本的受益者，例如，房屋维修成本按各部门的面积分摊，广告费按项目的业务额分摊等。因果原则是看"起因"，受益原则是看"后果"，两者是有区别的。

（3）公平原则。

公平原则是指物流成本分配要公平地对待涉及的各方。在根据成本确定对外销售价格和内部转移价格时，合理的成本是合理价格的基础，因此计算成本时要对供销双方公平合理。公平是个抽象概念，不具有可操作性，因此在实践中政府的规范或权威的标准成为公平性的具体尺度。

（4）承受能力原则。

承受能力原则是假定利润高的部门耗用的间接成本大，应按成本对象的承受能力分摊较多的间接物流成本。例如，按部门的营业利润分配公司总部的费用，其依据是承受能力原则。

(5) 成本效益性原则。

成本分配也要讲究成本效益比，即成本分配本身也是有成本的，而成本分配所带来的效益要远大于成本分配的成本才行。当然，这种成本效益并不太好计算，这就要求在进行成本分配工作时，要注意适度，不要将大量的时间和精力放在一些意义不大的数据收集和计算上，而且要注意成本分配能带来何种效果。

(6) 及时性原则。

及时性原则是指要及时将各项成本费用分配给受益对象，反对将本应在上期或下期分配的成本费用分配给本期。不及时分配成本费用必然会影响成本的及时计算和计算结果的准确性，也必然会影响成本信息的质量，造成经济决策的失误。

(7) 基础性原则。

成本分配要以完整的、准确的原始记录为依据，不能凭主观臆断乱分配，更不能故意搞乱成本分配秩序，制造虚假成本信息。如果各项基础工作做不好，必然使成本分配工作陷入被动局面。

(8) 管理性原则。

成本分配要有利于企业加强成本管理。成本是一个综合性指标，既可以用它来进行经济预测和决策，又可以用它来编制成本计划，考核各部门的业绩，因此提高成本分配的科学性，对提高成本管理水平是极为有利的。

物流间接费用的分配通常要使用某种参数作为成本分配标准，即能联系成本对象和费用的参数。在实践中，鉴于不同类型企业以及不同企业之间实际运作的差异性，间接物流费用的分配标准也各不相同，企业可根据本企业实际情况，在考虑成本—收益原则的前提下，选择适合本企业特点和有利于成本管理决策的分配方法。

5.4 物流成本核算方法、会计科目和账户

5.4.1 物流成本核算的方法

1. 会计式物流成本计算方法

所谓会计式的物流成本计算方法，指通过凭证、账户、报表等对物流耗费予以连续、系统、全面的记录、计算和报告的方法。会计式的物流成本计算，具体包括三种形式。

(1) 单轨制。

单轨制即物流成本核算与企业现行的其他成本核算（如产品成本核算、责任成本核算、变动成本核算等）结合进行，建立一套能提供多种成本信息的共同的凭证、账簿和报表核算体系。

具体方法是，对现有的会计核算体系进行较大的变更，需要对某些凭证、账户和报表的内容进行调整，如在有关的成本费用账户下设物流费用专栏。同时，根据需要，还将增加一些凭证、账簿和报表。

其优点是两种成本的核算工作同时进行，在不增加更多工作量的前提下，提供有关物流成本的信息；其缺点是需要对原有的会计体系和相关内容进行较大的调整，弄不好会导致账簿体系混乱，所以这种结合无疑也是有一定难度的。单轨制物流成本核算模式如图5-2 所示。

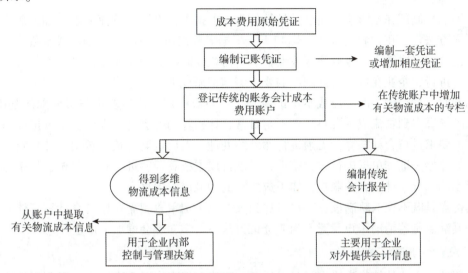

图 5-2　单轨制物流成本核算模式

（2）双轨制。

双轨制强调把物流成本计算与其他成本核算截然分开，单独建立物流成本计算的凭证、账簿和报表体系。在此形式下，物流成本的内容在传统成本核算和物流成本核算中得到双重反映，如图 5-3 所示。

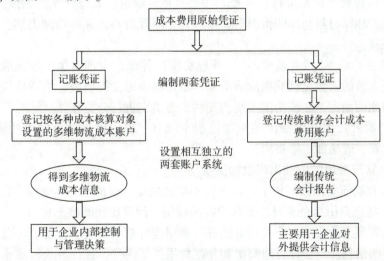

图 5-3　双轨制物流成本核算模式

具体方法是，对于每项涉及物流费用的业务，根据有关原始凭证编制一式两份的记账凭证，一份连同原始凭证据以登记日常成本核算会计账簿，另一份交由物流成本核算人员登记有关物流成本核算账簿。

其优点是能随时清晰地反映物流成本的相关资料；其缺点是成本核算的工作量大，如果财会人员数量不多，物流专业知识缺乏，则提供的信息也未必准确。从成本效益角度看，可行性比较小。

(3) 辅助账户制。

辅助账户制即在不影响当前会计核算体系的前提下，设置"物流成本"辅助账户。

具体方法是，在"物流成本"账户下，根据需要按照成本项目、物流成本范围、支付形态等设置二级账簿、三级账簿等或专栏。若需要随时收集物流成本信息，可与日常会计核算同时进行，企业在按照会计制度的要求编制记账凭证、登记账簿、进行正常产品成本核算的同时，登记相关的物流成本辅助账户，在不影响现行成本费用归集分配的基础上，通过账外核算得到物流成本资料。若不与日常会计核算同时进行，则企业平日按照财务会计制度的要求进行会计核算，无须进行额外的处理，然后定期（最好按旬或月）对有关物流业务的原始凭证和单据进行归类整理，对现行成本核算资料进行解剖分析，从中分离出物流成本的部分，计入有关账户，加工成所需的物流成本信息。

其优点是既不像双轨制核算工作量那么大，也不像单轨制需对原有会计核算体系进行调整；其缺点是若辅助账户设置不当或登记方法不科学，也会增加工作量。

2. 统计式物流成本计算方法

采用统计方法计算物流成本时，对凭证、账簿和报表体系没有要求，需要提供物流成本信息时，通过对企业现行成本核算资料进行分解和分析，从中抽出物流活动消耗的费用（物流成本的主体部分），然后再按物流管理要求对上述费用重新归类、分配和汇总，加工成物流管理所需要的成本信息，具体方法如下。

(1) 通过对"在途物资（或原材料）""管理费用"等账户的分析，抽出供应物流成本，如"在途物资（或原材料）"账户中的外地运输费、装卸费等，"管理费用"账户中的市内运杂费和原材料仓库的折旧费、修理费、保管费等，并按功能类别、支付形态类别进行分类核算。

(2) 从"生产成本""制造费用""管理费用"等账户中抽出生产物流成本，如人工费部分按物流人员的人数比例或物流活动工作量比例确定，折旧费、修理费按物流作业所占固定资产的比例确定，并按功能类别、支付形态类别进行分类核算。

(3) 从"销售费用"中抽出销售物流成本部分，包括销售过程发生的运输、包装、装卸搬运、保管、流通加工等费用。

(4) 从"管理费用"中抽出回收物流费用。

(5) 废弃物物流费用数额较小时，可以不单独抽出，而是并入其他物流费用。

(6) 委托物流费用是企业对外支付的物流费用，计算比较简单。

按照物流管理上的要求，企业对上述各项费用进行重新归类、分配、汇总，加工成物流管理所需要的信息。与会计方法归集和分配费用类似的是，在计算物流成本时，单独为物流作业所耗费的费用直接计入物流成本，间接为物流作业所耗费的费用，以及物流作业与非物流作业共同耗费的费用，应按一定比例进行分配计算，如从事物流作业人员比例、物流工作量比例、物流作业所占资金比例等。

其优点是运用起来比较简单、方便；但由于其没有对物流耗费进行全面、连续、系统的核算，所以据此得来的信息精准程度受到一定影响。

3. 混合式物流成本计算方法

混合方法是通过将会计方法和统计方法相结合的方式来计算物流成本。企业可以按照物流成本管理的不同要求和目的设置相应的成本核算一级账户和明细账户。但过细的会计科目设置会给企业会计核算增加许多工作量，是不经济的。所以，企业在设置账户前应该考虑物流成本核算可能给企业带来的收益，以及增设物流成本核算账户将会增加的会计操作成本。在这种情况下，企业也可以考虑采用会计方法和统计方法相结合的方式进行物流成本核算。

具体方法是，将物流耗费的一部分内容通过会计方法予以核算，另一部分内容通过统计方法计算。

（1）设置物流成本辅助账簿，可根据企业管理的需要开设，不要求系统性。

（2）根据现行的成本核算资料（分散于各成本费用账户中的物流费用），登记各物流成本辅助账簿，进行账外的物流成本核算（显性物流成本部分）。

（3）对于现行成本核算中没有包括但应计入物流成本的费用，采用统计方法进行计算，并设置台账反映（隐性物流成本部分）。

（4）月末，将上述（2）和（3）中提供的成本信息进行汇总，以编制各种类型的物流成本报表，提供有关信息。

企业物流成本包括显性物流成本和隐性物流成本两部分内容，显性物流成本主要取自会计核算数据，而隐性物流成本主要通过统计方式进行计算，因此，物流成本核算不存在绝对的会计方法或统计方法。从实践操作来看，企业物流成本核算通常会采用会计和统计相结合的方式。

5.4.2 物流成本核算的科目

通常核算显性物流成本必须依赖于现行的会计核算体系和会计核算资料，尤其是成本费用核算资料，是物流成本核算的基础。而从纷繁复杂的会计信息中获取物流成本信息，无论是在期中与会计核算同步进行还是在期末单独进行，均需找到核算物流成本的切入点，这是我们首先要考虑的问题。

> **思考**
>
> 传统会计核算的主要环节是"填制和审核会计凭证（原始凭证和记账凭证）→登记会计账簿→编制会计报告"。那么，从上述哪个环节切入来核算物流成本呢？哪个切入点核算物流成本更便捷呢？
>
> 从原始凭证开始核算物流成本，从理论上讲行得通，分析每张原始凭证，不会遗漏物流成本信息，但与物流成本无关的信息太多，徒增工作量；从会计报告入手核算物流成本，会计信息高度概括，无法具体分析哪些内容包括物流成本信息，即使明确了包括物流成本信息的会计报表项目，物流成本的核算仍需向会计账户和原始凭证追溯；从会计账簿入手核算物流成本，方法相对折中。因为就物流成本的含义而言，首先属于成本费用类支出范畴，所以在核算物流成本时，只要从会计核算中所有的成本费用类账户入手，逐一分析其发生的明细项目，必要时追溯至原始凭证，逐一确认其是否属于物流成本的内容，就找到了核算物流成本的切入点。

1. 会计方法下单轨制的物流成本核算

在会计核算中,生产制造企业与物流费用相关的成本费用类会计科目主要有以下一些。

(1) 生产成本。

"生产成本"核算企业进行工业性生产,包括生产各种产品、自制材料、自制工具、自制设备等所发生的各项生产费用。该科目应当设置的明细科目有"基本生产成本"和"辅助生产成本"。

(2) 制造费用。

"制造费用"核算企业为生产产品和提供劳务而发生的各项间接费用,包括工资薪酬、折旧费、修理费、水电费及物料消耗等。应按不同的车间、部门设置明细账,并按费用项目设置专栏,进行明细核算。

(3) 劳务成本。

"劳务成本"核算企业对外提供劳务所发生的成本。

(4) 管理费用。

"管理费用"核算企业行政管理部门为管理和组织生产发生的各项费用,包括的范围非常广泛,例如,公司各项经费、折旧费、仓储费、技术开发费等。

(5) 财务费用。

"财务费用"核算企业筹集生产经营资金等而发生的各项费用,包括利息支出、汇兑损益及手续费等。

(6) 主营业务成本。

"主营业务成本"核算企业因销售商品、提供劳务或让渡资产使用权等日常活动而发生的实际成本。

(7) 其他业务成本。

"其他业务成本"核算企业除主营业务成本以外的其他销售或其他业务所发生的支出,包括销售材料、提供劳务等而发生的相关成本、费用等。

(8) 销售费用。

"销售费用"核算企业销售商品过程中发生的费用,包括运输费、装卸搬运费、包装费、保险费、展览费和广告费,以及为销售本企业商品而专设的销售机构的各项费用。

(9) 在途物资(或材料采购及原材料)。

"在途物资(或材料采购及原材料)"核算企业外购材料等物资的买入价和采购费用。

> **资料阅读**
>
> **采购费用**
>
> 采购费用包括:①采购过程中发生的运输费、包装费、装卸搬运费、保险费、仓储费等;②材料在运输途中的合理损耗;③材料入库前发生的挑选整理费;④按规定应计入采购成本的各种税金,如关税;⑤其他费用。
>
> 现行的财务会计制度和会计核算方法对物流费用没有设置单独的核算科目,没有分列记账,而是将其分散在各个成本费用科目中。在采用单轨制核算物流成本时,可以考虑在各个成本费用科目下按物流成本费用和非物流成本费用设置明细科目。例如,设"销售费用——物流费用"和"销售费用——非物流费用"明细科目,分别用

来核算企业在物流业务和非物流业务中所发生的销售费用；或者直接在各个成本费用科目下按费用类别（包括物流费用）设置明细科目进行核算，在计算物流成本时，只需将各个成本费用科目下有关物流成本费用加以汇总，即可计算出企业发生的物流成本。这样进行会计核算，既不打破现行财务会计制度关于成本费用核算的总体框架，又可以方便、有效地进行物流成本费用的核算。但是，在进行明细核算时，需要对原有的会计核算体系进行较大的调整，处理不当会导致账簿体系混乱。

2. 会计方法下双轨制的物流成本核算

采用双轨制核算物流成本，传统会计日常核算和物流成本核算并行，从原始凭证开始，到账簿记录以及会计报告，各自独立，自成体系。例如，销售过程中发生的运输费用，既要登记到"销售费用"账户，又要登记到"运输成本"或"销售物流成本"（取决于物流费用归集的对象）等物流成本账户中。企业可以专设"物流成本"一级科目，也可以按照物流功能或物流成本范围等设置一级科目，根据企业实际需要在一级科目下顺序设置二级和三级科目等，进行物流成本的日常核算。取得或填制原始凭证时，涉及物流成本费用的，需提供有关原始凭证供物流成本核算使用，单独记录在物流成本核算的有关账户中。期末结账时，专设的物流成本账户上记录的就是物流各项成本费用。该方法虽然计算结果较准确，但是工作量比较大。

3. 会计方法下辅助账户制的物流成本核算

为了既能系统地核算物流成本，又不增加太多工作量，也不打乱传统会计核算体系，可以专设"物流成本"作为传统会计核算的辅助科目，有以下两种方法。

（1）设"物流成本"一级科目，在"物流成本"科目下设二级科目，根据需要再设置三级、四级科目等。

（2）直接按物流成本范围或功能等设置一级科目，然后顺次设二级、三级科目等。

后者比前者更减少科目级次，相对简化，但不能反映物流成本的总体情况；前者比后者更系统，能直接反映企业物流总成本，企业可根据实际需要选择。下面以第一种方法为例进行介绍。

按照我国国家标准《企业物流成本构成与计算》（GB/T 20523—2006）的思路，设置"物流成本"作为一级辅助科目。

按物流成本项目（物流功能成本和存货持有成本）设置"运输成本""仓储成本""包装成本""装卸搬运成本""流通加工成本""物流信息成本""物流管理成本""流动资金占用成本""存货风险成本""存货保险成本"等二级科目。

按物流成本范围设置"供应物流成本""企业内物流成本""销售物流成本""回收物流成本""废弃物物流成本"等三级科目。

按支付形态设置"自营物流成本"和"委托物流成本"四级科目，对于"自营物流成本"还应按费用支付形态设置"材料费""人工费""维护费""一般经费""特别经费"等费用专栏。

上述物流成本二级、三级、四级科目及费用专栏设置次序，企业可根据实际情况选择，其中物流企业不需要按物流成本范围设置各科目，直接按物流成本项目和物流成本支付形态设置科目或费用专栏即可。

物流成本辅助科目的设置取决于物流成本对象的选取和物流成本管理的要求。前面已介绍，基本的物流成本对象主要包括三个维度，即物流成本项目、物流成本范围和物流成本支付形态。作为成本对象，根据这三个维度，以"物流成本"为一级科目，以物流成本项目所包括的成本项目为二级科目，以各物流成本范围成本为三级科目，以物流成本支付形态为四级科目。按照以上思路，我们需要设置 100 多个物流成本明细科目。会计科目的级次和专栏举例如表 5-1 所示。

表 5-1 会计科目的级次和专栏举例

一级科目	二级科目	三级科目	四级科目	专栏
物流成本	运输成本	供应物流成本	自营物流成本	材料费
				人工费
				维护费
				一般经费
				特别经费
			委托物流成本	
		企业内物流成本		
		销售物流成本		
		回收物流成本		
		废弃物物流成本		
	仓储成本			
	包装成本			
	装卸搬运成本			
	流通加工成本			
	物流信息成本			
	物流管理成本			
	流动资金占用成本			
	存货风险成本			
	存货保险成本			

使用时的书写方法，不用日常会计核算的借贷记账法，只列明项目即可，例如：

物流成本——运输成本——供应物流成本——自营物流成本（材料费）
　　　　　　　　　　　　　　　　　　——自营物流成本（人工费）
　　　　　　　　　　　　　　　　　　——自营物流成本（维护费）
　　　　　　　　　　　　　　　　　　——委托物流成本

——企业内物流成本——自营物流成本（材料费）
　　　　　　　　　——委托物流成本

其他物流成本明细科目和专栏的设置可参照物流运输成本科目的设置，不再一一列举。这里需要说明三个问题。

①上面介绍的物流成本明细科目和专栏的设置是"大而全"的概念，实践中可根据本企业情况，通过分析有关会计资料，仅对企业本会计期间发生的成本设置相应的明细科目和专栏，不需要一一设置。在实际核算物流成本时，需设置的明细科目远远少于上面列举的物流成本科目。

②设置物流成本明细科目的一、二、三、四级次序，可根据本企业实际情况选择，不必拘泥于上述设置次序的安排。

③物流成本可以与会计核算同步进行日常核算，也可以不进行日常的核算，只是根据有关资料和实际工作需要进行阶段性归集（例如10天、半个月或1个月）。各科目的核算内容主要来自日常的会计核算资料，可以是有关物流成本费用方面的凭证，也可以对企业会计核算的有关成本费用明细账逐一进行分析，确认物流成本的内容，归入相关科目。

例 5-1：某企业购入一批甲材料，买价为 100 000 元，运输费为 3 000 元，装卸搬运费为 500 元，上述款项以银行存款支付，材料尚未到货。采用单轨制进行物流成本核算。（材料按实际成本进行核算，假设不考虑增值税。）

解析：

如果按照传统会计核算，账务处理如下：

借：在途物资——甲材料（或按供应单位）　　　　　　　103 500
　　贷：银行存款　　　　　　　　　　　　　　　　　　　　103 500

如果采用单轨制核算物流成本，账务处理如下：

借：在途物资——甲材料（或按供应单位）——买价　　　100 000
　　　　　　　　　　　　　　　　　　　——运输费　　　3 000
　　　　　　　　　　　　　　　　　　　——装卸搬运费　500
　　贷：银行存款　　　　　　　　　　　　　　　　　　　103 500

例 5-2：接例 5-1，采用双轨制进行物流成本核算，其他资料不变。

解析：

采用双轨制核算物流成本，要同时在两套账里进行登记，账务处理如下。

首先，进行传统会计业务的日常核算。

借：在途物资——甲材料（或按供应单位）　　　　　　　103 500
　　贷：银行存款　　　　　　　　　　　　　　　　　　　　103 500

其次，根据有关凭证，进行物流成本的日常核算。

借：物流成本——运输成本　　　　　　　　　　　　　　3 000
　　　　　　——装卸搬运成本　　　　　　　　　　　　　500
　　贷：银行存款　　　　　　　　　　　　　　　　　　　　3 500

例 5-3：接例 5-1，采用辅助账户制进行物流成本核算，其他资料不变。

解析：

采用辅助账户制进行物流成本核算，只需要汇总记录有关物流成本费用的资料。

物流成本——运输成本——供应物流成本——自营物流成本　　　　　3 000

　　　　——装卸搬运成本——供应物流成本——自营物流成本　　　　　500

5.4.3　物流成本核算的账户

1. 物流成本核算账户的设置

在设置物流成本科目的基础上，企业可根据实际情况开设相应的物流成本账户。账户的名称和级次与科目的设置完全一致，只不过是由一个名称（科目）变成了记录各项费用的载体（账户），在实际工作中往往视为等同，故不再赘述。

账户的实物体现就是现实中我们所说的账簿，简称为"某某账"，如"一级账（或总账）""二级账（或明细账）""物流成本账"等。通常情况下，一级账"物流成本"可选择三栏式总账；二级账"运输成本"等可选择三栏式明细账。如果核算到以支付形态反映的物流成本就能满足管理的需要，那么三级账"供应物流成本"等可选择多栏式的明细账，四级账可以设为专栏，直接登记在三级账中；如果需要提供更详尽的成本资料，则三级账选择三栏式明细账，四级账选择多栏式明细账，并在账内设若干专栏，以提供更详细的成本资料。

2. 物流成本核算账户的登记

物流成本核算账户的登记可以选择在期中，与会计核算同步登记物流成本相关账户及相应的各级账户和费用专栏；也可以定期（10天、半个月）或在期末集中归集物流费用，分别反映出将物流成本项目、物流成本范围和物流成本支付形态作为归集动因的物流成本数额。

设置物流成本明细账只是开辟了一条核算物流成本的通道或者说是一种方法，明细账设置本身不是目的，其目的是通过这样一个通道来核算物流成本。无论是选择在期中对物流费用进行日常核算，还是选择在期末集中归集物流费用，都需要设置明细账。采用期中核算时，需要平日里实时登记各物流成本明细账户（进行日常核算），期末进行汇总；采用定期或期末核算时，需要在各明细账中按时间要求逐一归集各物流成本，然后汇总。无论是期中，还是定期或期末核算物流成本，其本质是一致的。

3. 物流成本核算账户的格式

（1）会计方法下单轨制的物流成本核算账户格式。

如前所述，在采用单轨制核算物流成本时，可以考虑在各个成本费用科目下按物流成本费用和非物流成本费用设置明细科目，或者直接在各个成本费用科目下按费用类别（包括物流费用）设置明细项目进行核算。以"在途物资"为例，传统"在途物资"明细账格式如表5-2所示；单轨制核算物流成本时"在途物资"明细账格式如表5-3所示。

表 5-2 "在途物资"明细账格式

年		凭证号	摘要	借方																	贷方							余额						
				发票价格						运杂费等						合计																			
月	日			千	百	十	元	角	分	千	百	十	元	角	分	千	百	十	元	角	分	千	百	十	元	角	分	千	百	十	元	角	分

表 5-3 单轨制核算物流成本时"在途物资"明细账格式(简化的格式)

在途物资明细账

年		凭证号数	摘要	计量单位	发票数量	实收数量	借方							贷方	余额
							发票价格	运输费	装卸搬运费	包装费	仓储费	非物流费用	合计		
月	日														

(2) 会计方法下双轨制的物流成本核算账户格式。

如前所述,在采用双轨制核算物流成本时,在发生涉及物流费用的某些经济业务时填制的会计凭证要同时满足登记会计账簿和物流成本账簿的需要,并且据以登记入账。以"在途物资"为例,会计日常核算登记的"在途物资"明细账格式如表 5-2 所示;双轨制核算物流成本时,企业可以专设"物流成本"一级账户,也可以按照物流功能或物流成本范围等设置一级账户。双轨制核算物流成本时,一级账簿可以采用三栏式,以专设"物流成本"一级账户为例,"物流成本"一级账(总账)格式如表 5-4 所示。

表 5-4 "物流成本"一级账(总账)格式

会计科目:物流成本

年		凭证号数	摘要	借方									贷方									余额(借或贷)								
				千	百	十	万	千	百	十	元	角	分	千	百	十	万	千	百	十	元	角	分	千	百	十	万	千	百	十	元	角	分
月	日																																

在一级账(总账)下按照物流功能或物流成本范围等设置二级账(明细账),二级账采用借方多栏式账页。假设按照物流功能设置二级账(明细账),例如,按照物流运输设置二级账户,"运输成本"二级账(简化的格式)如表 5-5 所示。

表 5-5 "运输成本"二级账（简化的格式）

年		凭证号数	摘要	借方						余额
月	日			供应物流	企业内物流	销售物流	回收物流	废弃物物流	合计	

此外，也可以按照物流成本范围设置二级账，例如，按照供应阶段设置二级账户，则供应阶段物流成本二级账（简化的格式）如表 5-6 所示。

表 5-6 供应阶段物流成本二级账（简化的格式）

年		凭证号数	摘要	借方						余额
月	日			运输费	装卸搬运费	包装费	仓储费	其他物流费	合计	

还可在二级账户下根据需要设置三级或者四级账（明细账），采用借方多栏式账页。假设以表 5-6 "供应阶段物流成本二级账（简化的格式）"为例，在供应物流的"运输费"下设三级多栏式账户（明细账），三级账下的栏目可以根据需要选择运输方式或者支付形态进行多栏核算。运输费三级账格式如表 5-7 所示。

表 5-7 运输费三级账格式

年		凭证号数	摘要	借方						余额
月	日			公路运输	铁路运输	水上运输	航空运输	其他	合计	

其他账户设置参照上述各账户，以此类推，此处不再赘述。

(3) 会计方法下辅助账户制的物流成本核算账户格式。

如前所述，在采用辅助账户制核算物流成本时，可以设"物流成本"一级科目，或者直接按物流成本范围或功能等设置一级科目，然后顺次设二级、三级科目等。现以第二种方法为例加以说明。例如，按照运输功能设置一级账，运输成本一级账（简化的格式）如表 5-8 所示。

表 5-8 运输成本一级账（简化的格式）

年		凭证号数	摘要	供应物流	企业内物流	销售物流	回收物流	废弃物物流	合计	余额
月	日									

其他账户设置参照上表以及上述各类账户，以此类推，此处不再赘述。

> **知识总结**
>
> 采用单轨制、双轨制和辅助账户制时，对于发生的与物流费用有关的经济业务，登记方法不同，结果也不同。
>
> 采用单轨制核算物流成本，在登记日常会计核算账簿时，直接在该账簿所设置的有关栏目上登记物流费用，期末结账时通过分析，计算出物流成本。可见，这种方法登账时比较方便快捷，不用重复登记，但会改变传统账页的格式，增加会计人员核算的工作量，还需要会计人员懂得物流方面的知识。当涉及的会计账户和物流费用项目比较多时，账簿会比较乱。
>
> 采用双轨制核算物流成本，在登记日常会计核算账簿的同时（或同期），登记有关物流成本账簿，期末结账时，在有关账户上直接计算物流成本。可见，这种方法登记账簿时是独立的，与会计日常核算不交叉，结果比较准确，但重复登账会增加很多工作量，有些甚至是没必要的，一般不采用。
>
> 采用辅助账户制核算物流成本，不采用借贷记账法，直接根据原始凭证或汇总原始凭证，分期或月末一次登记有关的物流成本辅助账簿，直接计算出有关的物流成本。可见，这种方法登记账簿时也是独立的，与会计日常核算不交叉，也比较方便，但也会有一定程度的重复登记，会增加工作量。

5.5 物流成本核算的报表

> **资料阅读**
>
> 物流成本核算报表与传统会计报表是不同的，会计报表是指必须按统一的报表格式编制反映财务状况、经营成果、现金流量的报表，并按时报送；而物流成本核算报表分为两种：一种是社会物流成本报表，有规定的核算表式，本项目里只做列示；另一种是企业物流成本核算报表，只要求如实客观地反映物流成本的构成和发生情况，为内部管理和决策需要而编制，所以在格式上比较灵活多样。

虽然我国在 2006 年 9 月发布了国家标准《企业物流成本构成与计算》（GB/T 20523—2006），但由于物流成本的复杂性，目前企业物流成本核算报表如何编制，主要还是取决于企业需要。根据报表编制的维度，物流成本核算报表可以分为以下几类。

5.5.1 一维物流成本核算报表

一维物流成本核算报表提供的核算指标比较单一，只提供某方面的物流成本核算资料。优点是反映的某项物流成本简单明确，易于理解；缺点是不能反映物流成本的全貌，也不能进行各项物流成本之间的对比分析。

举例说明，如表 5-9、表 5-10 和表 5-11 所示。

表 5-9　年度物流功能成本统计表

编制单位：　　　　　　　　　　　　　年　月

项目	仓储成本	运输成本	包装成本	装卸搬运成本	合计
上年度/元					
上年同期/元					
升（降）金额/元					
升（降）比率/%					

说明：表 5-9 反映的是该公司本年度物流功能成本与上年同期相比升降的情况，可供企业从总体上评价物流成本情况，不能满足具体部门的绩效考核与评价。

注意：填写报表的时间若为 1 至 11 月，则需填写年度和月份，例如：2021 年 11 月；填写报表的时间若为年末，则只需填写年度，例如：2021 年度。后面所有企业物流成本核算报表以此类推。

表 5-10　物流成本按支付形态核算表

编制单位：　　　　　　　　　　　　　年　月　　　　　　　　　　　　　单位：元

支付形态	成本费用科目								合计
	主营业务成本	其他业务成本	在途采购	制造费用	销售费用	管理费用	财务费用	其他	
人工费									
材料费									
折旧费									
燃料动力费									
利息支出									
其他支出									
……									
合计									

说明：表 5-10 反映的是从企业各有关成本费用账户中按支付形态分离出来的物流费用，可以通过比较物流费用占企业成本费用的比例，来评价物流成本水平，但是不能反映属于哪项功能（如运输、装卸搬运等）的物流成本。

表 5-11　单位运输费用表

编制单位：　　　　　　　　　　　　　年　月　　　　　　　　　　　　　单位：元

运输路线		产品	单位运输费		
出发地	目的地		企业自营运输	租货车运输	租卡车运输
工厂1	配送中心1	甲			
工厂1	销售1	乙			
配送中心1	销售地2	甲			
配送中心2	销售地3	乙			

说明：表 5-11 反映的是单位运输费用，简单明了，但是不能反映其他物流成本的情况。

5.5.2 二维物流成本核算报表

二维物流成本核算报表从两个维度提供物流成本核算指标,能够比较详细地了解某项物流成本的具体情况。其优点是能反映某项物流成本及其具体情况,编制比较简单,易于理解;缺点是不能反映物流成本的全貌,也不能进行不同功能、不同范围物流成本之间的对比分析。举例说明,如表 5-12 至表 5-14 所示。

表 5-12 某月份运输成本核算表

编制单位:　　　　　　　　　　　　　年　月　　　　　　　　　　　　　单位:元

费用项目		本月实际		
		合计	货运一队	货运二队
车辆直接费用	燃料			
	工资薪酬			
	折旧费			
	轮胎费			
	材料费			
	维修费			
	其他费用			
营运间接费用				
运输总成本				
运输周转量				
运输单位成本				

说明:表 5-12 既能反映某月份运输成本的总体情况,又能反映不同部门运输成本按支付形态的构成情况,便于对运输成本具体情况加以分析比较,进行绩效考核。

表 5-13 某年度仓储成本核算表

编制单位:　　　　　　　　　　　　　年　月

序号	项目	管理费用等/元	仓储成本/元	计算基础/%	备注
1	仓库租赁费				
2	材料费				
3	工资薪酬				
4	燃料动力费				
5	保险费				
6	修缮维护费				
7	装卸搬运费				
8	仓储保管费				
9	仓储管理费				

续表

序号	项目	管理费用等/元	仓储成本/元	计算基础/%	备注
10	周转材料费				
11	利息支出				
12	其他费用				
	合计				

说明：表5-13既能反映某年度仓储成本的总体情况，又能反映仓储成本按支付形态的构成情况，便于对仓储成本具体情况加以分析比较，进行成本控制与考核。

表5-14　某年度按功能要素的物流成本核算表

编制单位：　　　　　　　　　　　　　　年　月　　　　　　　　　　　　　　单位：元

物流功能成本	成本费用科目								合计
	主营业务成本	其他业务成本	在途采购	制造费用	销售费用	管理费用	财务费用	其他	
运输成本									
库存持有成本									
仓储成本									
配送成本									
包装成本									
装卸搬运成本									
物流信息成本									
物流管理成本									
其他成本									
……									
合计									

说明：表5-14既能反映某年度各项物流功能所占成本，又能反映每项功能成本中不同费用所占比例，便于企业比较各项功能所占总成本比重，同时利于发现各个成本项目中哪项费用偏高，有针对性地降低成本。

5.5.3　多维物流成本核算报表

多维物流成本核算报表从多个维度提供物流成本核算指标，通过它们能够详细地了解各项物流成本的具体情况，方便进行分析比较，为绩效考核提供资料，为企业管理和决策提供依据。

《企业物流成本构成与计算》（GB/T 20523—2006）编制说明中，物流成本核算以物流成本项目、物流成本范围和物流成本支付形态三个维度作为成本计算对象。下面列示以这三个维度为物流成本对象的报表。

1. 以单一项目（范围或支付形态）为物流成本对象的报表

（1）以某物流成本项目为成本对象。例如，运输成本核算表如表 5-15 所示。其他如仓储成本、配送成本等以此类推。

表 5-15　运输成本核算表

编制单位：　　　　　　　　　　　　年　月　　　　　　　　　　　　单位：元

支付形态			物流成本范围					合计
			供应物流费	企业内物流费	销售物流费	退货物流费	废弃物物流费	
企业物流费用	本企业支付物流费用	企业本身物流费用	材料和易耗品					
			人工费					
			维护费					
			一般经费					
			特别经费					
		企业本身物流费用合计						
		委托物流费用						
	本企业支付的物流费用合计							
	外企业支付的物流费用							
	企业物流费用合计							

说明：表 5-15 既能提供运输成本的总体情况，又能反映各物流成本范围内的运输成本，并且能体现出各物流成本范围内运输成本按支付形态的成本构成情况。

（2）以某物流成本范围为成本对象。例如，供应物流成本核算表如表 5-16 所示。其他如企业内物流成本、销售物流成本等以此类推。

表 5-16　供应物流成本核算表

编制单位：　　　　　　　　　　　　年　月　　　　　　　　　　　　单位：元

成本项目		支付形态					合计
		材料费	人工费	维护费	一般经费	特别经费	
物流功能成本	运输成本						
	仓储成本						
	包装成本						
	装卸搬运成本						
	流通加工成本						
	物流信息成本						
	物流管理成本						
	合计						

续表

成本项目		支付形态					
		材料费	人工费	维护费	一般经费	特别经费	合计
存货相关成本	存货资金占用成本						
	存货风险成本						
	存货保险成本						
	其他成本						
	合计						
其他成本							
物流总成本合计							

说明：表5-16既能提供供应物流成本的总体情况，又能反映供应物流成本中各项目成本所占的份额，还能体现供应阶段各项目成本中按支付形态的成本构成情况。

（3）以某物流成本支付形态为成本对象。例如，物流人工费核算表如表5-17所示。其他如材料费、维修费等以此类推。

表5-17　物流人工费核算表

编制单位：　　　　　　　　　　　　　年　月　　　　　　　　　　　　　单位：元

成本项目		内部支付形态					合计
		供应物流费	企业内物流费	销售物流费	退货物流费	废弃物物流费	
物流功能成本	物流运作成本	运输成本					
		仓储成本					
		包装成本					
		装卸搬运成本					
		流通加工成本					
		小计					
	物流信息成本						
	物流管理成本						
	合计						
存货相关成本	流动资金占用成本						
	存货风险成本						
	存货保险成本						
	其他成本						
	合计						
物流成本合计							

说明：表5-17既能提供物流人工费的总体情况，又能反映各物流成本范围内的人工费，并且能体现出各物流成本范围内按成本项目计算时人工费所占的份额。

2. 以多项目（范围或支付形态）为物流成本对象的报表

此类报表可以作为对物流成本信息进行汇总的报表（矩阵表），例如，企业物流成本表（主表）如表5-18所示。

表5-18　企业物流成本表（主表）

编制单位：　　　　　　　　　　　　　　年　月　　　　　　　　　　　　　　单位：元

成本项目			范围及内部支付形态															
			供应物流成本			企业内物流成本			销售物流成本			退货物流成本			废弃物物流成本			物流总成本		
			内部	委托	小计	内部	委托	小计	内部	委托	小计	内部	委托	小计	内部	委托	小计	内部	委托	小计
物流功能成本	物流运作成本	运输成本																		
		仓储成本																		
		包装成本																		
		装卸搬运成本																		
		流通加工成本																		
		小计																		
	物流信息成本																			
	物流管理成本																			
	合计																			
存货相关成本	流动资金占用成本																			
	存货风险成本																			
	存货保险成本																			
	其他成本																			
	合计																			
物流总成本																				

说明：表5-18是根据表5-15、表5-16、表5-17汇总编制的，能反映企业物流成本的总体情况。在企业采用统计方式计算物流成本时，也可以使用此表。

3. 其他物流成本对象的报表

（1）以服务客户为对象的物流成本核算表如表5-19所示。

表 5-19　以服务客户为对象的物流成本核算表

编制单位：　　　　　　　　　　　　　　　年　月　　　　　　　　　　　　　　　单位：元

成本类别		客户						合计
		大客户 A	大客户 B	……	甲类中小客户	乙类中小客户	其他客户	
企业内部物流成本	材料费							
	人工费							
	折旧费							
	水电费							
	维修费							
	……							
	其他							
小计								
委托物流费								
合计								

（2）以地区为对象的物流成本核算表如表 5-20 所示。

表 5-20　以地区为对象的物流成本核算表

编制单位：　　　　　　　　　　　　　　　年　月　　　　　　　　　　　　　　　单位：元

成本项目		责任中心							合计
		东北分公司	华北分公司	中南分公司	西北分公司	华南分公司	西南分公司	华东分公司	
企业内部物流成本	材料费								
	人工费								
	维修费								
	水电费								
	……								
	其他								
小计									
委托物流费									
合计									

(3) 以责任中心为对象的物流成本核算表如表5-21所示。

表5-21 以责任中心为对象的物流成本核算表

编制单位： 年 月 单位：元

成本项目		责任中心						合计
		A中心	B中心	C中心	D中心	E中心	……	
企业内部物流成本	运输费							
	仓储费							
	配送费							
	包装费							
	……							
	其他							
小计								
委托物流费								
合计								

(4) 以自营物流为对象的物流成本核算表如表5-22所示。

表5-22 以自营物流为对象的物流成本核算表

编制单位： 年 月 单位：元

成本项目		代码	支付形态					
			材料费	人工费	维护费	一般经费	特别经费	合计
甲		乙	1	2	3	4	5	6
物流功能成本	运输成本	01						
	仓储成本	02						
	包装成本	03						
	装卸搬运成本	04						
	流通加工成本	05						
	物流信息成本	06						
	物流管理成本	07						
	合计	08						
存货相关成本	存货资金占用成本	09						
	存货风险成本	10						
	存货保险成本	11						
	合计	12						
其他成本		13						
物流总成本合计		14						

企业物流成本报表没有确定的格式，取决于企业经营管理和决策的需要，还会受到企

业规模和管理水平、经营业务类型、领导层的重视程度、有关人员的专业知识、物流发展水平等诸多因素的影响，可以根据实际情况设置和编制。

例 5-4：某公司某年度有关物流成本账户资料如下，采用会计方法的辅助账户制，根据所给资料填制"企业内物流成本核算报表"，并计算运输、仓储和包装成本占物流总成本的比率（构成比率）。

人工费：物流成本——仓储成本——供应物流成本——人工费　15 000
　　　　　　　　——仓储成本——销售物流成本——人工费　14 000
　　　　　　　　——运输成本——供应物流成本——人工费　20 000
　　　　　　　　——运输成本——销售物流成本——人工费　12 000
　　　　　　　　——装卸搬运成本——供应物流成本——人工费　4 000
　　　　　　　　——装卸搬运成本——企业内物流成本——人工费　8 000
　　　　　　　　——物流管理成本——企业内物流成本——人工费　3 000

材料费：物流成本——包装成本——企业内物流成本——材料费　11 000
　　　　　　　　——包装成本——企业内物流成本——维护费　2 500

折旧费：物流成本——包装成本——企业内物流成本——维护费　1 000
　　　　　　　　——仓储成本——企业内物流成本——维护费　4 000
　　　　　　　　——运输成本——企业内物流成本——维护费　60 000

电费：物流成本——包装成本——企业内物流成本——一般经费　200
　　　　　　　——仓储成本——企业内物流成本——一般经费　900

维修维护及燃料动力费：物流成本——运输成本——供应物流成本——维护费　1 700
　　　　　　　　　　　　　　　　——运输成本——销售物流成本——维护费　1 900

保险费：物流成本——包装成本——企业内物流成本——维护费　800
　　　　　　　　——存货保险成本——供应物流成本——特别经费　2 000
　　　　　　　　——存货保险成本——销售物流成本——特别经费　900

包装费：物流成本——包装成本——企业内物流成本——材料费　300
　　　　　　　　——仓储成本——企业内物流成本——维护费　2 100

信息费：物流成本——物流信息成本——供应物流成本——一般经费　900
　　　　　　　　——物流信息成本——销售物流成本——一般经费　1 400

利息费：物流成本——流动资金占用成本——供应物流成本——特别经费　2 000
　　　　　　　　——流动资金占用成本——企业内物流成本——特别经费　3 000

管理费：物流成本——物流管理成本——销售物流成本——一般经费　1 800

委托物流费：物流成本——运输成本——供应物流成本——委托物流费　10 000
　　　　　　　　　　——运输成本——销售物流成本——委托物流费　20 000
　　　　　　　　　　——运输成本——废弃物流成本——委托物流费　1 500
　　　　　　　　　　——装卸搬运成本——供应物流成本——委托物流费　4 000
　　　　　　　　　　——装卸搬运成本——销售物流成本——委托物流费　6 000
　　　　　　　　　　——装卸搬运成本——废弃物流成本——委托物流费　500

解析：

根据上述资料逐项填写的企业内物流成本核算报表如表 5-23 所示。

表 5-23　企业内物流成本核算报表

编制单位：某公司　　　　　　　　　　202__年 12 月　　　　　　　　　　单位：元

成本项目		内部支付形态					合计
		材料费	人工费	维护费	一般经费	特别经费	
物流功能成本	物流运作成本	运输成本			6 000			6 000
		仓储成本			6 100	900		7 000
		包装成本	12 300		4 300	200		16 800
		装卸搬运成本		8 000				8 000
		流通加工成本						
		小计						
	物流信息成本						
	物流管理成本		3 000				3 000
	合计						
存货相关成本	流动资金占用成本					3 000	3 000
	存货风险成本						
	存货保险成本						
	其他成本						
	合计					3 000	3 000
物流成本合计		12 300	11 000	16 400	1 100	3 000	43 800

比率计算：

企业内物流运输成本构成比率＝6 000/43 800×100%≈13.70%

企业内物流仓储成本构成比率＝7 000/43 800×100%≈15.98%

企业内物流包装成本构成比率＝16 800/43 800×100%≈38.36%

课后练习

一、不定项选择题

1. 企业为了取得一定期间所发生的物流成本，将生产经营活动按一定阶段划分为年、季度、月等各个时期，分别计算各期的物流成本，这体现了（　　）原则。

　　A. 可靠性　　　　　B. 相关性　　　　　C. 分期核算　　　　　D. 合法性

2. 对于应由本期成本负担的支出，不论其是否在本期已经支出，都要计入本期物流成本；不应由本期物流成本负担的支出，即使是在本期支付，也不应计入本期物流成本。这体现了（　　）原则。

　　A. 权责发生制　　　B. 收付实现制　　　C. 真实性　　　　　D. 可靠性

3. 来源于财务会计资料的物流成本是（　　）。

　　A. 显性成本　　　　B. 隐性成本　　　　C. 机会成本　　　　　D. 失销成本

4. 从一定意义上讲，物流成本核算就是物流费用（　　）两大项工作。

A. 归集和记账　　　B. 分配和控制　　　C. 记账和控制　　　D. 归集和分配

5. 在计算物流成本时，（　　）需要采用一定的方法进行分配，以计入物流成本。

A. 期间费用　　　B. 直接费用　　　C. 所有费用　　　D. 间接费用

6. 物流成本按照取得或制造某项财产物资时所实际支付的现金金额计价，称为（　　）。

A. 实际成本　　　B. 变现成本　　　C. 历史成本　　　D. 固定成本

7. 以物流成本的支付形态为物流成本计算对象，是将一定时期企业的物流成本分为（　　）。

A. 自营物流成本　　　B. 委托物流成本　　　C. 供应物流成本　　　D. 销售物流成本

8. 分配物流成本应遵循（　　）原则。

A. 因果原则　　　B. 受益原则　　　C. 公平原则　　　D. 成本效益原则

9. 下列支出中，不能计入生产经营活动成本的是（　　）。

A. 运输支出　　　　　　　　　　B. 非流动资产处置损失
C. 公益性捐赠支出　　　　　　　D. 采购材料支出

10. 物流成本核算的会计方法有（　　）。

A. 双轨制　　　B. 单轨制　　　C. 辅助账户制　　　D. 混合方法

11. 《企业物流成本构成与计算》（GB/T 20523—2006）编制说明中，作为物流成本核算对象的三个维度是指（　　）。

A. 物流成本项目　　　　　　　　B. 物流成本功能
C. 物流成本支付形态　　　　　　D. 物流成本范围

12. 在会计方法下，采用辅助账户制进行物流成本核算时，可以（　　）。

A. 设置"物流成本"一级科目　　　　B. 设置某物流功能为一级科目
C. 设置某物流成本范围为一级科目　　D. 设置某支付形态为一级科目

二、简答题

1. 物流成本核算的原则有哪些？
2. 简述物流成本核算的步骤。
3. 会计式物流成本核算有哪几种？各有何优缺点？
4. 核算物流成本时如何确定物流成本对象？
5. 在会计方法下，物流成本核算账户格式如何设置？
6. 《企业物流成本构成与计算》（GB/T 20523—2006）编制说明中，以哪三个维度作为物流成本对象？如何理解？

三、案例分析题

浙江 A 机械公司是一家以机械制造为主的企业，该企业长期以来一直以满足顾客需求为宗旨。为了保证供货，该公司在全国建立了 500 多个仓库，但是仓库管理成本一直居高不下，每年大约要 2 000 万元。所以该公司聘请 B 调查公司进行了一项细致调查，结果为：以目前情况，如果减少 202 个仓库，则会使总仓库管理成本下降 200 万～300 万元，但是由于可能会造成供货短缺和延迟，会导致销售收入下降 18%。

问题 1：如果你是企业总裁，你是否会依据调查公司的结果减少仓库？为什么？

问题 2：如果不这样做，你又如何决策？

第 6 章 物流成本的分析

学习目标

了解物流成本分析的目的和步骤；
掌握物流成本分析的内容及方法；
掌握物流系统的本量利分析；
掌握物流绩效考核分析方法与工具。

案例导读

某企业根据《烟草行业商业企业卷烟物流费用管理办法和核算规程》计算得到 2021 年第一季度物流费用各项指标，其中卷烟销量为 209 767.38 万支，仓储、分拣成本为 4.03 元/万支，2020 年同期为 6.96 元/万支；送货成本为 9.14 元/万支，2020 年同期为 15.32 元/万支，同比减少 40.33%；管理成本为 7.28 元/万支，2020 年同期为 4.28 元/万支，同比增加 70.09%；物流成本为 20.45 元/万支，2020 年同期为 20.55 元/万支，同比下降 0.4%；物流费用率为 0.51%，2020 年同期为 0.62%，同比下降 0.09%；人工费用比例为 71.78%，2020 年同期为 70.44%，同比增加 2.52%。

启发思考：

这样进行物流成本分析有何好处？

物流活动是一个动态变化的过程，在对物流成本进行分析和评价的过程中，会了解企业与上年度、物流总成本及具体物流成本的增减情况，可以对增幅较大的物流成本项目进行深层次的分析。而负增长的物流成本并不意味着物流成本没有下降的潜力，对于这部分成本，同样需要分析物流成本和物流收益以及物流服务水平之间的关系。

6.1 物流成本分析概述

6.1.1 物流成本分析的目的

物流成本的计算实质上是为物流成本的分析和评价提供数据依据，物流成本的计算结果是物流成本分析评价的基础。一般来说，物流成本分析和评价的目的包括以下几个方面。

1. 分析评价企业物流成本计划的执行情况

健全的物流成本管理，通常会事先按物流成本构成内容制订企业物流成本计划，期末计算出各项物流成本后，通过物流成本的实际消耗与计划水平的比较，可以分析实际脱离计划的水平，进而评价企业物流成本计划执行的好坏。同时，根据实际脱离计划的偏差，进一步分析计划制订得是否科学合理，计划执行环节是否存在疏漏，从而为进一步提高计划制订水平和计划执行力度提供依据。

2. 评价企业物流成本升降的原因

通过对物流成本进行横向（如不同企业）和纵向（如不同年度）的比较，可以明确企业物流成本同比其他企业和以前年度是上升了还是下降了，并通过企业物流成本内部结构的分析，进一步明确影响物流成本升降的具体成本项目，从更深层次探寻企业物流成本升降的原因，为企业控制和降低物流成本提供依据。

3. 评价和寻求进一步降低企业物流成本的途径和方法

企业的经营管理和物流活动总是处于动态变化的过程中，在对物流成本进行分析和评价时，会了解企业与上年度、与其他企业比较，物流总成本及具体物流成本的增减情况，对增幅较大的物流成本项目往往需进行深层次的分析，从而明确较大增幅的物流成本是否带来了较多的物流收益或提供了较高水平的物流服务，如果没有，则应详细分析物流成本增长的原因，并针对增幅较大的物流成本，有针对性地采取降低成本的方法和措施；而负增长的物流成本，也并不意味着物流成本没有下降的潜力，对于这部分成本，同样需要分析物流成本和物流收益以及物流服务水平之间的关系，若物流成本的较小降幅却导致了物流收益和物流服务水平较大幅度的下降，则应进一步分析物流成本是否有进一步下降的潜力，下降的具体举措和方法有哪些。

总之，物流成本的评价绝不仅仅是表象层次的分析和评价，进行趋势和比较分析时，物流成本不论是不变、上升还是下降，其背后都可能隐藏着物流成本进一步降低的潜力，都应进一步分析，积极寻求降低物流成本的合理有效的方法和途径。

6.1.2 物流成本分析的一般步骤

物流成本分析与评价的内容非常广泛。不同的人、不同的目的、不同的数据范围，可以采用不同的评价方法。物流成本评价不是一种有固定程序的工作，不存在唯一的通用评价程序，而是一个研究和探索的过程。

物流成本评价的具体步骤和程序，是根据评价目的、一般评价方法和特定评价对象，由评价人员具体设计的。但物流成本评价的一般步骤应包括以下几个方面。

1. 明确评价的目的

在进行物流成本评价之前，首先要明确评价的目的，根据评价目的设计后续评价程序和收集相关资料。

2. 收集有关的信息

评价目的明确后，应根据评价目的来收集相关资料。例如，如果评价目的是了解物流成本计划的执行情况,则应收集物流成本计划的有关资料;如果评价目的是了解本企业物流成本水平在行业内所处的水平,则需要收集行业平均物流成本水平、行业内其他企业物流成本水平等信息和资料,以便与本企业进行对比,等等。

3. 设计评价方法

在掌握了充分的信息后,应根据评价目的,进行评价方法的设计。在这里,需要对有关因素进行分解,明确为了实现评价目的需要做哪些工作,完成这些工作需要运用哪一种或者哪几种分析方法,运用这一种或几种分析方法需要哪些信息材料。按照这一思路,将所有的信息资料进行分类和分解,根据评价目的把整体的各个部分分割开来,予以适当安排,使之符合需要。

4. 深入研究各部分的特殊本质

根据各类信息资料,运用相应的评价方法,逐一进行分析和评价。

5. 进一步研究各个部分的联系

在深入评价各个部分的特殊本质后,需要对各部分内容进行综合,找出不同部分之间的联系,使之成为一个整体。

6. 解释结果,提供对决策有帮助的信息

物流成本评价的过程实际上是一个定量分析与定性分析相结合的过程。一般来说,定量分析是工具和手段,没有定量分析就弄不清楚数量界限、阶段性和特殊性;定性分析是基础和前提,没有定性分析就弄不清本质、趋势和与其他事物的联系。因此,在物流成本评价的过程中,除要获取数据信息,进行定量分析外,还应对整个评价过程进行定性分析,说明有关比率或指标值的内涵,解释其趋势及变动原因,帮助物流成本管理者进行决策。

6.1.3 物流成本分析的方法

物流成本分析的方法很多,概括而言主要有定性分析法和定量分析法两大类。定性分析法是指对物流成本变动性质的分析,主要揭示影响资金耗费各因素的性质、内在联系及其变动趋势,此种方法属描述性分析,具有主观性强、随意性强的缺点;定量分析法是对物流成本变动数量(程度)的分析,主要确定物流成本指标变动幅度及各因素对分析对象的影响程度,此种方法客观性较强,但由于一般要借助数学方法或数学模型,操作起来比较复杂。

定性分析与定量分析的关系:定性分析是定量分析的基础,定量分析是定性分析的深化;二者相辅相成,互为补充。

常用的定量分析方法有物流成本技术分析、物流成本性态分析和物流系统本量利分析等方法,将在下面分别介绍。

6.2 物流成本技术分析

在进行财务报表分析时,可以采用比较分析法和比率分析法。

6.2.1 比较分析法

比较分析法是指将本期财务数据与其他相关数据进行比较,并分析揭示其差异和矛盾。比较分析法是物流成本最基本的分析方法。一般来讲,比较的对象包括以下几种。

(1) 与本企业的历史数据相比较。

与本企业的历史数据相比较即将不同时期的财务指标进行比较,也可以称为趋势分析。可以将连续数期的会计报表的金额并列起来,比较其相同指标的增减变动金额和幅度,据以判断企业财务状况和经营成果的发展变化。会计报表的比较,具体包括资产负债表比较、利润表比较、现金流量表比较等。比较时,既要计算出表中有关项目增减变动的绝对额,又要计算出其增减变动的百分比。

(2) 与计划预算数比较。

与计划预算数比较即将实际执行结果与计划指标相比较,也称为差异分析。当企业的实际财务指标达不到目标标准时,应进一步分析原因,以便改进财务管理工作。

(3) 与同类企业相比较。

与同类企业相比较即与行业平均数或者竞争对手相比较,也称为横向比较。在比较分析时,既可以用本企业财务指标与同行业平均水平指标对比,也可以用本企业财务指标与同行业先进水平指标对比,还可以用本企业财务指标与同行业公认标准指标对比。通过行业标准指标比较,有利于揭示本企业在同行业中所处的地位及存在的差距。

例 6-1:某企业物流中心加工作业有关资料如表 6-1 所示。根据数据资料,将本期的实际单位成本与各有关单位成本指标进行对比分析。

表 6-1 某企业物流中心加工作业有关资料 单位:元

成本项目	本期 计划	本期 实际	上期	上期同期	历史最高水平	同行业水平	国外同行业水平
直接材料	42	40	41	44	37	35	32
直接人工	5	5	5	7	5	5	3
制造费用	7	6	6	9	5	6	4
合计	54	51	52	60	47	46	39

解析:

编制单位成本对比分析表,如表 6-2 所示。

表 6-2 单位成本对比分析表

成本项目	与本期计划 差距/元	与本期计划 差距比例/%	上期 差距/元	上期 差距比例/%	上期同期 差距/元	上期同期 差距比例/%	历史最高水平 差距/元	历史最高水平 差距比例/%	同行业水平 差距/元	同行业水平 差距比例/%	国外同行业水平 差距/元	国外同行业水平 差距比例/%
直接材料	−2	−4.76	−1	−2.44	−4	−9.09	3	8.11	5	14.29	8	25.00
直接人工	0	0.00	0	0.00	−2	−28.57	0	0.00	0	0.00	2	66.67

续表

成本项目	与本期计划		上期		上期同期		历史最高水平		同行业水平		国外同行业水平	
	差距/元	差距比例/%	差距/元	差距比例/%	差距/元	差距比例/%	差距/元	差距比例/%	差距/元	差距比例/%	差距/元	差距比例/%
制造费用	-1	-14.29	0	0.00	-3	-33.33	1	20.00	0	0.00	2	50.00
合计	-3	-5.56	-1	-1.92	-9	-15.00	4	8.51	5	10.87	12	30.77

通过表中的数据可以看出，企业实际成本水平有所下降，已完成成本计划。直接材料成本实际比计划降低 2 元，比上期降低 1 元，比上期同期降低 4 元，但仍未达到历史最高水平，与国内同行业和国外同行业相比，还有很大的差距。因此应进一步查明原因，采取措施，挖掘潜力，赶上或超过国内外同行业水平。

6.2.2 比率分析法

在财务分析中，比率分析法应用比较广泛。比率分析法是用同一期内的有关数据相互比较，得出它们的比率，以说明财务报表所列各有关项目的相互关系，来判断企业财务和经营状况的好坏。比率分析法用相关项目的比率作为指标，揭示了数据之间的内在联系。同时，与基本财务数据相比较，财务比率指标是相对数，克服了绝对值给人们带来的误区，也可以排除企业规模的影响，使不同比较对象之间建立起可比性。

> **问题分析**
>
> 如何通过比率进行分析呢？计算出比率后，企业应该运用比较分析法将该指标与任何相互关联的基数进行比较。可以进行纵向比较，与本企业基期数（如上年同期、历史最好水平、计划完成指标等）进行对比；也可以进行横向比较，与同行业或其他行业进行对比。通过比较找出差距和原因，进一步评价企业物流成本的水平。

比率分析法的指标有很多，主要介绍以下几种。

(1) 相关比率。

相关比率是同一时期会计报表及有关财会资料中两项相关数值的比率。例如，物流成本与主营业务收入的比率，物流成本与期间费用、物流成本与利润总额等，在"6.5 物流成本效益分析"中有详细的介绍。

(2) 结构比率。

结构比率是会计报表中某项目的数值与各项目总和的比率。企业物流各项功能（如运输、仓储、配送、包装、装卸搬运、流通加工、物流信息等）成本占物流总成本的比例就是结构比率。该比率越高，说明某功能成本在物流总成本中所占比例越大；反之，所占比例越小。通过分析判断该成本的合理性，可以为控制各项功能成本提供依据。用公式表示为：

$$物流功能成本率 = \frac{物流某功能成本}{物流总成本} \times 100\%$$

(3) 动态比率。

动态比率分析也称趋势分析，是将两期或连续多期的同类指标或比率进行定基对比或环比对比，分析该项指标的增减速度及发展趋势。例如，将上述各项指标以及其他指标同上期、上年同期进行比较，可以发现这些指标的增减速度和变动趋势，并从中发现企业在经营管理方面的成绩或者不足。

例 6-2：某企业通过物流成本核算得到的该年物流成本总额为 300 000 元，其中仓储成本为 120 000 元，运输成本为 150 000 元。试计算物流功能成本率指标。

解析：

$$物流仓储功能成本率 = \frac{物流仓储成本}{物流总成本} \times 100\% = \frac{120\ 000}{300\ 000} \times 100\% = 40\%$$

$$物流运输功能成本率 = \frac{物流运输成本}{物流总成本} \times 100\% = \frac{150\ 000}{300\ 000} \times 100\% = 50\%$$

6.2.3 因素分析法

因素分析法也叫连环替换法，是依据分析指标与其影响因素的关系，从数量上确定各因素对分析指标影响方向和影响程度的一种分析方法。它根据指数法的原理，在分析多种因素影响事物变动时，为了观察某一因素变动的影响而将其他因素固定下来，如此逐项分析，逐项替代。其主要适用于几个相互联系的因素共同影响某一经济指标的成本分析。

具体计算分析思路如下：第一，确定分析指标由几个因素组成；第二，确定各个因素替代顺序，然后按照这一顺序替代计算；第三，在计算某一因素对一个经济指标的影响时，假定只有这个因素在变动而其他因素不变；第四，将这个指标与该因素替代前的指标相比较，确定该因素变动所造成的影响。

假设物流成本指标为 N，差异总额为 M，影响因素有 a、b、c 三项，具体计算过程如下：

计划成本指标 $N_1 = a_1 \times b_1 \times c_1$

实际成本指标 $N_2 = a_2 \times b_2 \times c_2$

实际成本与计划成本的差异 $M = N_2 - N_1$

第一次替换 $N_3 = a_2 \times b_1 \times c_1$，因素 a 对成本指标的影响 $= N_3 - N_1$

第二次替换 $N_4 = a_2 \times b_2 \times c_1$，因素 b 对成本指标的影响 $= N_4 - N_3$

第三次替换 $N_5 = a_2 \times b_2 \times c_2$，因素 c 对成本指标的影响 $= N_5 - N_4$

$(N_3 - N_1) + (N_4 - N_3) + (N_5 - N_4) = M$

通过上述计算，确定了各个因素对成本指标升降的影响程度，以及各个因素所占差异的比重程度，可以为物流成本决策提供可靠的依据。

例 6-3：表 6-3 是某流通加工企业分析指标的计划基期数和实际发生数资料，其中，材料费用总额 = 产品产量 × 单位产品材料消耗定额 × 材料单价。

要求：运用因素分析法分析各因素变动对材料费用总额的影响。

表 6-3 计划数与实际数比较

分析指标	计量单位	计划数	实际数	差异
产品产量	件	1 000	1 100	+100
单位产品材料消耗定额	千克/件	20	22	+2
材料单价	元/千克	15	14	−1
材料费用总额	元	300 000	338 800	+38 800

解析：

计划成本指标 $N_1 = 1\,000 \times 20 \times 15 = 300\,000$（元）

实际成本指标 $N_2 = 1\,100 \times 22 \times 14 = 338\,800$（元）

实际成本与计划成本的差异 $M = N_2 - N_1 = 338\,800 - 300\,000 = 38\,800$（元）

第一次替换 $N_3 = 1\,100 \times 20 \times 15 = 330\,000$（元）

所以，产品产量对成本指标的影响 $= N_3 - N_1 = 330\,000 - 300\,000 = 30\,000$（元）

第二次替换 $N_4 = 1\,100 \times 22 \times 15 = 363\,000$（元）

所以，单位产品材料消耗定额对成本指标的影响 $= N_4 - N_3 = 363\,000 - 330\,000 = 33\,000$（元）

第三次替换 $N_5 = 1\,100 \times 22 \times 14 = 338\,800$（元）

所以，材料单价对成本指标的影响 $= N_5 - N_4 = 338\,800 - 363\,000 = -24\,200$（元）

差异总额 $= 30\,000 + 33\,000 + (-24\,200) = 38\,800$（元）

通过上述计算可见，实际指标比计划指标超支 38 800 元，其中，由于产量增加了 100 件，使实际成本超出计划成本 30 000 元，属于正常情况；由于每件材料消耗超出计划 2 千克，导致超支 33 000 元，属于不利差，需要继续分析超支原因，以明确责任；由于每千克材料价格降低 1 元，使实际成本低于计划成本，节约 24 200 元，属于有利差，但也要分析是市场价格普遍下降还是其他原因。

6.3 物流成本性态分析

案例导读

表 6-4 是某物流公司 2021 年简化的利润表。基于 2021 年度的财务信息以及对 2022 年度的经营预测，公司财务经理要制订 2022 年度管理费用和营业费用的计划。

表 6-4 某物流公司 2021 年简化的利润表　　　　　　　单位：万元

项目	本年数
主营业务收入	500
减：主营业务成本	200
主营业务税金及附加	30
主营业务利润	270
减：管理费用	100
销售费用	120
财务费用	10
税前利润	40
减：所得税	16
四、净利润	24

公司预计 2022 年的营业收入可以达到 600 万元，财务经理据此确定 2022 年度管

理费用的计划数为120万元，而营业费用的计划数也按比例确定为144万元。而到2022年年末，公司实际完成了营业收入550万元，实际发生管理费用109万元，实际发生营业费用130万元。

思考：
(1) 财务经理按照营业收入增长的幅度来制订管理费用和营业费用的计划是否合理？
(2) 如果不合理，你觉得应该如何改善？

解析：

(1) 考虑一个问题：成本的发生额跟业务量之间是成正比例关系吗？业务量增长10%或20%，各项费用的预期发生额也应该同样增长10%或者20%吗？答案是否定的。更确切地说，在一定的业务量增长范围内，成本费用的增长预期应小于业务量的增长预期。原因是：成本费用中，一部分是随着业务量的增长而同比例增长的，如物流成本中外包的运输费、货物的保险费、应缴纳的营业税金等；而另一部分成本费用，随着业务量的增长却不发生变化，如固定资产的折旧、管理人员的工资等。我们把前者称为变动成本，把后者称为固定成本。正是由于固定成本的存在，在一定业务量范围内，成本费用的增长幅度要小于业务量的增长幅度。实际上，这就是所谓的规模经济，规模越大越经济，或者说规模越大，单位产品或服务应分摊的成本就低。

(2) 本案例中，涉及的是管理费用和营业费用的问题。其实每个成本对象的物流成本都存在变动成本和固定成本，因而，对物流成本的分析，除了常规的物流成本增长多少或降低多少的分析之外，应更深层次地进行固定成本和变动成本的分析，才能更好地体现出物流活动的绩效。

(3) 现在考虑案例中的问题，制订的营业费用和管理费用计划合理吗？答案应该是不合理的。如果不考虑其他因素的影响，计划的费用额应该低于目前做的计划。至于第二个问题，费用的控制情况需要对管理费用和营业费用中变动成本和固定成本进行深入分析之后才能知道。我们把成本中变动成本和固定成本的分析叫作成本性态分析。也就是说，在开展成本性态分析之前，并不能确定营业收入550万元时合理的管理费用和营业费用计划应该是多少，从而无法确定费用控制情况的好坏。

6.3.1 物流成本性态

成本性态也称成本习性，是指成本总额与业务总量之间的依存关系。成本总额与业务总量之间的关系是客观存在的，而且具有一定的规律性。企业的业务量水平提高或降低时，会影响企业的各种经济活动，进而影响企业的各项成本，使之增减。在一定的相关范围内，一项特定的成本可能随着业务量的变化而增加、减少或者不变，这就是不同的成本所表现出的不同的成本性态。

研究成本与业务量的依存关系，进行成本性态分析，可以从定性和定量两方面掌握成本与业务量之间的变动规律，这不仅有利于事先控制成本和挖掘降低成本的潜力，而且有助于进行科学的预测、规划、决策和控制。

在物流系统的生产经营活动中，发生的成本与业务量之间的关系可以分为两类：一是随着业务量的变化而变化的成本，如材料的消耗、燃料的消耗、工人的工资等。这类成本的特征是业务量高,成本的发生额也高,成本的发生额与业务量近似成正比,称为变动成本。二是在一定的业务量范围内,与业务量的增减变化无关的成本,如固定资产折旧费、管理部门的办公费等。这类成本的特征是在物流系统正常运营的条件下,这些成本是必定发生的,而且在一定的业务量范围内基本保持稳定,称为固定成本。也就是说,按物流成本的性态特征,可将物流成本划分为固定成本和变动成本,还有部分成本的特征介于变动成本和固定成本之间,可以称为混合成本。

1. 固定成本

固定成本是指成本总额保持稳定,与业务量的变化无关的成本。同样应注意的是,固定成本是指其发生的总额是固定的,就单位成本而言,却是变动的。因为在成本总额固定的情况下,业务量小,单位产品所负担的固定成本就高;业务量大,单位产品所负担的固定成本就低。固定成本具有两个特点:一是固定成本总额的不变性,即在相关范围内,其成本总额总是保持在同一水平上的特性;二是单位成本的反比例变动性,即单位固定成本与业务量的乘积恒等于一个常数的特性,即单位成本与业务量成反比。

固定成本的特点可以用图 6-1 表示。员工工资、按直线法计算的固定资产折旧费及其他与业务量无关的成本费用等,都属于固定成本范畴。

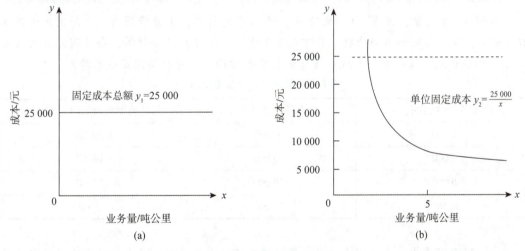

图 6-1　固定成本的特点
(a) 固定成本总额的不变性;(b) 单位成本的反比例变动性

固定成本按其支出数额是否受管理当局短期决策行为的影响,可将其进一步细分为酌量性固定成本和约束性固定成本两类。区分这两类固定成本的意义在于寻求降低该类成本的最佳途径。

(1) 酌量性固定成本。

酌量性固定成本也称管理固定成本、规划成本或抉择固定成本,是指通过管理层的短期决策行为可以改变其支出数额的成本项目,如广告费、新产品研发费用、员工培训费、科研试验费等。这类费用的支出与管理层的短期决策密切相关,即管理层可以根据企业当时的具体情况和财务负担能力,斟酌是继续维持还是调整这部分成本,这对企业的长期目标不会产生太大的影响。酌量性固定成本应在保持其预算功能的前提下,尽可能减少其支出数额,即只有提高酌量性固定成本的使用效率,才能促使其降低。

(2) 约束性固定成本。

约束性固定成本也称承诺固定成本，是指通过管理层的短期决策行为不能改变其支出数额的成本项目，即投资于厂房、机器设备及企业基本组织结构的生产能力成本，如固定资产折旧费、财产税、保险费、租赁费、不动产税金等。这部分成本是与管理层的长期决策密切相关的，即和企业经营能力的形成及其正常维护直接相联系，具有很大的约束性，一经形成就能长期存在，短期内难以有重大改变，即使营业中断或裁减，该固定成本仍将维持不变，一般生产能力的水平没有变动时，这部分成本不可能有实质性的降低。约束性固定成本的降低，主要通过经济、合理地利用企业生产能力，提高产品产量和质量取得相对节约。

> 提示
>
> 应该注意的是，酌量性固定成本与约束性固定成本之间并没有绝对的界限，一项具体的固定成本究竟应归属于哪一类，取决于企业管理层特定的管理方式。若该企业的管理层倾向于经常性地分析大多数固定成本项目的可行性，则其固定成本中的酌量性固定成本的比例会较大；反之亦然。

例 6-4：某运输企业有 10 辆大货车、15 名固定员工，主要费用有汽车等固定资产折旧、租金、财产保险和不动产税、管理人员工资、信息费和广告费等，每月固定开支及折旧共计 50 000 元，该企业固定成本情况如表 6-5 所示。试分析其固定成本特性。

表 6-5 某运输企业固定成本

业务量/吨公里	总固定成本/元	每吨公里负担的固定成本/元
1 000	50 000	50.00
3 000	50 000	16.67
5 000	50 000	10.00
10 000	50 000	5.00

解析：

从表 6-5 可看出，在总固定成本不变的情况下，企业单位业务负担的固定成本与业务量成反比例关系，即运输业务量增加，每吨公里负担的固定成本下降；运输业务量减少，每吨公里负担的固定成本上升。

2. 变动成本

变动成本是指其发生总额随业务量的增减而近似成正比例增减的成本。这里需要强调的是，变动的对象是成本总额，而非单位成本。变动成本具有两个特点：一是变动成本总额的正比例变动性，即在相关范围内，其成本总额随着业务量的变动而成倍数变动的特性；二是单位变动成本的不变性，即无论业务量怎样变化，其单位成本都保持在原有水平上的特性。

变动成本的这两个特点可以用图 6-2 表示。一般来说，运输过程中的直接材料消耗工作量法计算的折旧额，流通加工成本中的直接材料、直接人工消耗，按包装量、装卸搬运量计算工资的包装人工费用、装卸搬运人工费用等，都属于变动成本的范畴。

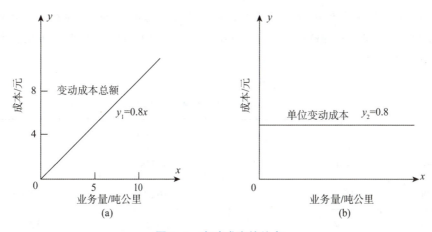

图 6-2 变动成本的特点
(a) 变动成本总额的正比例变动性；(b) 单位变动成本的不变性

变动成本可根据其发生的原因进一步划分为技术性变动成本和酌量性变动成本两大类。

(1) 技术性变动成本。

技术性变动成本是指其单位成本受客观因素影响，消耗量由技术因素决定的变动成本。例如，运输车辆的耗油量，在一定条件下，其成本就属于受设计影响的、与运输量成正比例关系的技术性变动成本。要想降低这类成本，一般应当通过改进技术设计方案，改造工艺技术条件，提高劳动生产率、材料综合利用率和投入/产出比率，加强控制及降低单耗等措施来实现。

(2) 酌量性变动成本。

酌量性变动成本是指单耗由客观因素决定，其单位成本主要受企业管理部门决策影响的变动成本。例如，按包装量、装卸搬运量计算工资的包装人工费用、装卸搬运人工费用等，就是酌量性变动成本。这类成本的主要特点是，其单位变动成本的发生额可由企业管理层来决定。要想降低这类成本，应当通过提高管理人员素质、进行合理的经营决策、优化劳动组合、改善成本—效益关系、全面降低材料采购成本、严格控制制造费用的开支等措施来实现。

与固定成本不同，变动成本的水平一般是用单位额来表示的。因为在一定条件下，单位变动成本不受业务量变动的影响，直接反映各项要素的消耗水平。所以，要降低变动成本的水平，就应该从降低单位变动成本的消耗量入手。显然，由于变动成本是以相应的业务量为基础的，所以只有通过改进技术、更新设备、提高生产率等手段，才能达到降低单位变动成本以相应地降低变动成本总额的目的。

> 💡 思考
> 固定成本或固定的单位变动成本是固定不变的吗？
> 固定成本总额的固定性是对特定的业务量水平而言的。这里所说的业务量水平一般是指企业现有的生产能力水平，业务量一旦超过这一水平，势必增添设备等，其固定成本的固定性就不复存在。同样，变动成本总额和业务量之间的线性依存关系也存在一定的相关范围，一旦超出该业务量范围，它们之间就可能表现出非线性关系或者另一种线性关系。

例 6-5：某运输企业有 10 辆大货车，油耗定额指标为 4.67 升/百吨公里，该企业在运输量为 20 000 吨公里、50 000 吨公里、80 000 吨公里、100 000 吨公里时油耗成本（变动成本）核算如表 6-6 所示。

试分析：此运输企业变动成本特性。

表 6-6　油耗成本（变动成本）核算表

运输量/吨公里	耗总量/升	油价/(元·升$^{-1}$)	油耗总成本/元	每百吨公里油耗定额/元
20 000	934	7	6 538	32.69
50 000	2 335	7	16 345	32.69
80 000	3 736	7	26 152	32.69
100 000	4 670	7	32 690	32.69

解析：

从表 6-6 可看出，企业单位业务负担的油耗成本保持不变，企业总油耗成本与业务量成正比例变动关系，即企业运输量增加，企业油耗总成本上升；企业运输量减少，企业油耗总成本下降。

3. 混合成本

混合成本是指全部成本中介于固定成本和变动成本之间，既随业务量变动又不与其成正比例的那部分成本。把企业的全部成本根据成本性态划分为变动成本和固定成本两大类是管理会计规划与控制企业经济活动的前提条件。在实务中，往往有很多成本项目不能简单地将其归类于固定成本或变动成本，这是因为全部分类时，必须先后采用"是否变动"和"是否成正比例变动"双重分类标准，所以全部成本按其性态分类的结果必然产生游离于固定成本和变动成本之间的成本项目。这些成本明细项目同时兼有变动成本和固定成本两种不同的特性，它们既非完全固定不变，也不随业务量成正比例变动，不能简单地把它们列入固定成本或变动成本，因而统称为混合成本。

混合成本与业务量之间的关系比较复杂，按照其变动趋势的不同特点，常见的混合成本有半变动成本、半固定成本和延期变动成本等类型。

（1）半变动成本。

半变动成本由两部分组成：一部分是一个固定的基数，一般不变，类似于固定成本；另一部分是在此基数之上随着业务量的增长而增加的成本，类似于变动成本。如企业需要缴纳的大多数公用事业费（电话费、电费、水费、煤气费等）、机器设备的维护保养费及销售人员的薪金等，均属于半变动成本。半变动成本示意如图 6-3 所示。

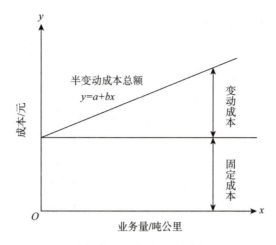

图 6-3　半变动成本示意

（2）半固定成本。

半固定成本也称阶梯式固定成本。通常，这类成本在相关范围内其总额不随业务量的增减而变动，但业务量一旦超出相应的范围，成本总额便会发生跳跃式的变化，继而在新的业务量范围内保持相对稳定，直到业务量超出新的范围，成本总额出现新的跳跃为止。半固定成本示意如图 6-4 所示。

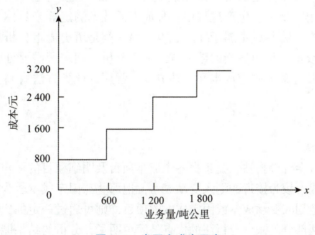

图 6-4　半固定成本示意

（3）延期变动成本。

延期变动成本也称低坡形混合成本，是指在相关范围内成本总额不随业务量的变动而变动，但当业务量一旦超出相应的范围，成本总额将随业务量的变动而发生相应的增减变动的成本项目。例如，企业在正常工作时间（或正常产量）的情况下，对员工所支付的工资是固定不变的，但当工作时间（或正常产量）超过规定水准，则要按加班时间的长短支付加班费。所有为此支付的人工成本都属于延期变动成本。延期变动成本示意如图 6-5 所示。

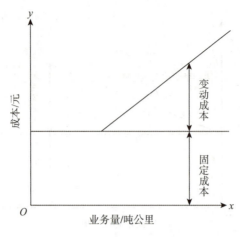

图 6-5　延期变动成本示意

6.3.2　混合成本的分解

弄清混合成本的基本性态并对混合成本进行有效分解，就可以把混合成本中的不同成分与企业业务量的关系揭示出来，有利于企业的成本控制与管理。

常见的用于分解混合成本的方法有两大类：一类是侧重于定性分析的方法，如账户分析法、合同确认法、技术测定法等。采用这类分析方法，就是根据各个成本账户的性质、合同中关于支付费用的规定、生产过程中各种成本的技术测定等来具体分析，进而确认哪些成本属于固定成本，哪些成本属于变动成本。另一类是历史成本分析法，即利用一定期间的业务量与成本数据，采用适当的数学方法进行分析，确定所需要分解的混合成本的函数方程式，进而将其分解为固定成本和变动成本。常用的此类方法有高低点法、散布图法和回归直线法。

1. 定性分析方法

（1）账户分析法。

账户分析法也称会计分析法，是根据各个成本项目及明细项目的账户性质，通过经验判断，把那些与变动成本较为接近的划入变动成本，把那些与固定成本较为接近的划入固定成本，至于不宜简单地划入变动成本或固定成本的项目，则可通过一定的比例将它们分解为变动成本和固定成本两部分。账户分析法的优点是简单明了，分析的结果能清楚地反映出具体成本项目，实用价值较高；账户分析法的缺点是分析的工作量大，成本性态的确定较粗糙。

（2）合同确认法。

合同确认法是根据企业与供应单位所订立的合同（或契约）中关于支付费用的具体规定来确认费用性态的方法，如电话费、保险费、水费、电费、燃气费等。例如，对于电话费而言，电信局每月向用户收取的基本费用，可以看作固定成本；按照用户的通话次数计收的费用，则是变动成本。合同确认法的优点是成本性态分析比较准确，但其应用范围较小，只限于签有合同的项目的成本性态分析。

（3）技术测定法。

技术测定法是根据生产过程中消耗量的技术测定和计算来划分成本的变动部分和固定部分的混合成本分解法。例如，通过技术测定，把热处理电炉的预热耗电成本（初始量）

划归固定成本，把预热后进行热处理的耗电成本划为变动成本。这种方法的优点是划分比较准确，缺点是工作量较大，一般适用于新建企业或新产品的成本性态分析。

2. 历史成本分析法

历史成本分析法是根据混合成本在过去一定期间内的成本与业务量的历史数据，采用适当的数学方法加以分解，来确定其中固定成本总额和单位变动成本的平均值。在实际工作中最常用的数学方法有高低点法、散布图法、回归直线法。

（1）高低点法。

高低点法也称两点法，是根据企业一定期间历史数据中的最高业务量（高点）和最低业务量（低点）之差，以及它们所对应的混合成本之差，计算出单位变动成本，进而将混合成本最终分解为固定成本和变动成本的方法。

由于混合成本包含变动成本和固定成本两种因素，因此它的数学模型同总成本的数学模型类似。高低点法的计算公式为：

$$总成本 = 固定成本总额 + 变动成本总额$$
$$= 固定成本总额 + 单位变动成本 \times 业务量$$

即

$$y = a + bx$$

式中，y 表示成本总额，a 表示混合成本中的固定成本，b 表示混合成本中的单位变动成本，x 表示业务量。

高低点法的具体分析步骤如下。

①选择高、低两点的坐标，找出最高点业务量以及相应的成本，从而确定最高点坐标 (x_1, y_1)；用同样的方法确定最低点坐标 (x_2, y_2)。

②计算 b 值，计算公式为：

$$b = \frac{最高点成本 - 最低点成本}{最高点业务量 - 最低点业务量} = \frac{y_1 - y_2}{x_1 - x_2}$$

③计算 a 值，计算公式为：

$$a = 最高点成本 - b \times 最高点业务量 = y_1 - bx_1$$

或

$$a = 最低点成本 - b \times 最低点业务量 = y_2 - bx_2$$

> 💡 **提示**
>
> 尽管从经济理论上讲，成本函数很少是线性的，通常是二次或三次曲线。但在进行成本性态分析时，我们假设在相关范围内，成本和成本动因之间的关系是线性或近似线性的。

例 6-6：某企业某年 1—6 月的仓储设备维修费用如表 6-7 所示，试用高低点法进行分解。

表 6-7 仓储设备维修费用

月份	1	2	3	4	5	6
业务量/台	7	8	5	9	10	6
维修费用/元	210	215	200	220	230	205

解析：

分析资料可知，5月和3月分别是该设备的高点和低点，根据公式计算：

$$单位变动成本：b=\frac{230-200}{10-5}=6（元/台）$$

固定成本：$a=230-6×10=170$（元） 或者 $a=200-6×5=170$（元）

维修费用成本性态方程：$y=170+6x$

注意：高低点法中的高点和低点，是指业务量的最高点和最低点，而不是成本的最高点和最低点。

（2）散布图法。

散布图法也称布点图法或目测画线法，是指将若干期业务量和成本的历史数据标注在业务量和成本构成的坐标图上，形成若干个散布点，然后根据目测画一条尽可能接近所有坐标点的直线，并据此来推测固定成本和变动成本的一种方法。

运用散布图法的第一步就是将各点画出，以便确定生产成本与业务量的关系，该图形称为散布图。

例 6-7：以例 6-6 中的数据为例，可画出如图 6-6 所示的散布图。

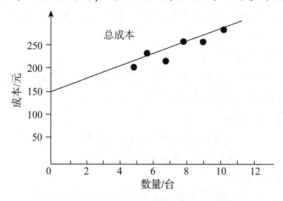

图 6-6　某公司某年上半年维修费的散布图

在图 6-6 中，成本变动趋势直线与 y 轴的交点，即维修费用中的固定成本 $a=165$ 元，单位变动成本 b 是这条直线的斜率。

$$b=\frac{y-a}{x}=\frac{230-165}{10}=6.5（元/台）$$

反映成本变动趋势的直线方程式为：

$$y=165+6.5x$$

散布图法利用散布图分解混合成本，综合考虑了一系列观测点上业务量与成本的依存关系，显然分解的结果较高低点法准确，但散布图法的缺陷是选择最佳直线时缺乏客观标准，成本方程式的质量取决于分析者主观判断的质量，有时误差比较大。

（3）回归直线法。

回归直线法也称最小平方法，是根据最小平方法原理，从大量历史数据中计算出最能反映成本变动趋势的回归直线方程式，并以此作为成本模型的一种成本性态分析方法。

回归直线法的数学推导以混合成本的直线方程式 $y=a+bx$ 为基础,根据这一方程式和实际所采用的一组 n 个观测值 (x_1, y_1),(x_2, y_2),…,(x_n, y_n),即可得到一组用于决定回归直线的方程式:

$$\begin{cases} \sum_{i=1}^{n} y_i = na + b\sum_{i=1}^{n} x_i \\ \sum_{i=1}^{n} y_i x_i = a\sum_{i=1}^{n} x_i + b\sum_{i=1}^{n} x_i^2 \end{cases}$$

解方程组,得:

$$b = \frac{n\sum_{i=1}^{n} y_i x_i - \sum_{i=1}^{n} x_i \sum_{i=1}^{n} y_i}{n\sum_{i=1}^{n} x_i^2 - (\sum_{i=1}^{n} x_i)^2}$$

求得 b 后,即可解得 a。

例 6-8:以例 6-6 中的数据为例,利用回归直线法求得例 6-7 中的维修费直线方程式为:

$$y = 170.51 + 5.71x$$

回归直线法使用了误差平方和最小的原理,相对于高低点法和散布图法,结果更为精确;但计算过程较烦琐,适用于计算机操作。

6.4　物流系统本量利分析

6.4.1　本量利分析基本模型

本量利分析是成本-业务量-利润关系分析的简称,是指在变动成本计算模式的基础上以数学模型与图形来揭示固定成本、变动成本、业务量、单价、营业额、利润等变量之间的内在规律性联系,为预测、决策和规划提供必要财务信息的一种定量分析方法。在介绍其在物流中的应用前,必须了解一些本量利的基本公式与图形,即本量利分析的原理。本量利分析示意如图 6-7 所示。

企业利润计算公式为:

$$\text{利润} = \text{营业收入} - \text{总成本} \tag{1}$$

其中,将营业收入和总成本分解为:

$$\text{营业收入} = \text{单价} \times \text{业务量}$$
$$\text{总成本} = \text{变动成本总额} + \text{固定成本总额}$$
$$\text{变动成本总额} = \text{单位变动成本} \times \text{业务量}$$

则公式(1)可变形为

$$\text{利润} = \text{单价} \times \text{业务量} - \text{单位变动成本} \times \text{业务量} - \text{固定成本总额}$$
$$= (\text{单价} - \text{单位变动成本}) \times \text{业务量} - \text{固定成本总额} \tag{2}$$

故，当企业保本经营时，利润为0，

$$\text{保本点业务量} = \frac{\text{固定成本总额}}{\text{单价} - \text{单位变动成本}} = \frac{\text{固定成本总额}}{\text{单位边际贡献}} \quad (3)$$

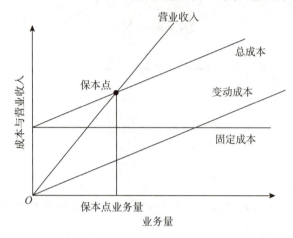

图 6-7　本量利分析示意

当需要确定实现目标利润条件下的业务量和营业收入，则上述公式可变为：

$$\text{实现目标利润的业务量} = \frac{\text{固定成本总额} + \text{目标利润}}{\text{单价} - \text{单位变动成本}} = \frac{\text{固定成本总额} + \text{目标利润}}{\text{单位边际贡献}} \quad (4)$$

一般来说，物流企业提供的物流服务项目往往不止一项，存在服务项目多、收费复杂的情况。每项物流服务的业务量计量单位都不同，这给本量利分析带来了一定的困难。例如，仓储服务业务量的计量单位可能是托盘数、吨等，而运输服务业务量的计量单位可能是吨公里。如果各种服务项目在物流系统中都占有相当大的比重，且没有分项目进行物流成本的核算，在这种情况下进行本量利分析，就无法进行保本点业务量和保利点业务量的计算，而只能计算保本点和保利点的营业收入，则下面的公式更常用且方便：

$$\text{实现目标利润的营业收入} = \frac{\text{固定成本总额} + \text{目标利润}}{\text{边际贡献率}} \quad (5)$$

因为运输企业需纳税，营业收入中包含了税额，同时，企业实际运作中习惯用净利润分析问题，所以，要考虑所得税的因素，这样，上述公式变形为：

$$\text{实现目标利润的营业收入} = \frac{\text{固定成本总额} + \dfrac{\text{目标利润}}{1 - \text{所得税税率}}}{\text{边际贡献率}} \quad (6)$$

边际贡献是指营业收入与相应变动成本总额之间的差额，又称贡献边际、贡献毛利、边际利润或创利额，除主要以总额表示外，还有单位边际贡献和边际贡献率两种形式。

$$\text{边际贡献总额} = \text{单位边际贡献} \times \text{业务量} = (\text{单价} - \text{单位变动成本}) \times \text{业务量}$$

$$\text{边际贡献率} = \frac{\text{边际贡献总额}}{\text{营业收入总额}} \times 100\% = \frac{\text{营业收入总额} - \text{变动成本总额}}{\text{营业收入总额}} \times 100\%$$

$$= \frac{\text{单位边际贡献}}{\text{单价}} \times 100\% = \frac{\text{单价} - \text{单位变动成本}}{\text{单价}} \times 100\%$$

$$= 1 - \frac{单位变动成本}{单价} = 1 - 变动成本率$$

由此可以看出，各种产品或物流服务所提供的边际贡献，虽然不是物流的营业净利润，但它与物流的营业净利润的形成有着密切的关系。边际贡献首先用于补偿物流系统的固定成本，弥补固定成本后的余额即为企业或物流系统的利润。

例 6-9：通过对某运输企业三年的历史数据进行分析，确定单位变动成本为 0.6 元/吨公里，月固定成本总额为 25 万元，单位运价为 1.6 元/吨公里，请计算该企业的保本点业务量。如果该企业期望本月获得利润 20 万元，业务量应达到多少？

解析：

$$保本点业务量 = \frac{固定成本总额}{单价 - 单位变动成本} = \frac{250\,000}{1.6 - 0.6} = 250\,000\ (吨/公里)$$

$$实现目标业务量 = \frac{固定成本总额 + 目标利润}{单价 - 单位变动成本} = \frac{250\,000 + 200\,000}{1.6 - 0.6} = 450\,000\ (吨/公里)$$

例 6-10：资料同例 6-9，若企业所得税税率为 20%，请计算边际贡献率、保本点营业收入和实现目标利润的营业收入。

解析：

$$边际贡献率 = \frac{单价 - 单位变动成本}{单价} \times 100\% = \frac{1.6 - 0.6}{1.6} \times 100\% = 62.5\%$$

$$保本点营业收入 = \frac{固定成本总额}{边际贡献率} = \frac{250\,000}{62.5\%} = 400\,000\ (元)$$

$$实现目标利润的营业收入 = \frac{固定成本总额 + \dfrac{目标利润}{1 - 所得税税率}}{边际贡献率}$$

$$= \frac{250\,000 + \dfrac{200\,000}{1 - 20\%}}{62.5\%} = 800\,000\ (元)$$

6.4.2 相关因素变动对决策指标的影响

在上述的本量利分析中，各因素均是已知和固定的，但实际工作中这种静态平衡是不可能维持长久的，当有关因素发生变动时，各项相关指标也会发生变化。了解各因素和各指标之间的变化规律，对物流成本控制实践是很有帮助的。以下分析不同因素变动对保本点、保利点和利润的影响。

1. 价格变动

价格变动对保本点、保利点和利润的影响是最直接和明显的。在成本水平和业务量既定的条件下，单价上涨时，保本点、保利点降低，利润总额增加；单价下降时，情况则相反。也就是说，单价变动会引起保本点、保利点向反方向变动，单价的变动可通过改变营业收入而从同方向影响利润。

价格变动时本量利分析结果如图 6-8 所示。

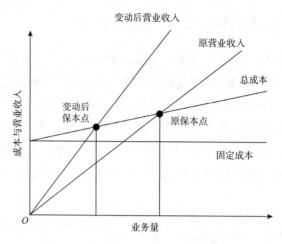

图 6-8　价格变动时本量利分析结果

2. 单位变动成本变动

在业务量既定的条件下,单位变动成本单独变动对利润的影响表现为:单位变动成本上升时,保本点和保利点提高,利润总额减少;单位变动成本下降时,保本点和保利点下降,利润总额增加。也就是说,单位变动成本单独变动时,会导致保本点和保利点同方向变动,利润反方向变动。

单位变动成本变动时本量利分析结果如图 6-9 所示。

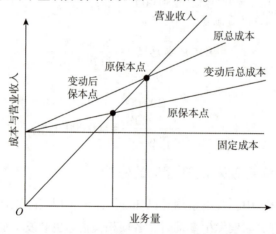

图 6-9　单位变动成本变动时本量利分析结果

3. 固定成本变动

在其他条件不变的情况下,固定成本减少,保本点和保利点下降,利润上升;反之,保本点和保利点上升,利润下降。固定成本变动直接影响成本的起点,对利润影响是直接的。

固定成本变动时本量利分析结果如图 6-10 所示。

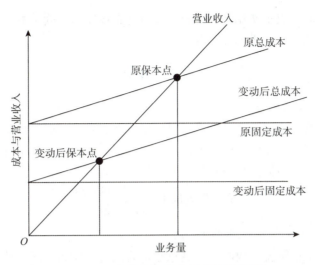

图 6-10　固定成本变动时本量利分析结果

4. 产品结构变动

物流企业一般服务项目多，价格体系复杂，在价格、单位变动成本及固定成本都不变的情况下，由于各种服务的获利能力不同，当企业服务产品结构发生变动时，也会影响企业的保本点和保利点，它取决于以各项服务在营业收入中所占比例为权数时加权平均边际贡献率的变化情况。

在本量利分析的实际应用中，应该结合企业需求以及物流成本核算基础工作的完成情况来考虑，离开了物流成本核算，本量利分析就成了一句空话。而结合具体项目、具体客户、具体订单进行本量利分析可以使该项工作发挥更大的效用。例如，物流企业针对大客户提供多项物流服务，则可以按照不同的客户进行本量利分析，这可以为物流企业的客户关系管理提供非常有用的信息。

> 💡 **资料阅读**
>
> 本量利分析是在一定假设条件下进行的，例如：假设成本性态分析已经完成，即已将相关成本分解为固定成本和变动成本；假设分析对象的成本是按变动成本法计算的；假设一定时期和一定业务量范围（相关范围）内，固定成本总额、单位变动成本及售价不变，成本总额和销售收入与业务量之间均表现为线性关系；假设企业只有一种产品，若有多种产品，各产品销售额在全部产品总销售额中所占比重不变；假设只分析营业利润等。

6.5　物流成本效益分析

物流成本效益分析主要包括物流成本与数量指标的比率分析、物流成本与收入类指标的比率分析、物流成本与利润类指标的比率分析以及物流成本与成本费用类指标的比率分析。通过收入、利润和成本费用指标的成本分析，企业能够明确掌握物流成本与企业最初的预算指标存在哪些差异，进而加以改进。

6.5.1 物流成本与数量指标的比率分析

1. 物流成本与数量指标

数量指标主要是指企业的产品数量。对于制造企业来说，产品数量可以是其销售产品数量，也可以是其完工产品数量。一般情况下，采用产品物流成本指标作为物流成本与数量指标的比率分析评价指标。单位物流成本的计算公式为：

$$单位物流成本 = \frac{物流总成本}{产品数量}$$

2. 产品物流与成本指标使用的前提条件

产品物流成本是指物流总成本与产品总数量的比值，具体表现为单位产品所消耗的物流成本水平。如果企业只生产和销售一种产品，这个指标的获取非常容易，直接用所耗费的物流总成本比上产品的总数量即可得出结果，以此来获取单位产品的物流成本信息并进行评价，为企业决策者提供相关决策信息。在实际运营过程中，企业不可能只生产单一品种的产品，大多数企业是多品种、多元化生产和经营的。在这种情况下，就需要对物流总成本进行划分，通过明确成本的责任，来确定各种产品的单位物流成本，以此来进行比较，分析物流成本的优劣势所在。

在制造企业的物流成本计算过程中，应该把产品分为两个部分，即完工产品和未完工产品。物流总成本应该据此进行划分，先计算出完工产品的物流成本水平，再对完工产品的物流成本进行比较分析，查找企业的优缺点，并对此进行详细分析，从而进行完善、改进。

因此，使用产品物流成本指标的前提条件是将物流成本在不同产品或同一产品的完工产品和未完工产品之间进行分配，分别计算出不同产品之间以及完工产品和未完工产品之间的物流成本。

3. 产品物流与成本指标的使用范围

单位产品物流成本指标适用于在不改变企业原有生产和销售产品种类的前提下本期比率与上期或同期比率的比较，同时也适用于生产或销售同一种或同几种产品的不同企业之间的比较分析。正常情况下，产品物流成本指标对于物流企业不太适用。因为物流企业没有生产流程，进而没有产成品，所以无法用单位产品物流成本指标来衡量物流企业的成本。但是，如果物流企业有能力承办的业务种类或商品种类比较单一，同时承办的业务又相对来说比较稳定，也可以采用业务或商品作为产品来承担物流成本。所以，可以采用单位产品物流成本指标来进行比较分析。总而言之，不管企业属于哪种类型，只要企业只生产或销售单一产品，那么使用单位产品物流成本指标进行比较分析则最为有利，而且所获结果也最为可靠。

例 6-11： 已知 A 公司是一家专门从事某种产品生产制造的企业，主要生产甲和乙两种产品。20×2 年年末甲产品生产了 2 500 件，全部实现销售；乙产品生产了 3 000 件，但是只销售 2 500 件，还有 500 件没有实现销售，存至库房。相关负责人经查阅会计报表等相关资料了解到，20×2 年全年经营甲产品共发生物流成本 50 000 元，乙产品花费的物流总成本为 126 000 元。根据历史资料，在 20×1 年度，该公司销售甲产品 2 000 件，花费的物流成本为 48 000 元；乙产品 2 400 件，花费物流成本 96 000 元。

试分析：A 企业物流成本效益状况。

按照上述数据编制甲产品和乙产品物流成本对比分析表，如表 6-8 所示。

表 6-8 甲产品和乙产品物流成本对比分析表

项目		20×1 年	20×2 年	较 20×1 年同比增长
甲产品	物流成本	48 000 元	50 000 元	4.17%
	销售数量	2 000 件	2 500 件	
	单位物流成本	24 元	20 元	−16.67%
乙产品	物流成本	96 000 元	105 000 元	9.38%
	销售数量	2 400 件	3 000 件	
	单位物流成本	40 元	36 元	−12.50%
物流成本合计		144 000 元	155 000 元	7.64%

解析：

根据资料可以得出，20×2 年乙产品生产 3 000 件，销售 2 500 件，按照已销售产品物流成本数量进行计算，已销售产品的实际物流成本为：

$$已销产品的实际物流成本 = 126\,000 \times \frac{2\,500}{3\,000} = 105\,000（元）$$

从据此编制的物流成本对比分析表可以看出，A 公司的物流成本在 20×2 年度较 20×1 年度同比增长了 7.64%，其中甲产品的物流成本同比增长了 4.17%，乙产品物流成本同比增长了 9.38%。通过进一步分析可以看出，甲产品的单位物流成本同比下降了 16.67%，乙产品单位销售物流成本较 20×1 年度同比下降了 12.5%，下降幅度较大。由此可见，A 公司的两种产品总成本虽然有所增长，但单位销售物流成本较 20×1 年度有所下降，这说明 A 公司的物流成本控制较好，单位销售物流成本下降的幅度很大，企业在物流成本控制上取得了一定的成绩。

6.5.2 物流成本与收入类指标的比率分析

1. 物流成本与收入类指标

物流成本与收入类指标是指物流成本与主营业务收入指标的比率分析，这类指标中最重要的是单位销售收入物流成本比率，它等于发生的物流总成本与主营业务收入之比。该比率越高，说明企业单位销售额需要支出的物流成本越高；反之，支出的物流成本越低。用公式表示为：

$$销售收入物流成本率 = \frac{物流总成本}{主营业务收入} \times 100\%$$

对企业而言，主营业务收入是企业通过销售产品而实现的收入，在这里产品可以是实体产品，也可以是企业提供的各项服务。根据收入与成本的配比原则，单位销售收入的物流成本率主要反映企业为获取一定收入所付出的物流成本代价。

2. 物流成本与收入类指标使用的前提条件

通过单位销售收入物流成本率指标的计算公式可知，该指标的分子和分母之间不一定存在必然的联系。对企业而言，主营业务收入对物流成本没有直接的影响，某些物流费用并不会因主营业务收入的高低而随之增减。企业在使用这个指标进行物流成本比率分析时，主要目的是通过对企业不同时期的物流成本收入类指标的比率进行横向和纵向比较，来评价企业在一定时期内单位营业收入所发生的物流成本是否科学、合理。但是，这个指标的使用有前提条件：首先，要对不同对象的主营业务收入和数量进行分析；同时，企业不同时期或不同企业之间产品的定价差异和营销策略差异不大。只有这样，这个指标才具有说服力。如果企业在不同时期或行业内各企业之间的产品售价差异很大，会造成产品销售量的差异很大，这样也使得主营业务收入悬殊，这种情况会导致企业单位销售产品物流成本差异很大，不利于进行客观比较分析。

3. 物流成本与收入类指标的使用范围

物流成本与收入类指标主要适用于三种企业评价单位主营业务收入所发生的物流成本：生产制造业、流通企业和物流企业。物流成本与收入类指标可以用于横向比较，通过企业与同行业企业之间进行比较分析，以此来揭示企业内部存在的优点和缺点；也可以通过纵向比较，掌握企业在各个历史时期所发生的数据，从中查找存在问题的原因，提出解决方案。物流成本与收入类指标使用中，物流企业比较特殊，它只负责物资流通，由于其特殊的运作方式，根据收入成本配比原则，主营业务收入减去物流成本等于物流企业实现的物流收益。但这种情况，只有物流企业才能够实现，物流企业主营业务收入是运作物流业务所实现的收入。因此，这一指标对于物流企业而言比制造业和流通业更为适用，更能够真实地反映单位物流活动销售收入所发生的物流成本水平。

> **提示**
>
> 企业在应用物流成本与收入类指标进行物流成本分析过程中，主要存在两方面的缺陷：一是对于生产制造企业来说，物流成本和主营业务收入之间没有必然的联系；二是企业进行营销活动时的产品定价和营销策略的改变会给物流成本与收入类指标的比例造成重大的影响。所以，物流成本与收入类指标有时无法真实地反映不同比较对象之间的差异。具体来讲，因为主营业务收入变化比物流成本变化更为活跃，不同比较对象之间即使指标非常接近，也不等同于所反映的物流成本管理水平相当。同理，物流管理和控制水平相当，也可能由于主营业务收入悬殊导致指标差异较大。

例6-12： B企业在20×1年度发生的物流成本为38 900元，主营业务收入为678 000元，在20×2年度发生的物流成本为44 200元，主营业务收入为812 900元；根据相关调查资料可知，B企业产品价格和所采取的营销策略大致相同，可以把这些条件视为等同，在后续的比率分析中可以不考虑这些方面的差异。

试分析：B企业物流成本效益状况。

解析：

根据上述资料编制 B 企业物流成本与主营业务收入比率分析表，如表 6-9 所示。

表 6-9 　 B 企业物流成本与主营业务收入比率分析表

项目	物流成本	主营业务收入	销售（物流）成本率
20×1 年度	38 900 元	678 000 元	5.74%
20×2 年度	44 200 元	812 900 元	5.44%
20×2 年度较 20×1 年度同比增长率	13.62%	19.90%	-0.30%

根据表 6-9 中的数据可知，B 企业 20×2 年度发生的物流成本较 20×1 年度增长 13.62%；主营业务收入较 20×1 年度增长 19.90%，其增长幅度超过物流成本的增长幅度。企业在 20×2 年度销售（物流）成本率为 5.44%，比 20×1 年度下降 0.30%。在产品价格和营销策略基本相等的情况下，B 企业在 20×2 年度单位营业收入的物流成本水平较为合理，企业的物流成本控制也较为稳定。

6.5.3　物流成本与利润类指标的比率分析

1. 物流成本与利润类指标

物流成本与利润类指标的比率主要是指物流成本利润率，是企业的利润总额与物流成本的比率分析，也可以是企业净利润与物流成本的比率分析。物流成本利润率主要反映花费单位的物流成本所能获得的利润额，表明单位物流成本的获利能力。该比率越高，说明企业为获取一定利润所付出的物流成本越低，市场竞争力强，获利水平越高；反之，获利水平越低。因此，该指标的大小能够说明单位物流成本营利能力的强弱。

一般情况下，物流成本数额与利润总额成反方向变化，即物流成本数额增加，利润总额一般会随之减少；反之，利润总额则会随之增加。所以，该指标不仅可以评价企业的获利能力，还可以评价企业对物流成本总额的管理水平和控制能力，用公式表示为：

$$物流成本利润率 = \frac{利润总额}{物流成本} \times 100\%$$

需要注意的是，物流成本指标对利润总额具有一定的影响。在利润总额中涉及的其他影响因素保持不变的情况下，物流成本发生变化时，利润总额也会发生同向小幅度的变化，这能够体现物流成本利润率指标对物流成本的敏感程度，也能够反映物流成本对物流成本利润率的影响程度。

另外，有些企业舍弃利润总额而采取净利润，更多的是考虑所得税的影响，在此不详细介绍。

2. 物流成本与利润类指标比率分析的使用前提

利润总额是所获收入减去在计算期内的所有成本和各项费用的余额。因此，使用该指标进行企业物流成本水平的评价，必须要考虑到不同比较对象之间所获得的收入、成本和费用要素之间是否存在显著的差异。若存在显著差异，必须对这些显著性差异进行相应的修正，在修正的基础上再进行比较分析。如果企业在计算期内发生了营业外收益或其他投资性收益，在计算物流成本利润率时应该把这些非主营业务收益扣除，再进行计算，使物流成本利润率具有可比性。因此，物流成本与利润类指标的使用前提是这类指标具有可比性。指标的可比性主要体现在两方面：一是比较对象之间利润总额的构成要素要大体相同，存在差异较大的因素应该将其剔除；二是利润总额中所包含的营利因素应该与物流成本因素相对应，与物流成本无关的其他业务利润和投资收益应该剔除。

3. 物流成本与利润类指标的适用范围

物流成本与利润类指标的适用范围主要集中于三类企业：生产制造业、流通企业和物流企业，该类指标用来评价这三类企业单位物流成本的获利能力。物流成本利润率可以用于企业内纵向比较分析，也可以用于行业内横向比较分析，以此来评价企业单位物流成本获利能力在企业内部是否有所变化，以及企业单位物流成本获利能力在同行业所处的水平。由于物流成本利润率反映的是物流活动所产生的收益与所付出的成本之间的比值，能够真实地反映企业物流成本投入和支出之间的关系，因此，该类指标也适用于任何类型企业的营利能力评价和物流成本管理水平的评价。

> **资料阅读**
>
> 利润总额是一个集收入、成本、费用等因素于一体的综合性指标。因此，物流成本利润率本身就具有较强的综合性。它可以降低物流成本与主营业务成本、期间费用、企业总成本和主营业务收入等类指标的局限，但同时，该类指标也存在利润总额等指标所包含的不足之处。比如，产品的原材料价格变动对主营业务成本和期间费用的影响，完工产品的价格和营销策略对主营业务收入的影响等，均会对利润总额产生影响，影响的程度取决于该指标对各因素的敏感性程度。因此，在使用该类指标时，首先要对利润总额指标进行分析，尤其是敏感性分析。在单纯收入或单纯成本费用因素发生变动时，由于对利润总额影响较大且不具有抵销作用，因此更应该注意分析和调整。

例 6-13：C 企业在 20×1 年度发生的物流成本为 59 600 元，主营业务收入为 1 224 000 元，主营业务成本为 1 020 000 元，期间费用为 122 000 元，期间费用中销售费用为 36 000 元，财务费用为 30 000 元，管理费用为 56 000 元。C 企业 20×2 年发生的物流成本为 66 000 元，其中包含隐性物流成本 26 000 元，主营业务收入为 1 392 000 元，主营业务成本为 1 160 000 元，期间费用中销售费用为 40 000 元，管理费用为 64 000 元，财务费用为 330 000 元，其中 300 000 元为向银行购建厂房所支付的利息费用，营业外支出为 6 000 元，发生了投资收益 200 000 元，在此不考虑相关税金的影响。

要求：根据上述资料进行计算和分析企业物流成本效益。

解析：

20×1 年利润总额 = 1 224 000 - 1 020 000 - 122 000 = 82 000（元）

20×2 年首次计算利润总额

= 1 392 000 - 1 160 000 - 64 000 - 40 000 - 330 000 - 6 000 + 200 000 = -8 000（元）

由于企业在运营期间发生的利息支付不应该由该运营期间独立承担，所以应该对利润总额进行调整，再次计算结果为：

利润总额 = -8 000-200 000+300 000-26 000 = 66 000（元）

根据这些数据，可以编制 C 企业物流成本利润率分析一览表，如表 6-10 所示。

表 6-10　C 企业物流成本利润率分析一览表

项目	物流成本	主营业务收入	调整后利润总额	物流成本利润率
20×1 年度	59 600 元	82 000 元	82 000 元	138%
20×2 年度	66 000 元	-8 000 元	66 000 元	100%
20×2 年度较 20×1 年度同比增长率	10.74%	109.76%	-19.51%	-27.54%

从表 6-10 中的数据资料可以看出，C 企业 20×2 年发生的物流成本比 20×1 年增长了 10.74%，利润总额却下降了 109.76%，由于在比较期间存在一些非本运营期间的费用，所以对利润总额的相关因素进行调整后所得的利润总额仍然较 20×1 年下降了 19.51%，说明 C 公司的物流成本和利润总额成反方向变化。

由于 C 公司在 20×2 年的首次计算利润总额为亏损，经过调整可实现利润总额为 66 000 元，此时物流成本利润率为 1，说明单位物流成本可实现 1 个单位的利润。而 C 公司在 20×1 年单位物流成本可实现 1.38 个单位的利润总额，这与企业自身因素有关，也与整个经济大环境不景气有关。此种情况，说明企业的物流成本获利水平降幅较大。

> **提示**
>
> 企业的任何一种物流成本比率指标都可以在一定程度上说明企业内部和外部存在的问题，特别是对于企业内部纵向的比较和同行业的横向比较，更容易发现企业本身存在的问题。但在应用物流成本比率指标时，一定要注意，每个指标都有其自身的局限性，在计算时要充分考虑。同时，企业在应用物流成本比率指标进行分析时，一定要结合企业的实际情况，具体问题具体分析，切忌盲目照搬，这样不仅不能真实反映企业内部物流活动管理情况，也不能客观揭示存在的一些实际问题。

6.5.4　物流成本与成本费用类指标的比率分析

在分析完物流成本与收入类、利润类指标后，还要进行成本费用指标的分析，成本费用类指标分析主要包括三类：主营业务成本、期间费用和企业总成本分析。

1. 物流成本与主营业务成本的比率分析

（1）物流成本与主营业务成本指标。

在分析物流成本与主营业务成本比率之前，首先要明确物流成本与主营业务成本比率的含义。物流成本与主营业务成本比率是指物流成本与主营业务成本之比，其中物流成本是指在一定运营期内，由于物资流通而发生的不包含物资本身价值的成本支出；主营业务成本是指已经实现销售的包含物的价值的成本支出。用公式表示为：

$$主营业务（物流）成本率 = \frac{物流成本}{主营业务成本} \times 100\%$$

对于制造业和流通业而言，物流成本与主营业务成本比率主要反映了一定运营期间内单位已销售产品成本的物流成本比率；而相对物流企业而言，主营业务成本主要反映的是对外支付的委托物流成本。物流企业的物流成本与主营业务成本率主要反映的是企业所发生的物流成本总额与委托物流成本的比率关系。

(2) 物流成本与主营业务成本比率指标使用的前提条件。

在主营业务中，产品的采购成本（包含购买产品的价款和采购费用）是主营业务成本的重要组成部分。因此，不同时期或不同企业间采购产品价格差异较大，则会导致主营业务成本产生很大的差异。所以，企业在使用这一指标来衡量物流成本与成本费用的比例前，应先将产品采购价格进行比较。只有在价格大致相同的情况下，比较才具有实际意义；若价格差异较大，仍需要进行该比较，则可以通过对价格进行调整，以某一固定价格为基数，将所有比较对象的产品采购价格参照基数价格进行调整，形成抽象价格差异，再进行比较分析。

(3) 物流成本与主营业务成本比率指标的适用范围。

物流成本与主营业务成本比率指标适用于生产制造业、流通企业分析单位已销售产品成本的物流成本比率，也适用于物流企业分析单位委托物流成本的物流成本比率。物流成本与主营业务成本比率既可以进行所有产品成本与主营业务成本比率的分析，也可以用于单类产品的物流成本与主营业务成本的比率分析。在这里需要强调的是，无论是所有产品、单类产品还是单项产品，在进行物流成本与主营业务成本比率分析时，比较的对象必须相匹配，否则该指标将没有实际意义。

例 6-14：D 企业在 20×1 年销售 D_1 产品 135 件，发生物流成本 16 400 元，主营业务成本为 256 000 元；销售 D_2 产品 158 件，发生物流成本 18 600 元，主营业务成本为 298 000 元。D 企业在 20×2 年销售 D_1 产品 170 件，物流成本为 17 000 元，主营业务成本为 288 000 元；销售 D_2 产品 170 件，物流成本为 19 000 元，主营业务成本为 321 000 元。

要求：试分析 D 企业物流成本效益情况。

解析：

根据以上资料可以编制 D 企业物流成本与主营业务成本明细表，如表 6-11 所示。

表 6-11 D 企业物流成本与主营业务成本明细表

项目		物流成本	主营业务成本	主营业务（物流）成本率
20×1 年	D_1 产品	16 400 元	256 000 元	6.4%
	D_2 产品	18 600 元	298 000 元	6.2%
	合计	35 000 元	554 000 元	6.3%
20×2 年	D_1 产品	17 000 元	288 000 元	5.9%
	D_2 产品	19 000 元	321 000 元	5.9%
	合计	36 000 元	609 000 元	5.9%
20×2 年较 20×1 年同比增长率	D_1 产品	3.66%	12.50%	−7.81%
	D_2 产品	2.15%	7.72%	−4.84%
	合计	2.86%	9.93%	−6.35%

根据表 6-11 可知，D 企业在 20×2 年较 20×1 年物流成本增长了 2.86%，而主营业务成本的增幅较大，达到了 9.93%。在主营业务成本中，增幅较大的是 D_1 产品，它的主营业务成本增幅达 12.50 个百分点，而 D_2 产品的增幅略小，为 7.72%。对于 D 企业来说，

20×2 年单位主营业务成本发生了 0.059 个单位物流成本,比 20×1 年下降了 6.35%,其中 D_1 产品下降了 7.81%,D_2 产品下降了 4.48%。因此,若这两个年度的其他相关要素价格变化不大,说明企业 D_1 和 D_2 产品的物流成本与主营业务成本的比率总体来说较为合理,D 企业成本控制得较好。

2. 物流成本与期间费用的比率分析

(1) 物流成本与期间费用比率指标。

物流成本与期间费用比率是指物流成本与期间费用之比。这里的期间费用主要包含三项,即销售费用、财务费用和管理费用。这一比率反映了企业在一定运营期间内发生的物流成本占期间费用的比重。由于期间费用一般不受进货成本影响,波动比较小,计算出的比率相对比较稳定,可比性比较强,因此可以作为判断物流成本比重、考核物流成本合理性的指标。用公式表示为:

$$期间费用成本(物流)率 = \frac{物流成本}{期间费用} \times 100\%$$

需要注意的是,公式中的期间费用应该是企业日常经营活动中发生的费用剔除一些偶然发生的事项,例如管理费用中由于存货清查计入的盘亏净损失等。

> **知识链接**
>
> 期间费用是指企业为组织和管理企业生产经营、筹集生产经营所需资金以及销售商品等发生的各项费用。期间费用应在发生当期直接计入损益,并在利润表中分项目列示,包括销售费用、管理费用和财务费用等。销售费用是企业在销售过程中所发生的费用;管理费用是企业组织和管理生产经营活动所发生的各项费用;财务费用是企业为筹集生产经营资金所发生的各项费用。

(2) 物流成本与期间费用比率指标使用的前提条件。

不同类型的企业在会计核算过程中,对有关费用的列支科目要求有所不同。对于制造业和流通企业来说,所发生的物流成本是在期间费用的有关科目中列出;而对物流企业而言,所发生的物流成本主要在主营业务成本科目中反映。因此,企业物流成本与期间费用的比率对于制造企业和流通企业来说,更真实地反映出全部物流成本在期间费用中所占的比例,不需要进行任何调整。而对于物流企业,需要把委托成本从企业物流成本总额中分离出来,再分别计算自营物流成本和期间费用的比例,这样才能够真实反映出该指标的含义。

(3) 物流成本与期间费用比率指标的适用范围。

物流成本与期间费用指标适用于制造业和流通企业,同时,也适用于一些能够把自营物流成本从物流总成本中分离出来并以此来计算物流成本与期间费用比率的物流企业。该指标的比率分析可以用于一个企业不同时期的纵向比较分析,也可以用于同行业不同企业之间的横向比较分析。物流成本与期间费用比率指标有一个显著优点,就是可以忽略产品品种的差异,不受产品品种变化和产品价格波动的影响。

> **提示**
>
> 对于所有企业而言，在某一会计期间政策调整或企业经营管理方向发生了重大变化，可能导致企业产生大量与物流成本无关的期间费用支出，例如，修建厂房、构建仓库等需要资金较多的项目。这相对于以前的会计期间或其他企业而言，物流成本的构成内容未发生变化，但是期间费用大量增加，使得企业物流成本与期间费用的比率降低，这并不意味着企业成本控制得好。所以，在这类情况下，不能单单看数字的表象，还要去挖掘数字背后潜在的实质。

例6-15：E企业在20×1年发生的物流成本是26 500元，期间费用中销售费用为20 000元，财务费用为15 600元，管理费用为25 000元；E企业在20×2年发生的物流成本为32 300元，期间费用中销售费用为18 000元，财务费用为182 000元（其中170 000元为举债所支付的利息），管理费用为34 000元。

要求：试分析E企业物流成本效益情况。

解析：

根据上述资料可以进行计算和分析如下。E企业各年期间费用为：

20×1年期间费用 = 20 000+15 600+25 000 = 60 600（元）

20×2年期间费用 = 18 000+182 000+34 000 = 234 000（元）

由于20×2年在财务费用中存在举债所需支付的利息，而这些利息不应该由该运营期全部承担，所以应该在期间费用中减去资本性的利息支出，进行调整后的期间费用为：

20×2年调整后期间费用 = 234 000-170 000 = 64 000（元）

根据以上数据可以编制E企业物流成本与期间费用比率分析明细表，如表6-12所示。

表6-12 E企业物流成本与期间费用比率分析明细表

项目	物流成本	期间费用	调整后期间费用	期间费用（物流）成本率	调整的期间费用（物流）成本率
20×1年	26 500元	60 600元	60 600元	43.73%	43.73%
20×2年	32 300元	234 000元	64 000元	13.80%	50.47%
20×2年较20×1年同比增长率	21.86%	286%	5.61%	-68.44%	15.41%

从表6-12可以清晰地看出，E企业在20×2年的物流成本比20×1年同比增长了21.86%，调整之前的期间费用增长幅度达到了286%，经过对资本性利息支出的调整，期间费用的增幅为5.61%，由此可以看出，调整前后差异很大。

E企业在20×2年度物流成本与期间费用之比为13.80%，比20×1年下降了68.44%，从这个数据上看，企业的成本控制得较好。通过进一步分析发现，财务费用中存在170 000元的资本性利息支付，而20×1年没有该利息支出项目，所以为了使该指标具有可比性，需要对数据进行调整。调整后的数据发现，实际上企业物流成本与调整后的期间费用比重较20×1年增长了15.41%。从这一点来看，实际上E企业在物流成本控制上不如20×1年好，这需要企业根据实际情况来具体分析。

3. 物流成本与企业总成本的比率分析

物流总成本率是反映企业物流成本占企业总成本的比例。它可以作为评价企业内部物流成本合理化的指标，或者考核企业物流成本是否实现了目标成本或计划成本。该比率越高，说明物流成本在企业总成本支出中的比重越大，应分析原因，寻求降低物流成本的方法。用公式表示为：

$$物流总成本率 = \frac{物流成本}{企业总成本} \times 100\%$$

其中，企业总成本包括主营业务成本、销售费用、财务费用、管理费用、营业外支出、其他业务成本。

通过物流成本与企业总成本比率的计算公式可以看出，物流成本是企业总成本构成的一部分。通过较长时期的比较分析，企业可以推算出物流成本占总成本比重的区间。需要注意的是，该比率受原材料价格变动和工厂设备折旧的影响较大。

（1）物流成本与企业总成本比率指标使用的前提条件。

物流成本与企业总成本比率对所有企业而言都是一种简单的分析指标，主要反映的是一种结构百分比关系。需要注意的是，在物流成本中包含显性成本和隐性成本，其中显性成本在总成本中能够完全体现出来；而隐性成本主要是指现有资源被占用所造成的机会成本，往往不包含在总成本中。所以，在使用该指标前，首先要明确物流成本中是否存在隐性成本，以及隐性成本在总成本中所占的比重。如果隐性成本在物流成本中所占比重较大，为了使物流成本与企业总成本比率更具实际意义和可比性，应该在原有成本基础上对其进行调整，即在原有成本基础上加上隐性物流成本，从而使结构百分比具有比较意义。

（2）物流成本与企业总成本比率指标的适用范围。

物流成本与企业总成本比率主要适用于制造企业、流通企业及物流企业在一定期间内物流成本与企业总成本之间的比率分析。与前述几个比率指标一样，该指标可以进行时间上的纵向比较分析，也可以进行同行业内与其他企业间的横向比较分析。同物流成本与主营业务成本比率指标相比，物流成本与企业总成本比率弱化了企业产品品种变化和产品价格变动的影响；同物流成本与期间费用比率指标相比，该指标弱化了与物流成本无关的大额期间费用变动的影响，是一种更为综合的比率指标。

提示

物流成本与企业总成本比率指标的局限

由于物流成本与企业总成本比率可以弱化产品品种和产品价格对其的影响，还可以弱化与物流成本无关的大额期间费用对其的影响，所以物流成本与企业总成本比率存在一定的缺陷，即当货物的种类和价格发生变化时，会影响物流成本的发生，继而影响该指标的准确性。同时，如期间费用中与物流成本无关的大额费用发生变动，会导致企业物流总成本发生改变，进而影响到该指标的高低，使企业不同期间或同行业不同企业之间该指标的可比性减弱。

例 6-16： F 企业 20×1 年物流成本为 28 000 元，主营业务成本为 450 000 元，销售费用为 21 200 元，财务费用为 16 500 元，管理费用为 30 000 元，在整个运营期间没有发生其他营业外支出和业务成本；F 企业在 20×2 年发生物流成本为 36 000 元（其中隐性成本为 16 000 元），主营业务成本为 562 000 元，销售费用为 23 200 元，财务费用为 145 000 元，管理费用为 35 000 元，其中购买土地向银行借款发生的利息支付额为 130 000 元，营业外支出为 5 000 元。

要求：试分析 F 企业物流成本效益情况。

解析：

根据以上数据可以计算出 F 企业 20×1 年度和 20×2 年度企业总成本，分别为：

20×1 年企业总成本=450 000+21 200+16 500+30 000=517 700（元）

20×2 年企业总成本=562 000+23 200+145 000+35 000+5 000=770 200（元）

根据前述的为了使物流成本与企业总成本比率指标具有可比性，需要对 20×2 年企业总成本进行调整，调整后的数据企业总成本为：

调整后 20×2 年企业总成本=770 200+16 000-130 000=656 200（元）

根据以上计算数据编制 F 企业物流成本与总成本比率分析表，如表 6-13 所示。

表 6-13　F 企业物流成本与企业总成本比率分析

项目	物流成本	企业总成本	调整后企业总成本	物流总成本率	调整的物流总成本率
20×1 年	28 000 元	517 700 元	517 700 元	5.41%	5.41%
20×2 年	36 000 元	770 200 元	656 200 元	4.67%	5.49%
20×2 年较 20×1 年同比增长率	28.57%	48.77%	26.75%	-13.68%	1.48%

由表 6-13 可以看出，F 企业在 20×2 年物流成本较 20×1 年增长了 28.57%，企业总成本增长了 48.77%，调整后的企业总成本较 20×1 年增长幅度为 26.75%。由此可见，对企业总成本的相关构成加以调整更能真实地反映企业的实际成本水平。根据调整后的数据可知，物流成本与企业总成本比率的增幅没有超过物流成本的增幅。

由比率分析可看出，F 企业 20×2 年物流成本占总成本比重的 4.67%，较 20×1 年降低了 13.68%。为了使指标和 20×1 年具有可比性，对其进行调整，调整后的数据表明企业物流成本占总成本的比重为 5.49%，比 20×1 年增长了 1.48%。虽然这个数据不如调整前的数据喜人，但是可以看出企业的成本控制还是相对稳定的。

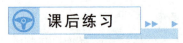

课后练习

一、不定项选择题

1. 将连续数期的会计报表的金额并列起来，比较其相同指标的增减变动金额和幅度，据以判断企业财务状况和经营成果的发展变化。这种比较方法称为（　　）。

　　A. 趋势分析法　　B. 横向比较法　　C. 比率分析法　　D. 动态比较法

2. （　　）是用同一期内的有关数据相互比较，得出它们的比率，用相关项目的比率作为指标，揭示了数据之间的内在联系，以说明财务报表所列各有关项目的相互关系，来判断企业财务和经营状况的好坏。

　　A. 比较分析法　　B. 纵向比较法　　C. 因素分析法　　D. 比率分析法

3. 将全部成本分为固定成本、变动成本和混合成本所采用的分类依据是（ ）。
   A. 成本的核算目标　　　　　　　　B. 成本的可辨认性
   C. 成本的经济用途　　　　　　　　D. 成本的性态
4. 在相关范围内，变动成本应当具备的特征是（ ）。
   A. 总额的不变性　　　　　　　　　B. 总额的正比例变动性
   C. 单位成本的不变性　　　　　　　D. 单位成本的变动性
5. 单位固定成本在相关范围内的变动规律是（ ）。
   A. 随着业务量的增加而减少　　　　B. 随着业务量的减少而减少
   C. 随着业务量的增加而增加　　　　D. 不随业务量的变动而变动
6. 房屋和机器设备的折旧费一般属于（ ）。
   A. 变动成本　　B. 固定成本　　C. 混合成本　　D. 半变动成本
7. 可以通过管理层决策行动改变的成本包括（ ）。
   A. 约束性固定成本　　　　　　　　B. 酌量性固定成本
   C. 技术性变动成本　　　　　　　　D. 酌量性变动成本
8. 下列选项中，属于固定成本的有（ ）。
   A. 定期支付的广告费　　　　　　　B. 计件工资
   C. 企业管理人员的工资　　　　　　D. 按直线法计提的折旧
9. 在相关范围内保持不变的成本有（ ）。
   A. 变动成本总额　　B. 单位变动成本　　C. 固定成本总额　　D. 单位固定成本
10. 依据分析指标与其影响因素的关系，从数量上确定各因素对分析指标影响方向和影响程度的方法是（ ）。
    A. 趋势分析法　　B. 比较分析法　　C. 比率分析法　　D. 因素分析法
11. 在本量利分析图中，保本点的位置取决于（ ）等因素。
    A. 固定成本　　B. 业务量　　C. 单价　　D. 单位变动成本
12. 进行本量利分析，必须把企业的全部成本分为固定成本和（ ）。
    A. 材料成本　　B. 人工成本　　C. 变动成本　　D. 混合成本
13. 在历史资料分析法的具体应用方法中，计算结果最为精确的是（ ）。
    A. 高低点法　　B. 散布图法　　C 回归分析法　　D. 直线分析法
14. 本量利分析的基本模型为（ ）。
    A. 利润=营业收入-变动成本总额
    B. 利润=营业收入-固定成本总额
    C. 利润=营业收入-变动成本总额-固定成本总额
    D. 利润=单价×业务量-单位变动成本×业务量-固定成本总额

二、简答题

1. 什么叫成本性态？依据成本性态可以把成本划分为哪几类？
2. 试比较各种混合成本分解方法的基本原理和优缺点。
3. 什么叫本量利分析？其基本模型该如何表示？
4. 简述在本量利分析中，相关因素变动对决策指标的影响。
5. 简述物流成本效益评价的几种指标。

三、计算分析题

某企业物流中心包装作业直接材料消耗情况如表 6-15 所示。

表 6-15 某企业物流中心包装作业直接材料消耗情况

项目	计划数	实际数
包装产品数量/件	300	350
单位产品材料消耗/千克	10	8
材料单价/元	5	5.5
材料费用/元	15 000	15 400

根据数据显示,直接材料费用增加 400(15 400-15 000)元,用因素分析法分析各个因素变动带来的影响。

四、案例分析题

ABC 有限责任公司在 20×2 年进行结算时得出的物流成本数据为 ABC 公司在 20×1 年生产甲种 120 件产品全部销售,发生物流成本 14 400 元,销售乙产品 140 件,发生物流成本 15 400 元,公司共发生物流成本 29 800 元,主营业务收入为 612 000 元,主营业务成本为 510 000 元,期间销售费用为 18 000 元,财务费用为 15 000 元,管理费用为 28 000 元,没有发生营业外支出项目。20×2 年销售甲产品 150 件,共发生物流成本 15 000 元(有 7 000 元隐性成本),主营业务成本为 260 000 元;销售乙产品 150 件,发生物流成本 18 000 元(有 6 000 元隐性成本),主营业务成本为 320 000 元,主营业务收入为 696 000 元,期间销售费用为 20 000 元,财务费用为 165 000 元(其中有 150 000 元用于建厂借款的利息费用),营业外支出为 3 000 元,投资获取收益为 100 000 元。

根据所给信息列表进行分析,并判断企业的物流成本水平及控制效果。

1. 作物流成本与数量类指标的比率分析,列表进行说明。
2. 作物流成本与收入类指标的比率分析,列表进行说明。
3. 作物流成本与利润类指标的比率分析,列表进行说明。
4. 作物流成本与费用类指标的比率分析,列表进行说明。

第 7 章　物流作业成本管理

学习目标

了解作业成本法的产生及发展；
掌握作业成本法的基本原理及其特点；
掌握成本动因的概念及其分类；
掌握物流作业成本法的步骤；
理解物流成本计算存在的问题并掌握改善措施；
掌握作业成本法的计算方法。

案例导读

某农机厂是典型的国有企业，采用以销定产、多品种小批量生产模式。在传统成本法下，制造费用超过人工费用的 200%，成本控制不力。为此，企业决定实施作业成本法。

根据企业的工艺流程，确定了 32 个作业，以及各作业的作业动因，作业动因主要是人工工时，其他作业动因有运输距离、准备次数、零件种类数、订单数、机器小时、客户数等。

通过计算，发现了传统成本法的成本扭曲：最大差异率达到 46.5%。根据作业成本法提供的信息，为加强成本控制，针对每个作业确定目标成本，使得目标成本可以细化到班组，增加了成本控制的有效性。

通过对成本信息的分析，发现生产协调、检测、修理和运输作业不增加顾客价值，这些作业的执行人员归属一个分厂管理，但是人员分布在各个车间。通过作业分析，发现大量人力资源的冗余。根据分析，可以裁减一半的人员，并减少相关的资源支出。分析还显示，运输作业由各个车间分别提供，但是都存在能力剩余，将运输作业集中管理，可以减少三四台叉车。

此外，正确的成本信息对于销售的决策也有重要的影响，根据作业成本信息及市场行情，企业调整了部分产品的价格，使产品价格更加真实地反映产品的成本，具有更强的竞争力。

7.1 作业成本法概述

7.1.1 作业成本法的产生和发展

作业成本法，也就是 ABC 成本法（Activities Based Cost Method），又称作业成本计算法、作业成本核算法。作业成本法的指导思想是："成本对象消耗作业，作业消耗资源。"作业成本法把直接成本和间接成本（包括期间费用）作为产品（服务）消耗作业的成本同等对待，拓宽了成本的计算范围，使计算出来的产品（服务）成本更准确真实。作业是成本计算的核心和基本对象，产品成本或服务成本是全部作业的成本总和，是实际耗用企业资源成本的终结。作业成本法在精确成本信息，改善经营过程，为资源决策、产品定价及组合决策提供完善的信息等方面，都受到了广泛的赞誉。

> **知识链接**
>
> **作业成本法的产生**
>
> 作业成本法的产生，美国人埃里克·科勒（Eric Kohler）教授功不可没。科勒教授在1952年编著的《会计师词典》中，首次提出了作业、作业账户、作业会计等概念。1971年，乔治·斯托布斯（George Staubus）教授在《作业成本计算和投入产出会计》中对"作业""成本""作业会计""作业投入产出系统"等概念进行了全面系统的讨论。
>
> 这是理论上研究作业会计的第一部著作。但是，当时作业成本法未能在理论界和实业界引起足够的重视。20世纪80年代后期，随着 MRP、CAD、CAM、MIS 的广泛应用，以及 MRPII、FMS 和 CIMS 的兴起，美国实业界普遍感到产品成本处处与现实脱节，成本扭曲普遍存在，且扭曲程度令人吃惊。美国芝加哥大学的学者库伯（Robin Cooper）和哈佛大学教授罗伯特·卡普兰（Robert S. Kaplan）注意到这种情况，在对美国公司调查研究之后，发展了斯托布斯的思想，于1988年提出了以作业为基础的成本计算法（Activity Based Costing，ABC 法）。作业成本法在过去20年中受到了广泛关注，新型的咨询公司已经扩展了作业成本法的应用范围并研发出相应的软件。

作业成本法被引进我国的时间较晚，发展也相对缓慢。在2013年，我国颁布了《企业产品成本核算制度（试行）》，该文件强调产品成本核算要与企业的生产管理特点相结合，提出信息技术企业可以使用作业成本法对不能直接归结于具体生产对象的成本进行归集和分配。作业成本法在我国处于发展的初级阶段，大部分企业没有将作业成本法应用于管理实践中去，其作用远远没有得到发挥。例如，部分企业把作业成本法应用于成本核算，但是实践几年没有取得实质性进展就放弃了。同时，很多企业自身生产流程不规范，"作业"中心无法恰当确定，导致作业成本法没有达到应有的效果。从整体上看，作业成本法已经在我国大中型企业应用中取得有效进展，可以作为较好的应用范本供其他企业参考。我国正进行产业结构升级，"少品种、大批量"生产模式逐渐被"多品种、小批量"取代，作业成本法在我国企业有较大的应用空间。

7.1.2 作业成本法的基本原理

作业成本法的基本原理可以用图7-1来演示。

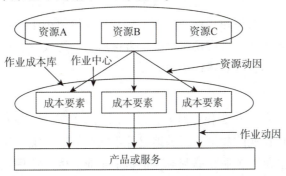

图 7-1　作业成本法的基本原理

作业成本法是一种以成本驱动因素理论为基本依据，根据产品生产经营过程中所发生和形成的产品与作业、作业链与价值链的关系，对成本发生动因加以正确的分析，选择"作业"为成本计算对象，归集和分配生产经营费用的一种成本核算方法。

作业成本计算法建立在以下基础之上：①作业消耗资源；②产品消耗作业；③生产导致作业的发生；④作业间接导致费用或间接成本的发生。由此，其基本原理可以概述为：依据不同的成本动因分别设置作业成本库，再分别以各种产品所消耗的作业量分摊其在成本库中的作业成本，然后，分别汇总各种产品的作业总成本，计算各种产品的总成本和单位成本。由此可见，作业成本计算法将着眼点放在作业上，以作业为一种过渡的成本计算对象，依据作业对资源的消耗情况将资源成本分配作业，再由作业依据成本动因追踪到产品成本的形成和积累过程，由此得出最终产品的成本。

对作业成本法原理进一步分解可知，其主要原理有以下三个方面。

（1）任何企业的一切活动都服务于产品和劳务的生产、销售和运输，因而应视为产品成本的构成因素。

（2）在每个企业作业链中，存在着这样一种关系：资源—作业—产品，即作业耗用资源、产品耗用作业，作业成为沟通企业资源和企业最终产品的一座桥梁。

（3）作业成本法将传统变动成本法的变动成本进一步划分为短期变动成本和长期变动成本两类。短期变动成本（如直接材料、直接人工等），应采用"数量相关的成本驱动因素"，如直接材料成本、直接人工工时等；而长期变动成本与企业产品产量没有直接关系，如制造费用和部分期间费用，只是受作业量的变动而变动，故应采用"作业量相关的成本驱动因素"，如折旧可以采用机器工时进行分摊等。

7.1.3 作业成本法与传统成本法差异

1. 传统成本法特点

传统成本法在进行产品成本核算时将直接材料、直接人工以外的所有成本都归结到制造费用中，再使用单一的分配标准，一般是产品数量或机器工时，将成本库中的间接制造成本分配给各受益单位。显而易见，这种方法的成本核算较为粗糙。当企业同时生产多种类型且复杂程度不一的产品时，传统成本法计算出的成本信息与产品实际成本存在差异。例如，在对工艺复杂的产品进行成本核算时，分配的间接成本会比实际的低，而工艺简单、流程较少的产品会分配到比实际更高的间接成本。现代企业的生产技术提高和生产流程日益精细复杂，间接制造费用占总生产成本比重大，影响产品成本的因素不仅仅只有产品数量和机器工时，产品的精益程度、生产批量和企业价值主张等都会对产品的生产成本产生影响。因此，如果企业不考虑现实状况，直接沿用传统成本法进行成本核算，就很有可能导致产品不当定价和管理者错误决策。

2. 作业成本法特点

作业成本法把"作业"作为核算对象，改变以往以产品为核算对象的做法。该方法实现定量核算各产品消耗作业的数量，巧妙地避开不同产品进行统一核算时成本信息不精确的问题。作业成本法立足于企业整体利益，把整个企业的生产流程统一起来，将不同作业的效率和价值进行对比以发现企业生产流程中存在的问题，通过消除不增值作业和改进低增值作业实现价值链价值的最大化。作业成本法提供的产品成本信息更加精准，据此信息企业管理者也更容易发现企业自身存在的问题并进行解决。作业成本法对各项作业分别确认和计量，可以发现经济效益较低的作业，也更容易建立责任会计制度，便于企业进行业绩考核和工作优化。

7.1.4 成本动因的定义及其种类

成本动因，即成本驱动因素，是指导致成本发生的各种因素。出于可操作性考虑，成本动因必须是能够量化的，它包括生产准备次数、订购次数、零部件数、产品数量、不同的批量规模数、工程小时数、直接人工小时、材料移动次数、检验次数等。成本动因主要可分为资源动因、作业动因。

1. 资源动因

资源动因反映了作业中心对资源的消耗情况，是资源成本分配到作业中心的标准。例如，装卸设备消耗的燃料成本，直接与装卸设备的工作时间、装卸次数或装卸量有关，那么装卸设备的工作时间、装卸次数或装卸量即为该项作业的资源动因。

通过资源动因将资源成本一项一项分配到作业中去，可以揭示哪些资源需要减少，哪些资源需要重新配置，最终确定如何改进和降低作业成本。

2. 作业动因

作业动因反映了产品或服务对作业的消耗情况，是将作业中心的成本分配到产品或服务中的标准，是资源消耗转化为最终产出的中介。

通过作业动因将作业成本一项一项分配到产品或服务中去，可以揭示哪些作业是多余的，整体成本应该如何改进和降低。

7.2 物流作业成本法

7.2.1 界定物流作业的种类

1. 作业的种类

一般来说，按层次可以将作业分为四类。

（1）单位作业（Unit Activity）：使单位产品受益的作业，如机器设备的折旧及动力等。这种作业的成本与产品产量成比例变动。

（2）批别作业（Batch Activity）：使一批产品受益的作业，如对每批产品的检验、对机器设备的准备与调试、原材料处理、订单处理等。这种作业的成本与产品的批数成比例变动，与批量大小无关。

（3）产品作业（Product Activity）：使某种产品的每个单位产品都受益的作业，如对每种产品编制的材料清单、数控规划、工程变更处理等。这种作业的成本与产品项目数量成比例变动，与产品产量和批数无关。

（4）过程作业（Process Activity）：计算加工成本的基础。

2. 主要的物流作业

（1）采购作业。采购作业主要包括供应商选择、存货控制、订货、订单处理、进货、货物验收、货物入库、付款等作业。

（2）销售订单处理。订单以电子订货系统传来，则无须输入作业；若以传真方式传来，则须人工输入作业。通过网络传到仓库现场电脑，则无须打印拣货单；若未与仓库现场联网，则须人工按批次打印拣货单。

（3）拣货作业。拣货方式如为半自动化拣货，则不必人工判断商品，只看编码；人工作业主要为搬运货物和控制电动拖板车等。

（4）补货作业。补货作业通常包括人工从事割箱工作、人工从事补货工作、人工操作堆高机从事堆高机补货工作等。

（5）配送作业。配送作业主要包括配车、核对、装货、配送运输、卸货、点收等。

（6）退货作业。采购进货时验收不符则当场退货；储存在仓库的货物损坏，则依合同退货给厂商；客户退货时，运回仓库后由专人整理分类，进行报废、重新上架或退回厂家处理。

> **知识链接**
>
> **作业中心与作业成本库**
>
> 多项作业或一组性质相似的作业就组成作业中心，它是成本归集和分配的基本单位。而由于作业消耗资源，所以伴随作业的发生，根据资源动因将资源成本分配到作业后，作业中心就成为一个作业成本库。

7.2.2 物流作业成本法的步骤

作业成本法应用于物流成本核算作业成本法的理论基础是：产品消耗作业，作业消耗资源并导致成本的发生。作业成本广告牌突破了产品这个界限，而把成本核算深入作业层次；它以作业为单位收集成本，并把"作业"或"作业成本池"的成本按作业动因分配到产品。因此，应用作业成本法核算企业物流并进而进行管理可分为如下四个步骤。

（1）界定企业物流系统中涉及的各个作业。作业是工作的各个单位，作业的类型和数量会随着企业的不同而不同。例如，在顾客服务部门，作业包括处理顾客订单、解决产品问题以及提供顾客报告三项作业。

（2）确认企业物流系统中涉及的资源。资源是成本的源泉，一个企业的资源包括直接人工、直接材料、生产维持成本（如采购人员的工资成本）、间接制造费用以及生产过程以外的成本（如广告费用）。资源的界定是在作业界定的基础上进行的，每项作业必涉及相关的资源，与作业无关的资源应从物流核算中剔除。

（3）确认资源动因，将资源分配到作业。作业决定着资源的耗用量，这种关系称作资源动因。资源动因联系着资源和作业，它把总分类账上的资源成本分配到具体作业中。

（4）确认成本动因，将作业成本分配到产品或服务中。作业动因反映了成本物件对作业消耗的逻辑关系，例如，问题最多的产品会产生最多顾客服务的电话，故按照电话数的多少（此处的作业动因）把解决顾客问题的作业成本分配到相应的产品中去。

7.2.3 对物流企业进行实例分析

以某一销售型物流企业为例，进行物流作业成本案例分析。销售型物流企业是指向上游供应商买断商品，再转售给下游零售商门市商店的企业，属于商品批发型流通企业性质。某销售型物流公司的仓库布置如图 7-2 所示。

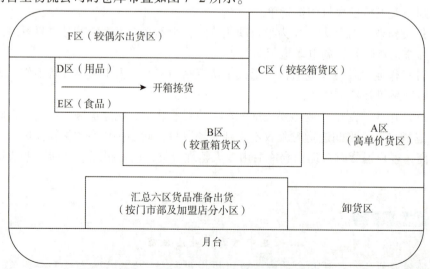

图 7-2　某销售型物流公司仓库平面布置

1. 作业的确定

根据实际了解的该公司物流作业流程，以及分析各种相关资料，将该公司全部作业分解与合并，归纳如表 7-1 所示。

表 7-1　销售型物流企业的作业划分

作业序号	作业	累计成本	成本动因
1	采购处理	采购人员成本、采购处理成本、采购设备折旧与维护	采购次数（笔数）
2	进货验收	进货验收人员成本、验收设备的折旧与维护	验收托盘数（A、B、C、D、E 区）
3	进货入库作业	进货人员成本、叉车设备折旧	托盘数（A、B、C、D、E 区）
4	仓储作业（A、B、C、D、E 区）	仓储管理员成本、储存仓库的租金、折旧费用、维护费用、财产税、杂项费用	所占空间、体积
5	人工补货（D、E 区）	开箱人员成本、搬运人员成本	补货箱数（D、E 区）
6	叉车补货（B、C 区）	叉车人员成本、叉车折旧、维护费用、托盘成本	补货托盘数（B、C 区）
7	EOS 作业	接收订单人员成本、订单处理成本	一般订单数
8	B、C 区拣货准备	拣货人员等待成本、拣货设备折旧及其维护	订单数
9	B、C 区拣货作业	拣货人员成本	箱数
10	D、E 区拣货准备	拣货人员等待成本、拣货设备折旧及其维护	订单数
11	D、E 区拣货作业	拣货人员成本	包数
12	A 区拣货	拣货人员成本、拣货准备成本	拣货次数
13	出货作业	车辆调配、油料、车辆维修折旧、司机成本	拣货次数
14	营销管理作业	人员成本、低值易耗品费用、电脑设备、通信费用、教育培训费用	营业金额

该公司经销的商品种类繁多，但其流程大致按不同区位的商品而有所不同，因此，可以把商品分成 A、B、C、D、E、F 六大类，而 F 区中的商品属于非经常性销售项目，建议将其排除，这样在分析中真正涵盖的商品只有五大类。因此，最终用来计算成本分摊的商品被分为 A、B、C、D、E 五大类。

2. 作业成本分析

由于人工成本以及折旧费用等都是按月计算的，因此，公司按月累计计算各项作业的成本。再按照各成本中心的成本动因消耗量，将作业成本分摊到各区域的商品中去。

（1）采购处理作业。

由于每个区域商品的采购频率不同，在分摊采购成本上也应该有所区别。根据实际研究观察，采购处理作业的成本动因选择为每个区域的"订单笔数"，每种产品采购一次，不管其订货量或订货金额，视为一笔。采购处理作业的成本主要是人工成本和订单服务费用。月末根据每种产品的订单笔数分摊采购处理作业成本。

（2）验收作业。

由于每一区域的商品采购量不同，采购量越大验收成本越高，则应将采购量的多少作为验收成本分摊的动因，而托盘数的多少反映了采购量的多少，因此，以托盘数为验收入库作业的成本动因。月末根据每一区域商品所消耗的托盘数分摊验收作业成本。

（3）进货入库作业。

进货入库成本与采购量成正比，可以以托盘数为进货入库作业的成本动因。月末根据每一区域商品所消耗的托盘数分摊进货入库作业成本。

（4）仓储作业。

由于仓储作业人员都承担着入库、补货等作业，这里的仓储作业成本主要是仓库及其仓储设施的租金或折旧费用。而每个区域的面积是固定的，除仓库布置重新改变外很少变动，因此仓储作业的成本动因为每个区域所分配的库存面积。月末根据每个区域商品分配的库存面积分摊仓储作业成本。

（5）补货作业。

由于B、C区的商品属于箱式商品，补货需要用叉车，而D、E区属于轻型商品，补货作业由人工完成，因此在成本结构上存在很大差异，尤其是在设备的折旧与维护费用上。B、C区的补货多以叉车将整托盘商品搬运，其对应的成本动因为托盘数；而D、E区的补货作业为人工搬运，可以用搬运箱数为成本动因。月末根据各自所完成的作业量分摊补货作业成本。

（6）拣货准备以及拣货作业。

A区拣货作业比较简单，一般由卡车司机在出货区按照拣货单直接到A区仓库领取，B、C区的商品有轻有重，D、E区的商品种类繁多，因此在作业划分时有必要将拣货作业区分成两段，前段称为拣货准备作业，后段称为拣货作业。

对于拣货作业，每个区域商品的成本动因都是拣货次数。但每区的销售单位有所不同，A区商品销售按"条"计，B、C区商品销售按"箱"计，D、E区商品销售按"包"计。每个区域的拣货作业成本构成也不同，A区以人工成本为主，B、C区主要有人工成本、拣货搬运设备的折旧和维护费用，D、E区主要有人工成本、传送带的折旧和维护费用。

B、C区和D、E区的商品需经过拣货准备作业，此作业成本以人工成本为主，其成本动因为订单数，即每张订单所耗用的拣货准备成本不会因订单内容或订购数量而影响其准备成本。

（7）出货作业。

出货作业包括装车、运输、卸货以及车辆维护与指派等作业，应该进一步细化，但此处该公司将这些作业合并为一项出货作业。出货作业的成本主要有司机的人工成本，外包车辆的费用，内部车辆的折旧费、修理费、保险费和燃料费等。出货作业成本与运输量有关，而出货商品均以托盘形式放置，因此出货作业的成本动因为出货托盘数。

（8）营销管理作业。

由于营销管理成本往往按照销售额的固定百分比提取，随着公司业务量和销售金额的变动，营销管理费用也随之变动，因此营销管理费用的分摊以销售金额为成本动因。

(9) EOS 订单处理。

EOS 为处理各便利商店向公司订购的作业，其作业成本包括人工成本、EOS 设备的折旧和维护费用。随着商品订货项目的增加，EOS 成本也随之增加，因此 EOS 订单处理作业成本以订单笔数为成本动因。

划分了作业，明确了每项作业消耗的资源成本并进行日常的统计工作，就可以按照既定的成本中心进行公司作业成本的核算，并在此基础上开展相应的作业成本标杆的确定、客户获利能力分析等。

7.3 物流作业的分析与改善

7.3.1 作业成本法的分析

以活动为基础的成本分析法被认为是确定和控制物流费用最有前途的方法。

(1) 传统的成本计算法造成了所谓的"物流费用冰山说"。一般情况下，企业会计科目中，只把支付给外部运输、仓库企业的费用列入成本，实际上这些费用在整个物流费用中犹如冰山一角。因为企业利用自己的车辆运输，利用自己的库房保管货物和由自己的工人进行包装、装卸等费用都没列入物流费用科目。传统的会计方法没有显现各项物流费用，在确认、分类、分析和控制物流成本上存在许多缺陷。

(2) 在现代的生产特点下，传统物流成本计算法提供的物流成本多处失真，不利于进行科学的物流控制。现代生产特点是生产经营活动复杂，产品品种结构多样，产品生产工艺多变，经常发生调整准备，使过去费用较少的订货作业、物料搬运、物流资讯系统的维护等与产量无关的物流费用大大增加，投入的所有资源也随之成倍增加。基于这种无意识的假定，成本计算中普遍采用与产量关联的分摊基础——直接工时、机器小时、材料耗用额等。这就是所谓的"数量基础成本计算"的由来。这种计算方法使许多物流活动产生的费用处于失控状态，造成了大量的浪费和物流服务水平的下降。这种危机在传统的制造企业表现尚不明显，然而在先进制造企业，在高科技的今天，它却是致命的。

(3) 传统的会计实践通常并不能提供足够的物流量度。①传统会计方法不能满足物流一体化的要求。物流活动及其发生的许多费用常常是跨部门发生的，而传统的会计是将各种物流活动费用与其他活动费用混在一起，归集为诸如工资、租金、折旧等形态，这种归集方法不能确认运作的责任。②传统会计科目的费用分配率存在问题。将传统成本会计的各项费用剥离出物流费用，通常是按物流功能分离的，在分配物流成本中却存在许多问题，很难为个别活动所细分。比如，人工费分配率由于每个人花费在物流活动上的精力很难确定，而难以估计。③传统会计方法不能对物流和供应链改造工程活动进行物流成本核算。总之，对传统会计需要进行若干修正以便跟踪物流成本。物流在供应链中的流动过程是价值增值与成本增加相结合的过程。完成一项物流作业或活动可以使产品或中间产品的价值有所增加，同时，产品的成本也增加。而作业成本分析方法，在整个制造业企业物流管理过程中是去除无效成本以及再造整个物流管理过程的实用工具之一。

7.3.2 物流成本计算存在的问题

1. 物流成本计算方法存在的问题

当前,在我国物流业发展中,成本核算相对来说依然是薄弱的环节,部分企业在成本核算时缺乏统一的理论方法,没有参考的实体模式,成本核算的目的、内容以及方法存在问题,从而造成对物流成本的核算不准确。物流成本核算具体存在的问题如下。

(1) 没有切实掌握物流成本,尤其是没有切实掌握公司内部的物流费用。

(2) 在企业内部对于物流成本不甚了解,对于物流成本是什么也十分模糊。弄不清物流成本与制造成本、物流成本与促销费用的关系。

(3) 企业内部计算物流成本的标准时常改变,每一年度都变动的企业较多。

(4) 物流成本中,混有物流部门根本无法控制的成本。

(5) 企业不同,物流成本的计算标准也不同。

2. 降低物流成本的观念存在的问题

目前,物流成本管理,还没有超出财务会计的范围。物流是企业的第三利润源,降低物流成本势在必行,但是在观念上,还存在如下问题。

(1) 计算物流成本的目的,只是为降低成本。因此,高层领导的注意力也必然在这一方面。

(2) 物流部门向高层管理人员报告的物流成本,只不过是"冰山一角",而没有向他们或生产、销售部门提供有关物流成本的确切的有价值的资料。

(3) 各个企业计算物流成本的范围不相同,可是有的企业却偏偏要进行对比,并因此而时喜时忧。

(4) 把降低物流成本的工作完全委之他人(物流专业人员或销售、生产部门)。

(5) 降低物流成本的问题只是靠物流部门去解决,而没有与生产和销售部门共同研究解决。

(6) 没有注意到机构之间的壁垒,有的即使注意到了,也没有认真解决。

(7) 没有建立起多批次、小批量物流系统,只是企图在过去物流系统的基础上,降低物流成本。

(8) 还没有正规的负责物流会计的专门人员和机构。

7.3.3 作业成本法的改善

1. 加强宣传和制度建设

作业成本法深入"作业"层次对企业各项资源利用的全过程进行追踪,打破部门之间的信息不对称。企业要形成健康的企业文化,完善内部控制和规章制度。企业需要在内部大力宣传作业成本法,改变员工排斥新技术、新理念的行为。企业要提高成本的战略定位,协调各部门之间的利益关系,打消各部门的顾虑。国家相关部门需要加强立法工作和管理会计制度建设,可以类比财务会计发布应用指南,鼓励有能力、有需求的企业推行作业成本法,并做好相关推广和试点工作。

2. 提升会计人员和企业信息化水平

会计人员的综合素质直接关乎作业成本法的实施效果。人力资源部门要与财务部门共同探讨财务人员培养目标和模式。企业要培养大量既懂财务又懂管理的高素质人才，可以提供形式多样的相关技能培训，加强员工后续教育，把会计人员的管理水平纳入绩效评价机制。同时，企业要立足当前管理需要，积极调整财务人才队伍结构。高校会计学教育要加强对管理会计的重视，指导学生积极进行企业管理会计实践，主动适应企业需要。会计人员要拓宽知识面，多学习管理、经济和沟通知识，提升综合素质。企业要着眼于会计信息系统的长期效益，加快信息化设备建设和财务共享中心建设。

3. 规范生产作业流程

作业成本法需要正确认定"作业"，才能实现生产成本的归集和分配。该方法实施时，企业需要重新梳理供应、生产、发运、销售和服务等业务流程，消除生产流程中不增值作业和改进增值较低的作业，尽可能减少不必要的业务。企业根据本企业的特点和市场需求，多轮实行、反复总结，建立相匹配的标准化、规范化业务流程。各部门要严格按照标准的业务流程执行工作，企业要对私自违规作业行为进行处罚。

7.4 作业成本法的计算程序

作业成本管理核算物流成本的流程如图 7-3 所示。

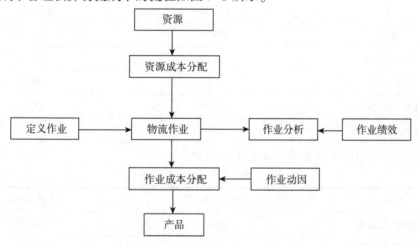

图 7-3 作业成本管理核算物流成本的流程

（1）确认和计量耗用企业资源的成本。

将能够直观地确定为某特定产品或服务的资源成本划为直接成本，直接计入该特定产品或服务成本，其余部分则列为作业成本。

（2）确认和计量耗用资源的作业。

作业是指为提供服务或产品而耗用企业资源的相关生产经营管理活动，如订单处理、产品设计、员工培训、材料处理、机器调试、质量检查、包装、销售、一般管理等。

（3）计量作业成本。

根据资源耗用方式的不同将间接资源成本分配给相关作业，计算出各项作业的成本，即作业成本。

(4)选择成本动因,即选择驱动成本发生的因素。

一项作业的成本动因往往不止一个,应选择与实耗资源相关程度较高且易于量化的成本动因作为分配作业成本、计算产品成本的依据,例如人工小时、机器小时、机器准备次数、产品批数、收料次数、物料搬运量、订单份数、检验次数、流程改变次数等。

(5)汇集成本库。

汇集成本库即将相同成本动因的有关作业成本合并汇入"同质成本库",如动力与维护费用可归入一个成本库。

(6)作业成本分配。

作业成本分配计算公式为:

$$某作业成本分配率=\frac{该作业中心作业成本总额}{该作业中心成本动因量化总和}$$

(7)计算产品成本。

将分配某产品的各作业成本(库)分摊成本和直接成本(直接人工及直接材料)合并汇总,计算该产品的总成本,再将总成本与产品数量相比,计算该产品的单位成本,计算公式为:

某产品或服务分摊某作业成本=该产品或服务消耗某作业量总和×该作业成本分配率

例 7-1:某企业生产 A、B 两种产品,有关资料如下。

(1)产量及直接成本等资料如表 7-2 所示。

表 7-2 产量及直接成本等资料

项目	A 产品	B 产品
产量/件	200	40
订购次数/次	2	5
机器制造工时/小时	400	160
直接材料成本/元	24 000	2 000
直接人工成本/元	3 000	600

(2)制造费用明细及成本动因如表 7-3 所示。

表 7-3 制造费用明细及成本动因

项目	制造费用/元	成本动因
材料验收成本	300	订购次数
产品验收成本	470	订购次数
燃料及水电成本	402	机器制造工时
开工成本	220	订购次数
职工福利成本	190	直接人工成本
设备折旧	300	机器制造工时
厂房折旧	230	产量
材料储存成本	140	直接材料成本
经营薪金	100	产量
合计	2 352	—

解析：

1. 在传统成本计算法下求 A、B 两种产品所负担的制造费用：

制造费用分配率＝制造费用总额/机器制造工时＝2 352/（400+160）＝4.2（元/工时）

A 产品负担的制造费用＝400×4.2÷200＝8.4（元）

B 产品负担的制造费用＝160×4.2÷40＝16.8（元）

2. 作业成本法下求 A、B 两种产品应负担的制造费用总额：

（1）订购次数分配率＝（300+470+220）÷（2+5）＝141.30

A 产品负担订购次数单位成本＝141.3×2÷200＝1.413（元）

B 产品负担订购次数单位成本＝141.3×5÷40＝17.66（元）

（2）产量制造费用分配率＝（230+100）÷（200+40）＝1.375

A 产品负担产量单位成本＝200×1.375÷200＝1.375（元）

B 产品负担产量单位成本＝40×1.375÷40＝1.375（元）

（3）机器工时制造费用分配率＝（402+300）÷（400+160）＝1.254

A 产品机器工时单位成本＝400×1.254÷200＝2.508（元）

B 产品机器工时单位成本＝160×1.254÷40＝5.016（元）

（4）人工成本分配率＝190÷(3 000+600)＝0.053

A 产品负担人工单位成本＝3 000×0.053÷200＝0.795（元）

B 产品负担人工单位成本＝600×0.053÷40＝0.795（元）

（5）材料成本分配率＝140÷（24 000+2 000）＝0.005

A 产品负担材料单位成本＝24 000×0.005÷200＝0.6（元）

B 产品负担材料单位成本＝2 000×0.005÷40＝0.25（元）

传统成本计算法和作业成本计算法单位成本计算对比如表 7-4 所示。

表 7-4　传统成本计算法和作业成本计算法单位成本计算对比　　　　　　　　　　单位：元

项目	传统成本计算法		作业成本计算法	
	A 产品	B 产品	A 产品	B 产品
直接成本	—			
1. 直接材料成本	120	50	120	50
2. 直接人工成本	15	15	15	15
间接成本	—			
3. 制造费用成本	8.4	16.8	—	—
4. 订购次数成本	—	—	1.413	17.66
5. 产量成本	—	—	1.375	1.375
6. 机器工时成本	—	—	2.508	5.016
7. 人工成本	—	—	0.795	0.795
8. 材料成本	—	—	0.6	0.25
9. 产品单位成本	143.4	81.8	141.691	90.096

例7-2： 某企业生产A、B两种产品，有关年产销量、批次、成本、工时等资料如表7-5所示。该企业当年制造费用项目与金额如表7-6所示。

表7-5 产销量及直接成本等资料

项目	A产品	B产品
产销量/件	200 000	40 000
生产次数/次	4	10
订购次数/次	4	10
每次订购量/件	25 000	2 000
直接材料成本/元	24 000 000	2 000 000
直接人工成本/元	3 000 000	600 000
机器制造工时/小时	400 000	160 000

表7-6 制造费用项目与金额   单位：元

项目	金额
材料验收成本	300 000
产品检验成本	470 000
燃料与水电成本	402 000
开工成本	220 000
职工福利支出	190 000
设备折旧	300 000
厂房折旧	230 000
材料储存成本	140 000
经营者薪金	100 000
合计	2 352 000

解析：

（1）采用传统成本计算法的成本计算。

按传统成本计算法，制造费用可按机器制造工时进行分配，制造费用分配率为：

制造费用分配率=4.2（元）

A产品应分摊的制造费用=400 000×4.2=1 680 000（元）

B产品应分摊的制造费用=160 000×4.2=672 000（元）

根据上述分析和计算可编制产品成本计算表，如表7-7所示。

表7-7 传统成本计算法下成本计算表

项目	A产品	B产品
直接材料成本/元	24 000 000	2 000 000
直接人工成本/元	3 000 000	600 000
制造费用/元	1 680 000	672 000

续表

项目	A产品	B产品
总成本/元	28 680 000	3 272 000
产销量/件	200 000	40 000
单位产品成本/元	143.4	81.8

(2) 采用作业成本计算法的成本计算。

作业成本计算的关键在于对制造费用的处理不是完全按机器制造工时进行分配,而是根据作业中心与成本动因,确定各类制造费用的分配标准。下面分别确定表7-8中各项制造费用的分配标准和分配率。

①对于材料验收成本、产品检验成本和开工成本,其成本动因是生产与订购次数,可以此为这三项制造费用的分配标准。其分配率为：

材料验收成本分配率=21 428.57（元）

产品检验成本分配率=33 571.43（元）

开工成本分配率=15 714.29（元）

②对于设备折旧费用、燃料与水电费用,其成本动因是机器制造工时,可以机器制造工时为这两项费用的分配标准。其分配率为：

设备折旧费用分配率=0.535 71（元）

燃料与水电费分配率=0.717 857（元）

③对于职工福利支出,其成本动因是直接人工成本,可以直接人工成本为职工福利支出的分配标准。其分配率为：

职工福利支出分配率=0.052 78（元）

④对于厂房折旧和经营者薪金,其成本动因是产品产销量、厂房折旧和经营者薪金,可以此为分配标准。其分配率为：

厂房折旧费用分配率=0.958 3（元）

经营者薪金分配率=0.416 67（元）

⑤对于材料储存成本,其成本动因是直接材料的数量或成本,可以此为标准分配材料储存成本。其分配率为：

材料储存成本分配率=0.005 38（元）

根据上述计算的费用分配率,将各项制造费用在A产品和B产品之间分配,其分配结果如表7-8所示。

表7-8 制造费用分配明细　　　　　　　　　　　　　　　　　　　　单位：元

项目	A产品	B产品	合计
材料验收成本	85 714	214 286	300 000
产品检验成本	134 286	335 714	470 000
燃料与水电成本	287 143	114 857	402 000
开工成本	62 857	157 143	220 000

续表

项目	A产品	B产品	合计
职工福利支出	158 340	31 660	190 000
设备折旧	214 284	85 716	300 000
厂房折旧	191 660	38 340	230 000
材料储存成本	129 120	10 880	140 000
经营者薪金	83 334	16 666	100 000
合计	1 346 738	1 005 262	2 352 000

根据上述分析与计算可编制作业成本计算表,如表7-9所示。

表7-9　作业成本计算法下成本计算表

项目	A产品	B产品
直接材料成本/元	24 000 000	2 000 000
直接人工成本/元	3 000 000	600 000
制造费用/元	1 346 738	1 005 262
总成本/元	28 346 738	3 605 262
产销量/件	200 000	40 000
单位产品成本/元	141.73	90.13

比较表7-7和表7-9可见,按作业成本计算法,A产品单位成本由传统成本计算的143.4元下降为141.73元,B产品单位成本由传统成本计算的81.8元提高到90.13元。产生差异的原因主要是传统成本计算对制造费用只采用单一的分配标准,而忽视了不同作业之间的成本动因不同。显然,按作业成本法计算比按传统成本法计算更准确和科学。

案例阅读

https://wenku.baidu.com/view/f48e88779fc3d5bbfd0a79563c1ec5da51e2d66d?fr=step_zhidao

作业成本法在A企业物流成本控制中的应用研究。

课后练习

一、不定项选择题

1. 作业成本法是建立在（　　）基础之上的。

A. 作业消耗资源

B. 产品消耗作业

C. 生产导致作业的发生

D. 作业间接导致费用或间接成本的发生

2. 下列选项中，可以作为成本动因的有（   ）。
A. 生产次数　　　　B. 产品数量　　　　C. 工作小时　　　　D. 产品质量
3. 成本动因的种类包括（   ）。
A. 资源动因　　　　B. 作业动因　　　　C. 成本动因　　　　D. 作业中心
4. 作业一般分为（   ）。
A. 单位作业　　　　B. 批别作业　　　　C. 产品作业　　　　D. 过程作业

二、简答题

1. 作业成本法的基本原理是什么？
2. 常见的物流作业有哪些？
3. 物流作业成本法的步骤是什么？

三、计算题

某企业同时生产 A、B、C 三种产品。其中，A 产品是老产品，已经有多年的生产历史，比较稳定，每批生产 10 000 件以备顾客订货的需要，年产 A 产品 120 000 件；B 产品是应顾客要求改进的产品，每批生产 100 件，年产 B 产品 60 000 件；C 产品是一种新的、复杂的产品，每批生产 10 件，年产 C 产品 12 000 件。

三种产品生产的成本资料如表 7-10 所示。

表 7-10　某企业产品生产成本表　　　　　　　　　　　　　　　　　　　　单位：元

成本项目	直接材料	直接人工	制造费用	合计
A 产品	600 000	240 000	1 200 000	2 040 000
B 产品	360 000	120 000	600 000	1 080 000
C 产品	96 000	36 000	180 000	312 000
合计	1 056 000	396 000	1 980 000	3 432 000

按传统成本计算法，A、B、C 三种产品的单位成本计算结果如 7-11 所示。

表 7-11　某企业产品生产单位成本表　　　　　　　　　　　　　　　　　　单位：元

成本项目	直接材料	直接人工	制造费用	合计
A 产品	5.00	2.00	10.00	17.00
B 产品	6.00	2.00	10.00	18.00
C 产品	8.00	3.00	15.00	26.00

根据作业成本计算法，依据不同的成本库，归集制造费用如表 7-12 所示。

表 7-12　按成本库归集的制造费用表　　　　　　　　　　　　　　　　　　单位：元

项目	数额
制造费用	—
准备工作	320 000
材料处理	280 000
检验人员	200 000

续表

项目	数额
采购人员	210 000
产品分类人员	100 000
工厂管理人员	160 000
小计	1 270 000
其他制造费用	—
热和照明	80 000
房屋占用	190 000
材料处理设备折旧	80 000
机器能量	140 000
供应商（检验）	70 000
供应商（购买）	60 000
供应商（产品分类）	40 000
供应商（全面管理）	50 000
小计	710 000
合计	1 980 000

假设有关的成本动因资料如下：

(1) A、B、C产品的单位机器小时比例分别是1.0、1.5和3.5。

(2) 每批次需要一次标准的准备工作。

(3) 每批的标准检验单位为：A产品每批50次；B产品每批5次；C产品每批2次。

(4) A、B、C产品每批材料移动次数分别为25、50和100。

(5) A、B、C产品每种购货订单次数分别为200、400和1 400。

(6) A、B、C产品每批次产品分类次数分别为50、75和200。

根据上述材料，按照单位作业、批作业、产品作业和能量作业四个作业层次分配制造费用。

1. 单位作业层次

(1) 直接材料成本与直接人工成本的计算和传统计算法相同。

(2) 机器能量成本按一定比率分配到产品生产线，其计算过程与结果填入表7-13。

表7-13 机器能量成本分配表

产品	数量/件	用量/(次·批$^{-1}$)	机器小时/小时	分配率/(元·小时$^{-1}$)	分配额/元
A产品	120 000	1.0			
B产品	60 000	1.5			
C产品	12 000	3.5			
合计	—	—	252 000		140 000

2. 批作业层次

(1) 检验成本按检验次数分配,其计算过程与结果填入表7-14。

表7-14 检验成本分配表

产品	批数/批	每批检验数/(次·批$^{-1}$)	检验总数/次	分配率/(元·次$^{-1}$)	分配额/元
A产品	12	50			
B产品	600	5			
C产品	1 200	2			
合计	—	—	6 000		270 000

检验成本:检验人员工资200 000元+供应商(检验)70 000元。

(2) 材料处理成本以材料移动次数为基础分配,其计算过程与结果填入表7-15。

表7-15 材料处理成本分配表

产品	批数/批	移动次数/(次·批$^{-1}$)	总次数/次	分配率/(元·次$^{-1}$)	分配额/元
A产品	12	25			
B产品	600	50			
C产品	1 200	100			
合计	—	—	150 300		360 000

材料处理成本:材料处理人员工资280 000元+折旧80 000元。

(3) 准备成本以每批准备次数为基础分配,其计算过程填入表7-16。

表7-16 准备成本分配表

产品名称	每批准备次数	分配率/(元·次$^{-1}$)	分配额/元
A产品	12		
B产品	600		
C产品	1 200		
合计	1 812		320 000

3. 产品作业层次

(1) 购买成本以购货订单数量为基础分配,其计算过程填入表7-17。

表7-17 购买成本分配表

产品名称	购货订单数量/件	分配率/(元·件$^{-1}$)	分配额/元
A产品	200		
B产品	400		
C产品	1 400		
合计	2 000		270 000

购买成本:采购人员工资210 000元+供应商(购买)60 000元。

（2）产品分类成本以分类次数为基础分配，其计算过程填入表7-18。

表7-18 分类成本分配表

产品名称	分类次数	分配率/(元·次$^{-1}$)	分配额/元
A产品	50		
B产品	75		
C产品	200		
合计	325		140 000

分类成本：产品分类人员工资1 000 000元+供应商（产品分类）40 000元。

4. 能量作业层次

能量作业层次以主要成本（直接材料成本+直接人工成本）为基础分配，其计算过程与结果填入表7-19。

表7-19 能量成本分配表

产品名称	单位主要成本/元	生产数量/件	主要成本/元	分配率	分配额/元
A产品	7.00	120 000			
B产品	8.00	60 000			
C产品	11.00	12 000			
合计	—	—	1 452 000		480 000

能量成本：工厂管理人员工资160 000元+热和照明动力费用80 000元+房屋占用费190 000元+供应商（全面管理）50 000元，合计480 000元。

根据上述计算，将A、B、C三种产品的总成本和单位成本汇总填入表7-20。

表7-20 总成本和单位成本汇总表　　　　　　　　　　　　单位：元

项目	A产品		B产品		C产品	
	单位成本	总成本	单位成本	总成本	单位成本	总成本
1. 单位作业层次						
直接材料						
直接人工						
机器能量						
小计						
2. 批作业层次						
检验						
材料处理						
准备						
小计						
3. 产品作业层次						

续表

项目	A产品		B产品		C产品	
	单位成本	总成本	单位成本	总成本	单位成本	总成本
购买						
产品分类						
小计						
4. 能量作业层次						
全面管理						
合计						

第8章 物流成本控制管理

> **学习目标**

理解物流成本控制的原则；
掌握弹性预算法、目标成本法、功能成本分析法和责任成本法的应用；
熟悉成本差异的类型；
掌握成本差异的计算及分析方法；
理解物流成本控制的策略。

> **案例导读**

降低物流成本是提高效益的重要措施，据测算，美国每年的经济规模为10万亿美元，如果降低1%的成本，就相当多出1 000亿美元的效益；我国如降低1%的物流成本，就等于增长了100亿美元的经济效益。

美国物流成本占GDP的比重在20世纪90年代保持在11.4%～11.7%范围内，而在20世纪最后10年，这一比重有了显著下降，由11%以上下降到10%左右，甚至降到9.9%，但物流成本的绝对数量还在一直上升。

分析发现，美国的物流成本主要由三部分组成：一是库存费用；二是运输费用；三是管理费用。比较近20年来的变化可以看出，运输成本在GDP中比例大体保持不变，而库存费用比重降低是导致美国物流总成本比例下降的最主要原因。这一比例由过去接近5%下降到不足4%。由此可见，降低库存成本、加快周转速度是美国现代物流发展的突出成绩，也就是说，利润的源泉更集中在降低库存、加速资金周转方面。

宏观上，美国物流成本包括的三个部分，各自有其测算的办法。第一部分库存费用是指花费在保存货物上的费用，除了包括仓储、残损、人力费用及保险和税收费用外，还包括库存占压资金的利息。其中，利息是当年美国商业利率乘以全国商业库存总金额得到的。把库存占压的资金利息加入物流成本，这是现代物流与传统物流费用计算的最大区别，只有这样，降低物流成本和加速资金周转速度才从根本利益上统一起来。

第二部分运输成本包括公路运输、其他运输方式与货主费用。公路运输包括城市内运送费用与区域间卡车运输费用。其他运输方式包括铁路运输费用、国际国内空运费用、货物代理费用、油气管道运输费用。货主方面的费用包括运输部门运作及装卸费用。近10年来，美国的运输费用占国民生产总值的比重大体为6%，且一直保持着这一比例，说明运输费用与经济的增长是同步的。

第三部分物流管理费用，是按照美国的历史情况由专家确定一个固定比例，乘以库存费用和运输费用的总和得出的。美国的物流管理费用在物流总成本中比例大体在4%左右。

另一个反映美国物流效率的指标是库存周期。美国平均库存的周期在1996—1998年间保持在1.38个月到1.40个月，但1999年发生了比较显著的变化，库存周期从1999年1月的1.38个月降低到年底的1.32个月，这是有史以来的最低周期。库存周期减少的原因是销售额的增长超过了库存量增长。

美国的物流成本管理对我们有三大启示。

第一，降低物流成本是提高效益的重要战略措施。美国每年10万亿美元的经济规模，如果降低1%的成本，就相当多出1 000亿美元的效益。我国现在是1万亿美元的经济规模，如果降低1%的物流成本，就等于增长了100亿美元的效益。业界普遍认为，我国物流成本下降的空间应该在10个百分点或更多，这是巨大的利润源泉。

第二，美国的实践表明，物流成本中运输部分的比例大体不变，减少库存支出就成为降低物流费用的主要来源。减少库存支出就是要加快资金周转、压缩库存，这与同期美国库存平均周转期降低的现象是吻合的。因此，发展现代物流就是要把目标锁定在加速资金周转、降低库存水平上面。这是核心的考核指标。

第三，物流成本的概念必须拓展。库存支出不仅仅是仓储的保管费用，更重要的是要考虑它所占有的库存资金成本，即库存占压资金的利息。理论上还应该考虑因库存期过长造成的商品贬值、报废等代价，尤其是产品周期短、竞争激烈的行业，如电子、家电等。

8.1 物流成本控制概述

8.1.1 物流成本控制定义

物流成本控制是根据计划目标，对成本发生和形成过程以及影响成本的各种因素和条件施加主动影响，以保证实现物流成本计划管理的一种行为。从企业生产经营过程来看，成本控制包括成本的事前控制、事中控制和事后控制。成本事前控制是整个成本控制活动中最重要的环节，它直接影响以后各作业流程的成本。事前成本控制活动主要有物流配送中心的建设控制，物流设施、设备的配备控制，物流作业过程改进控制等。成本的事中控制是对物流作业过程实际劳动耗费的控制，包括设备耗费的控制、人工耗费的控制、劳动工具耗费和其他费用支出的控制等方面。成本的事后控制是通过定期对过去某段时间成本控制的总结、反馈来控制成本。通过成本控制，可以及时发现存在的问题，采取纠正措施，保证成本目标的实现。

8.1.2 物流成本控制原则

在物流成本控制中，需要遵循以下几条原则。

1. 经济原则

这里所说的"经济"是指节约，即对人力、物力和财力等的节省，这是提高企业经济效益的核心。因此，经济原则是在物流活动过程中进行成本控制的基本原则，也是物流成本控制过程时时刻刻要注意的一条原则。

2. 全面原则

在物流成本控制中要遵循全面原则，具体包括全过程控制、全方位控制和全员控制原则。全过程控制原则是指物流成本不限于生产过程，而是从生产向前延伸到投资、设计，向后延伸到用户服务成本的全过程；全方位控制原则是指物流成本控制不仅对各项费用发生的数额进行控制，而且还对费用发生的时间和用途加以控制，讲究物流成本开支的经济性、合理性和合法性；全员控制原则是指物流成本控制不仅要有专职成本管理机构的人员参与，还要发挥广大职工群众在物流成本控制中的重要作用，使物流成本控制更加深入和有效。

3. 责、权、利相结合的原则

只有贯彻责、权、利相结合的原则，物流成本控制才能真正发挥其作用。显然，企业管理机构在要求企业内部各部门和单位完成物流成本控制职责的同时，必须赋予它们在规定范围内决定某项费用可以开支的权利。如果没有这项权利，就无法进行物流成本的控制。此外，还必须定期对物流成本控制的业绩进行评价，据此进行奖惩，以充分调动各单位和职工进行物流成本控制的积极性和主动性。

4. 目标控制原则

目标控制原则要求企业管理机构以既定的目标作为管理人力、物力、财力和各项重要经济指标的基础。物流成本控制是目标控制的一项重要内容，即以目标物流成本为依据，对企业物流活动进行约束和指导，力求以最小的物流成本获取最大的盈利。

5. 重点控制原则

重点控制原则要求对超出常规的关键性差异进行控制，旨在保证管理人员将精力集中于偏离标准的一些重要事项上。企业日常出现的物流成本差异往往成千上万，头绪复杂，管理人员对异常差异实行重点控制，有利于提高物流成本控制的工作效率。

物流成本控制内容

一个企业要控制物流成本，涉及的内容比较多，大致包括以下部分。

1. 首先需要了解企业所服务的对象。他们有何需求？如何能以较高的服务水平实现客户的满意？这个很重要，很多企业为降低成本而降低对客户的服务水平，结果成本是下降了，企业的销售也下降了，反而导致企业整体成本的上升，以致竞争力的削弱。因此，我们务必首先明确顾客服务要求，这些要求和标准是不允许有所降低的。

2. 其次要了解企业的物流成本组成。企业的物流成本一般包括仓储成本、运输成本、信息成本、管理成本，各项成本一定要细化。例如，仓储成本包括一切和仓储活动相关的成本，如订单成本、货物利息、货物折旧损耗、进货成本、入库成本、拣货成本、配货成本、流通加工成本、搬运成本、仓库各类设施设备折旧、各类人工成本等；运输成本包括外单位运输成本、本单位车辆使用各项成本（保险费、年间年审费、油费、路桥费、折旧费、维修费、人工费等）；信息成本包括系统开发摊销费、系统维护费、系统相关设施设备折旧费；管理成本包括各类管理人员人工费用。

3. 需要了解业务的分布区域以及当前的服务、成本等。货源在哪里？客户在哪里？仓库在哪里？现在是如何服务的？现在的服务情况如何？现在的成本如何？现在的运输方式如何？需要详细了解每一块的情况。摸透客户在哪里，其需求有哪些，客户需求的货源在哪里，不同的运输方式成本的比较与分析如何，不同的承运商服务、成本的比较与分析如何。

4. 考虑按照现在的客户布局，安排最佳的货物流向，分析不同组合的成本与服务情况。确定仓库布局，确定仓库的服务客户，确定商品的流向，确定经济库存分布，确定最佳的运输方式，确定最佳承运商。

5. 将第四步细化并制作成企业的业务流程与操作规范，同时制定各类监控、分析报表。不断分析客户的需求，安排最佳的库存分布；不断分析成本的变化；不断考核各类承运商的服务水平、成本；做好各类费用的审核。

物流成本的降低是一个不断持续的过程，首先明确要做什么，然后知道会产生哪些费用，之后了解现状，再设计最佳的实现模式，最后加强监控不断完善优化。

8.2 物流成本控制的方法

8.2.1 弹性预算法

1. 弹性预算法含义及特点

（1）弹性预算法的含义。

弹性预算法又称变动预算法、滑动预算法，是在变动成本法的基础上，以未来不同业务水平为基础编制预算的方法，是相对于固定预算而言的。弹性预算是以预算期间可能发生的多种业务量水平为基础，分别确定与之相应的费用数额而编制的，能适应多种业务量水平的费用预算，以便分别反映在各业务量的情况下所应开支（或取得）的费用（或利润）水平。正是由于这种预算可以随着业务量的变化而反映各该业务量水平下的支出控制数，具有一定的伸缩性，因而称为"弹性预算"。

（2）弹性预算法的特点。

弹性预算法的主要特点有以下几点。

① 能提供一系列生产经营业务量的预算数据，它是为一系列业务量水平而编制的，因此，某一预算项目的实际业务量达到任何水平（必须在选择的业务量范围之内），都有

其适用的一套控制标准。

② 由于预算是按各项成本的性态分别列示的，因而可以方便地计算出在任何实际业务量水平下的预测成本，从而为管理人员在事前据以严格控制费用开支提供方便，也有利于在事后细致分析各项费用节约或超支的原因，并及时解决问题。

弹性预算的优点在于：一方面，能够适应不同经营活动情况的变化，扩大了预算的范围，更好地发挥预算的控制作用，避免了在实际情况发生变化时，对预算进行频繁的修改；另一方面，能够使预算对实际执行情况的评价与考核，建立在更加客观可比的基础上。

2. 弹性预算法计算步骤

用弹性预算的方法来编制成本预算，其关键在于把所有的成本划分为变动成本与固定成本两大部分。变动成本主要根据单位业务量来控制，固定成本则按总额控制。成本的弹性预算方式的计算公式为：

成本的弹性预算=固定成本预算数+∑（单位变动成本预算数×预计业务量）

编制弹性预算的步骤包括以下几步。

① 选择和确定各种经营活动的计量单位消耗量、人工小时、机器工时等。

② 预测和确定可能达到的各种经营活动业务量。在确定经济活动业务量时，要与各业务部门共同协调，一般可按正常经营活动水平的70%～120%确定，也可以过去历史资料中的最低业务量和最高业务量为上下限，然后再在其中划分若干等级，这样编出的弹性预算较为实用。

③ 根据成本性态和业务量之间的依存关系，将企业生产成本划分为变动和固定两个类别，并逐项确定各项费用与业务量之间的关系。

④ 计算各种业务量水平下的预测数据，并用一定的方式表示，形成某一项的弹性预算。

3. 案例分析

弹性预算的表达方式主要有列表法和公式法。

（1）列表法。

例 8-1： 某公司销售部门的某产品在正常情况下，全年销售量预计为 50 000 件。要求在其70%与120%之间按间隔10%的销售量以及按表8-1中的各项成本费用的标准编制其弹性预算。

表 8-1　各项成本费用的标准

成本项目	费用与销售量的关系
销货佣金	按销量每件支付津贴 2 元
包装费	按销量每件支付津贴 1 元
装卸费	基本工资 2 100 元，另按销量每件支付津贴 1.5 元
管理人员工资	基本工资 30 000 元，另按销量每件支付津贴 0.1 元
保险费	2 000 元
广告费	30 000 元
办公费	40 000 元

根据表 8-1 所列资料编制该销售部门的推销及管理费用弹性预算，如表 8-2 所示。

表 8-2 推销及管理费用弹性预算

费用项目	单位变动费用/(元·件⁻¹)	销售额/元					
		35 000 件	40 000 件	45 000 件	50 000 件	55 000 件	60 000 件
变动费用：	—	—	—	—	—	—	—
销货佣金	2.00	70 000	80 000	90 000	100 000	110 000	120 000
包装费	1.00	35 000	40 000	45 000	50 000	55 000	60 000
装卸费	1.50	52 500	60 000	67 500	75 000	82 500	90 000
管理人员工资	0.10	3 500	4 000	4 500	5 000	5 500	6 000
变动费用小计	—	161 000	184 000	207 000	230 000	253 000	276 000
固定费用：	—	—	—	—	—	—	—
装卸费	—	2 100	2 100	2 100	2 100	2 100	2 100
管理人员工资	—	30 000	30 000	30 000	30 000	30 000	30 000
保险费	—	2 000	2 000	2 000	2 000	2 000	2 000
广告费	—	30 000	30 000	30 000	30 000	30 000	30 000
办公费	—	40 000	40 000	40 000	40 000	40 000	40 000
固定费用小计	—	104 100	104 100	104 100	104 100	104 100	104 100
合　计	—	265 100	288 100	311 100	334 100	357 100	380 100

（2）公式法。

由于销售部门的推销及管理费用，按其与销售数量的依存关系（即成本习性）可分解为固定费用与变动费用，所以其费用预算总额 Y 可用下式表示与计算：

$$Y = a + bX$$

式中，a 表示固定费用总额；b 表示单位变动费用；X 表示计划销售量。

当确定了 a 与 b 的数值后，在相关范围内的销量为 X 的费用预算即可用上式计算出来。

例 8-2： 以例 8-1 为例，求出 a 与 b 的数值，如表 8-3 所示。

表 8-3 费用总额中的 a 与 b 的数值计算

费用项目	固定费用 a/元	单位变动费用 b/(元·件⁻¹)
销货佣金	—	2.00
包装费	—	1.00
装卸费	2 100	1.50
管理人员工资	30 000	0.10
保险费	2 000	—
广告费	30 000	—
办公费	40 000	—
合　计	104 100	4.60

通过表 8-3 可计算出 a 与 b 的数值，分别为 104 100 元和 4.60 元/件。当计划销量（或实际销量）X 在相关范围内，均可用下式计算出相应的推销及管理费用预算总额：

$$Y = 104\ 100 + 4.60X$$

例如，该公司当年实际销量为 55 000 件，则相应的费用预算总额应为 104 100 元＋4.60 元/件×55 000 件＝357 100 元。

8.2.2 目标成本法

1. 目标成本法含义

目标成本管理就是在企业预算的基础上，根据企业的经营目标，在成本预测、成本决策、测定目标成本的基础上，进行目标成本的分解、控制、分析、考核、评价的一系列成本管理工作。它以管理为核心，核算为手段，效益为目的，对成本进行事前测定、日常控制和事后考核，使成本由少数人核算到多数人管理，成本管理由核算型变为核算管理型；并将产品成本由传统的事后算账发展到事前控制，为各部门控制成本提出了明确的目标，从而形成一个全企业、全过程、全员的多层次、多方位的成本体系，以达到少投入多产出、获得最佳经济效益的目的。因此，它是企业降低成本、增加盈利和提高企业管理水平的有效方法。

2. 目标成本管理的实施原则

目标成本管理的实施原则包括如下几个。

（1）价格引导的成本管理。

目标成本管理体系通过竞争性的市场价格减去期望利润来确定成本目标，价格通常由市场上的竞争情况决定，而目标利润则由公司及其所在行业的财务状况决定。

（2）关注顾客。

目标成本管理体系由市场驱动。顾客对质量、成本、时间的要求在产品及流程设计决策中应同时考虑，并以此引导成本分析。

（3）关注产品与流程设计。

在设计阶段投入更多的时间，消除那些昂贵而又费时的暂时不必要的改动，可以缩短产品投放市场的时间。

（4）跨职能合作。

目标成本管理体系下，产品与流程团队由来自各个职能部门的成员组成，包括设计与制造部门、生产部门、销售部门、原材料采购部门、成本会计部门等。跨职能团队要对整个产品负责，而不是各司其职。

（5）生命周期成本削减。

目标成本管理关注产品整个生命周期的成本，包括购买价格、使用成本、维护与修理成本以及处置成本。它的目标是生产者和联合双方的产品生命周期成本最小化。

（6）价值链参与。

目标成本管理过程有赖于价值链上全部成员的参与，包括供应商、批发商、零售商以及服务提供商。

3. 案例分析

（1）倒扣测算法。

倒扣测算法是指在事先确定目标利润的基础上，首先预计产品的售价和销售收入，然后扣除价内税和目标利润，余额即为目标成本的一种预测方法。此法既可以预测单一产品生产条件下的产品目标成本，还可以预测多产品生产条件下的全部产品的目标成本；当企

业生产新产品时,也可以采用这种方法预测,此时新产品目标成本的预测与单一产品目标成本的预测相同。倒扣测算法的计算公式为:

单一产品生产条件下产品目标成本=预计销售收入-应缴税金-目标利润

多产品生产条件下全部产品目标成本=∑预计销售收入-∑应缴税金-总体目标利润

公式中的预计销售收入必须结合市场销售预测及客户的订单等予以确定;应缴税金指应缴流转税金,它必须按照国家的有关规定予以缴纳,由于增值税是价外税,因此这里的应缴税金不包括增值税;目标利润通常可采用先进(指同行业或企业历史较好水平)的销售利润率乘以预计的销售收入、先进的资产利润率乘以预计的资产平均占用额、先进的成本利润率乘以预计的成本总额确定。

例 8-3:某新产品预计单位产品售价为 2 000 元,单位产品目标利润为 300 元,国家规定该产品税率为 10%,预计单位产品期间费用为 200 元。据倒扣测算法计算公式,求该产品的目标成本。

解:该产品单位产品目标成本=2 000-300-2 000×10%-200=1 300(元)

(2)比价测算法。

比价测算法是将新产品与曾经生产过的功能相近的老产品进行对比,凡新老产品结构相同的零部件,按老产品现有成本指标测定;与老产品不同的部件,应按预计的新的材料消耗定额、工时定额、费用标准等加以估价测定。这种方法适用于对老产品进行技术改造的目标成本的测定。

例 8-4:某企业在 MT-1 型产品的基础上,通过技术改造,推出 MT-2 型新产品。原 MT-1 型产品单位产品成本为 100 元,共由甲、乙、丙、丁 4 个零件组成。MT-2 型产品中的甲零件选材,改用工程塑料以代替不锈钢材料,每件节约成本 3 元;乙零件提高抛光精度,每件增加成本 2 元;丁材料进行烤漆工艺处理,每件增加成本 3 元;丙零件材料与工艺无变化。

解:MT-2 型产品的单位产品目标成本=100-3+2+3=102(元)

3. **本量利分析法**

本量利分析是成本-产量(或销售量)-利润依存关系分析的简称,也称为 CVP 分析(Cost-Volume-Profit Analysis),是指在变动成本计算模式的基础上,以数学化的会计模型与图文来揭示固定成本、变动成本、销售量、单价、销售额、利润等变量之间的内在规律性的联系,为会计预测决策和规划提供必要的财务信息的一种定量分析方法。此种方法详细内容在第 6 章已具体讲解。

依据成本、销售量与利润三者的关系式,即

利润=单位售价×销售量-单位变动成本×销售量-固定成本

可导出目标单位变动成本的计算式,即

目标单位变动成本=单位售价-(利润+固定成本)÷预计销售量

例 8-5:某车间加工一种新产品投放市场,据分析,其单价不能高于同类产品单价的 120%,即单价不能超过 50 元。预计加工该产品的固定性加工费用(如设备折旧费等)全年为 3 000 元。该产品的目标利润为 20 000 元,据市场调查估算的销售量为 1 150 件。计算该产品的目标单位变动成本。

解:该产品的目标单位变动成本=50-(20 000+3 000)÷1 150=30(元/件)

其实在计算产品目标单位变动成本之前，先要确定其目标固定成本，两者相互依存，两者之和（指以目标单位变动成本和预计销售量计算的目标变动成本总额与目标固定成本总额之和）形成目标总成本。

8.2.3 功能成本分析法

1. 功能成本分析法含义

功能成本分析法是根据价值功能原理，对所生产或研制的产品或对所能提供服务的功能与成本的匹配关系，试图以尽可能少的成本为用户提供其所需求的必要功能或必要服务，或按功能与成本的匹配关系，将产品成本按组成产品的各个零部件的必要功能进行合理的分配，以达到优化成本设计和实现成本控制目的的一种方法。

功能与成本的关系从理论上讲可以表示为：

$$价值 = 功能 \div 成本$$

式中，功能是指一种新产品、零件或一项服务所具有的用途（或使用价值）；成本是指产品的寿命周期成本（即生产成本与使用成本之和）；价值是功能与成本的比值，与通常的价值概念并不相同，它表明以某种代价（成本耗费）取得某种使用价值是否合理、值得、必要。

功能成本分析的目的在于提高产品或零件、服务项目的价值，即以相对低的寿命周期成本去实现必要的功能。从该表达式可以得出如下提高价值的途径。

①在产品功能不变的前提下降低成本。
②在成本不变的前提下提高产品的功能。
③在产品成本略有增加的同时，显著增加产品的功能。
④在不影响产品功能的前提下，适当降低一些次要功能，或去除不必要的功能，从而使成本显著降低。
⑤运用科技手段，或改变产品结构、采用新工艺新材料等措施，既提高功能又降低成本。

2. 功能成本分析法计算步骤

以某机械零件为例，介绍功能成本分析法计算步骤。

（1）计算功能评价系数。

功能评价系数计算公式为：

$$功能评价系数 = 某零件的功能分数 \div 全部零件的功能分数之和$$

从上式可以看出，功能评价系数是反映某零件功能重要程度的一个指标。根据价值工程原理，某零件的成本应与该零件的功能重要程度相匹配；换句话说，某零件的功能评价系数数值比其他的零件高，则应配以较高的成本。同理，假如某零件的成本较高，但其功能在产品中相对较低，则说明这个零件的成本分析偏高，应予以改进。

功能的高低，通常是一个定性的概念，将其进行量化评价，是一项较难的工作，通常采用专家打分法来确定。

（2）计算成本系数。

成本系数计算公式为：

$$成本系数 = 某零件成本 \div 组成该产品的全部零件总成本$$

成本系数反映当前的各零件成本（即当前各零件的单位变动成本）在总成本中所占的比重。

（3）计算价值系数。

价值系数计算公式为：

$$价值系数 = 功能评价系数 \div 成本系数$$

计算价值系数是为了系统反映各零件的功能与成本之间的匹配情况，从理论上讲，如果某零件的价值系数接近1，两者是相适应的；如果某零件的价值系数偏大，则说明其成本匹配不足；如果某零件的价值系数偏小，则说明其成本匹配过剩。

显然，零件价值系数偏小者，应是成本控制的重点。

（4）计算某零件的目标成本。

据功能评价系数将产品的目标成本在零件之间进行分配，其计算公式为：

$$某零件的目标成本 = 该产品的目标成本 \times 功能评价系数$$

（5）计算各零件的成本降低额。

计算各零件的成本降低额是为了确定各零件按功能评价系数和产品目标成本要求的升降幅度。

（6）制定降低成本的措施。

功能成本分析法的关键，并非只是计算出其各零件的目标成本和确定其成本应降低额，更重要的是确定如何对成本控制的重点零件采取必要的措施与方法，使其实现合理的降低。

例8-6： 某产品由8个零件组装而成，各零件的功能分数由8位专家进行评价（即强制打分）。若以A、B、C、D、E、F、G、H分别表示这8个零件的名称，在此给出其中一位专家（专家甲）对8个零件功能的评价结果，如表8-4所示，以及这8位专家的功能评价汇总结果，如表8-5所示，由例8-5可知，该零件的目标成本为30元/件。

表8-4 评价结果　　　　　　　　　　　　　　　　　　　评价人：专家甲

序号	零件名称	一对一进行打分								各零件得分情况
		A	B	C	D	E	F	G	H	
1	A	—	0	1	1	1	1	1	1	6
2	B	1	—	1	1	1	1	1	1	7
3	C	0	0	—	0	1	0	0	1	2
4	D	0	0	1	—	1	1	1	1	5
5	E	0	0	0	0	—	0	0	0	0
6	F	0	0	1	0	1	—	0	1	3
7	G	0	0	1	0	1	1	—	1	4
8	H	0	0	0	0	1	0	0	—	1
全部零件得分合计									28

表 8-5 功能评价汇总

序号	零件名称	各专家评价结果							小计	平均得分	评价系数
		甲	乙	丙	丁	戊	己	庚	辛			
1	A	6	5	6	7	7	5	6	7	49	6.125	0.2188
2	B	7	6	4	7	6	4	6	5	45	5.625	0.2009
3	C	2	2	3	1	2	3	3	4	20	2.5	0.0893
4	D	5	6	5	6	4	3	4	3	36	4.5	0.1607
5	E	0	1	1	0	2	2	1	2	9	1.125	0.0402
6	F	3	2	3	2	2	4	4	2	22	2.75	0.0982
7	G	4	4	5	3	4	5	3	4	32	4	0.1429
8	H	1	2	1	2	1	2	1	1	11	1.375	0.0491
合计		28	28	28	28	28	28	28	28	224	28	1.000

本例中各零件的当前成本及其成本系数计算结果,如表 8-6 所示。

表 8-6 各零件的当前成本及其成本系数

项目	零件名称 (1)	功能评价系数 (2)	成本系数 (3) (3)=(5)÷40	价值系数 (4) (4)=(2)÷(3)	零件当前成本/(元·件$^{-1}$) (5)	零件目标成本/(元·件$^{-1}$) (6) (6)=产品目标成本×(2)	零件成本应降低额/(元·件$^{-1}$) (7) (7)=(5)-(6)
1	A	0.2188	0.30	0.7293	12.00	6.56	+5.44
2	B	0.2009	0.22	0.9132	8.80	6.03	+2.77
3	C	0.0893	0.08	1.1163	3.20	2.68	+0.52
4	D	0.1607	0.02	8.0350	0.80	4.81	-4.01
5	E	0.0402	0.06	0.6700	2.40	1.21	+1.19
6	F	0.0982	0.20	0.4910	8.00	2.95	+5.05
7	G	0.1429	0.10	1.4290	4.00	4.29	-0.29
8	H	0.0491	0.02	2.4550	0.80	1.47	-0.67
合计		1.00	1.00	—	40	30	+10

8.2.4 责任成本法

1. 责任成本法含义

责任成本法(Responsibility Cost Method)是以具体的责任单位(部门、单位或个人)为对象,以其承担的责任为范围所归集的成本,也就是特定责任中心的全部可控成本。所谓可控成本指在责任中心内,能为该责任中心所控制,并为其工作好坏所影响的成本。确定责任成本的关键是可控性,它不受发生区域的影响。责任成本是按照谁负责谁承担的原则,以责任单位为计算对象来归集的,所反映的是责任单位与各种成本费用的关系。

从一般意义上讲，责任成本应该具备以下四个条件。

（1）可预计性。责任中心有办法知道它的发生以及发生什么样的成本。

（2）可计量性。责任中心有办法计量这一耗费的大小。

（3）可控制性。责任中心完全可以通过自己的行为来对其加以控制与调节。

（4）可考核性。责任中心可以对耗费的执行过程及其结果进行评价与考核。

采用责任成本法，有着很现实的意义。

（1）采用责任成本法，对于合理确定与划分各部门的责任成本，明确各部门的成本控制责任范围，进而从总体上有效地控制成本有重要的意义。

（2）使成本的控制有了切实保障。建立了责任成本制，由于将各责任部门、责任人的责任成本与其自身的经济效益密切结合，可将降低成本的目标落实到各个具体部门及个人，使其自觉地把成本管理纳入本部门或个人的本职工作范围，使成本管理落到实处。

（3）使成本的控制有了主动性。建立责任成本制，可促使企业内部各部门及个人主动寻求降低成本的方法，积极采用新材料、新工艺、新能源、新设备，充分依靠科学技术来降低成本。

成本责任单位的划分

横向责任单位。横向责任单位是指企业为了满足生产经营管理上的需要，而设置的平行职能机构。它们之间是协作关系，而非隶属关系。横向责任单位主要包括供应部门、生产部门、劳资部门、设计部门、技术部门、设备管理部门、销售部门、计划部门和质量管理部门等。上述各部门内部下属的平行职能单位之间，也可以相对看作是横向责任单位，如供应部门内部的采购部门与仓储部门之间互为横向责任单位。横向责任单位的划分，从某种意义上讲，是将物流成本在横向责任单位之间的合理分割与责任划分。

纵向责任单位。纵向责任单位是指企业及其职能部门为了适应分级管理的需要，自上而下层层设置的各级部门或单位。纵向责任单位之间虽然是隶属关系，但因其在成本的可控性上有其各自的责任与职权，所以有必要在责任单位划分上将其区别出来。以运输部门为例，其纵向责任单位分为公司总部、分公司、车队、单车（司机）。

2. 责任成本的计算方法

为了明确各单位责任的执行情况，必须对其定期进行责任成本的计算与考核，以便对各责任单位的工作进行正确的评价。责任成本的计算方法包括直接计算法和间接计算法。

（1）直接计算法。

直接计算法是将责任单位的各项责任成本直接加和汇总，以求得该单位责任成本总额的方法。其计算方法为：

$$某责任单位责任成本 = 该单位各项责任成本之和$$

（2）间接计算法。

间接计算法是以本责任单位的物流成本为基础，扣除该责任单位的不可控成本，再加上从其他责任单位转来的责任成本的计算方法。其计算公式为：

某责任单位责任成本=该责任单位发生的全部成本-该单位不可控成本+其他单位转来的责任成本

例8-7：甲生产车间下设A、B、C三个生产班组，各班组均采用间接计算法计算其责任成本。班组责任成本是由班组长负责，各班组应在每月月末编制班组责任成本业绩报告送交车间。在业绩报告中，应列出该班组各项责任成本的实际数、预算数和差异数，以便对比分析。其中A班组业绩报告如表8-7所示，对此业绩报告进行分析。

表8-7 责任成本业绩报告

责任单位：甲车间A班组　　　　　　年　月　　　　　　　　单位：元

项　目	实　际	预　算	差　异
直接材料：	—	—	—
原料以及主要材料	12 080	12 200	-120
辅助材料	11 400	11 300	+100
燃料	11 560	11 500	+60
其他材料	1 450	1 460	-10
小　计	36 490	36 460	+30
直接人工：	—	—	—
生产工人工资	16 300	15 200	+1 100
生产工人福利费	2 120	2 100	+20
小　计	18 420	17 300	+1 120
制造费用：	—	—	—
管理人员工资及福利费	11 140	11 000	+140
折旧费	11 450	10 660	+790
水电费	1 680	2 000	-320
其他制造费用	11 350	11 500	-150
小　计	35 620	35 160	+460
生产成本合计	90 530	88 920	+1 610
减：折旧费	11 450	10 660	+790
废料损失	150	—	+150
加：修理费	5 300	5 000	+300
责任成本	84 230	83 260	+970

解析：

表8-7表明，甲车间A班组本月归集的实际生产成本90 530元减去不应由该班组承担的折旧费11 450元，并减去废料损失（系因供应部门采购有质量问题的材料而发生的工料损失150元），再加上从修理车间转来的应由该班组承担的修理费，即为A班组的责任成本84 230元。

从总体上看，A班组当月责任成本预算执行较差，超支970元。但从各成本项目来看，"直接材料"中的"原料以及主要材料"和"其他材料"共节约130元；"制造费用"中的"水电费"和"其他制造费用"共节约470元；"直接人工"实际比预算超支1 120元，经查明原因主要是企业提高计件工资单价；对于由企业机修车间转来的修理费5 300

元（比预算超支 300 元），还应进一步加以分析，看其是否因本班组对设备操作不当导致维修费用增大，还是机修车间提高了修理费用（如多计修理工时等）。

对于节约的费用项目也应进一步加以分析，找出节约的原因，以巩固取得的成绩。

例 8-8：甲车间有 A、B、C 三个生产班组，其业绩报告如表 8-8 所示。对此业绩报告进行分析。

表 8-8　责任成本业绩报告

责任单位：甲车间　　　　　　　　　年　月　　　　　　　　　　　　单位：元

项　目	实　际	预　算	差　异
A 班组责任成本	84 230	83 260	+970
B 班组责任成本	68 930	67 890	+1 040
C 班组责任成本	76 890	77 880	-990
合　计	230 050	229 030	+1 020
甲车间可控成本：	—	—	—
管理人员工资	24 500	24 300	+200
设备折旧费	22 960	23 000	-40
设备维修费	22 430	22 500	-70
水电费	5 600	5 200	+400
办公费	3 000	2 500	+500
低值易消耗摊销	6 980	6 800	+180
合　计	85 470	84 300	+1 170
本车间责任成本合计	315 520	313 330	+2 190

解析：

从表 8-8 中可以看出，甲车间的 A、B、C 三个班组中，C 班组的成本业绩是最好的，甲车间当月责任成本超支 2 190 元，其中下属三个班组共超支 1 020 元，本车间可控成本超支 1 170 元；A、B 两班组超支合计 2 010（970+1 040）元是成本控制的重点。对于甲车间可控成本中的超支项目，还应进一步详细分析，查找原因，采取措施，加以控制。

8.3　成本差异的计算与分析

成本差异的基本原理

实际发生的成本数额与预定的标准成本出现差额，这种差额就叫成本差异。实际成本低于标准成本的节约额称为有利差异，一般用 F 表示；而实际成本高于标准成本的超支额称为不利差异，用 U 表示。图 8-1 演示了成本差异的计算过程与分析，图 8-2 演示了总差异的推导过程。

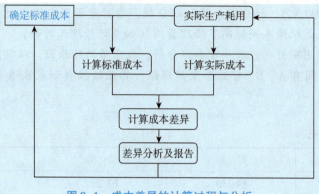

图 8-1 成本差异的计算过程与分析

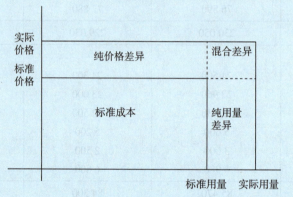

图 8-2 总差异的推导过程演示

即：

用量差异=(实际产量下实际用量−实际产量下标准用量)×标准价格

价格差异=(实际价格−标准价格)×实际产量下的实际用量

总差异=实际价格×实际用量−标准价格×标准用量=价格差异+用量差异

8.3.1 成本差异的类型

成本差异的类型可以用表 8-9 表示。

表 8-9 成本差异的类型

分类标准	类型	含义	说明
形成过程	用量差异	反映由于直接材料、直接人工和变动制造费用等要素实际用量消耗与标准用量消耗不一致而产生的成本差异	用量差异=标准价格×(实际用量−标准用量)
	价格差异	反映由于直接材料、直接人工和变动制造费用等要素实际价格水平与标准价格不一致而产生的成本差异	价格差异=(实际价格−标准价格)×实际用量

续表

分类标准	类型	含义	说明
与其他因素的关系	纯差异	把其他因素固定在标准的基础上，所算出的差异就是纯差异	通常混合差异不单独列示，而包括在价格差异中，用量差异是纯差异
	混合差异（联合差异）	总差异扣除所有的纯差异后的剩余差异	
数量特征	有利差异	因实际成本低于标准成本而形成的节约差	有利与不利是相对的，并不是有利差异越大越好
	不利差异	因实际成本高于标准成本而形成的超支差	
是否可以控制	可控差异（主观差异）	与主观努力程度相联系而形成的差异	可控差异是控制的重点
	不可控差异（客观差异）	与主观努力程度关系不大，主要受客观原因影响而形成的差异	

8.3.2 成本差异的计算及分析

1. 直接材料成本差异的计算与分析

（1）直接材料价格差异的计算。

直接材料价格差异 =（实际用量×实际价格）-（实际用量×标准价格）

= 实际用量×（实际价格-标准价格）

（2）直接材料用量差异的计算。

直接材料用量差异是实际材料用量脱离标准用量而形成的差异，其计算公式为：

直接材料用量差异 =（实际用量×标准价格）-（标准用量×标准价格）

=（实际用量-标准用量）×标准价格

（3）直接材料价格差异的分析。

一般来说，采购部门对材料采购价格和采购费用是可以控制的，因此材料价格差异应由采购部门有关人员负责。材料价格差异的形成通常有以下几种情况。

① 由于材料调拨价格变动或由于市场供求关系的变化引起价格的变动。

② 由于客户临时订货而增加紧急采购，致使采购价格的运输费用上升。

③ 忽略了购货的折扣期而丧失了应有的购货优惠。

④ 订货数量未达到应有的经济订货量。

⑤ 运输安排不合理，中转期延长，增加了运输费用和途中损耗；或由铁路运输改为空运，形成不必要的浪费。

⑥ 在保证质量的前提下，购入替代材料，降低了采购价格和采购费用。

⑦ 市场调查不充分，造成采购舍近求远，增加了材料运费。

（4）直接材料用量差异的分析。

用量差异是在生产过程中产生的，因此一般应由生产部门有关人员负责。但因材料规格不符合要求或材料质量低劣而增加了废品，则应由采购部门负责。另外，由于仓储部门材料保管不当而形成的损失则应由仓储部门负责。其形成原因通常有以下几个方面。

① 由于供货方未能保证材料质量而造成的浪费。
② 产品工艺变更，但材料用量标准未能及时变更。
③ 操作工人不重视合理、节约用料而造成损失。
④ 工人违反操作规程或出现机器故障而形成材料消耗超标。
⑤ 仓储部门保管不当，造成材料损坏变质。
⑥ 产品设计根据用户要求做出调整，但材料用量标准未进行相应调整。
⑦ 更换机器设备使材料用量变更。
⑧ 由于新产品投产，工人操作技术不熟练。

例 8-9： 某企业生产 A 产品需用甲材料。本期购入甲材料 3 500 千克，实际耗用 2 970 千克，其标准用量为 3 080 千克。甲材料实际价格为 26.10 元/千克，标准价格为 26.80 元/千克。试计算甲材料的成本差异额。

解： 直接材料价格差异 = 2 970×(26.1−26.8) = −2 079（元）
直接材料用量差异 = (2 970−3 080)×26.8 = −2 948（元）
直接材料成本差异合计 = −2 079+(−2 948) = −5 027（元）

2. 直接人工成本差异的计算与分析

（1）直接人工工资率差异的计算。

直接人工工资率差异，也称直接人工价格差异。它是由于直接人工实际工资率水平与标准工资率不同而形成的差异。其计算公式为：

直接人工工资率差异 = (实际工时×实际工资率)−(实际工时×标准工资率)
　　　　　　　　　＝实际工时×(实际工资率−标准工资率)

（2）直接人工效率差异的计算。

直接工人效率差异是实际耗用的工时脱离标准工时而形成的差异。其计算公式为：

直接人工效率差异 = (实际工时×标准工资率)−(标准工时×标准工资率)
　　　　　　　　＝(实际工时−标准工时)×标准工资率

（3）直接人工工资率差异分析。

工资率差异产生的原因主要有以下几个方面：工资制度和工资级别的调整；计算方法的改变，如计件工资改为计时工资；由于产品工艺过程和加工方法的改变而调整工种结构。

工资率差异的产生一般应由生产部门负责，但是在实际工作中往往会出现由于工作安排不当而形成工资率差异。要分析差异产生的原因，应从实际出发，分清责任的主次，除了生产部门以外，人事部门及其他部门也应承担一定的责任。

（4）直接人工效率差异分析。

直接人工效率差异产生的主要原因有以下几个方面。
① 劳动生产率提高或降低。
② 产品工艺过程和加工方法的改变，未能及时调整工时标准。
③ 生产计划安排不合理，造成窝工。
④ 原材料供应不及时，造成停工待料。
⑤ 设备发生故障，停工停产。
⑥ 燃料动力供应中断，造成停工。

出现效率差异的责任一般应由生产部门负责，但由于原材料供应不及时，燃料动力供应中断等问题则应由采购部门和动力部门等相关的责任部门负责。

例 8-10：某企业生产 A 产品，实际工时为 7 020 工时，标准工时为 7 700 工时；实际工资率为每小时 2 元，标准工资率为每小时 1.8 元。要求确定直接人工成本差异额。

解：直接人工工资率差异 =(2-1.8)×7 020 = 1 404（元）
　　　直接人工效率差异 = 1.8×(7 020-7 700) = -1 224（元）
　　　直接人工成本差异合计 = 1 404+(-1 224) = 180（元）

3. 变动制造费用成本差异的计算与分析

（1）变动制造费用耗费差异的计算。

变动制造费用耗费差异，是指实际发生额脱离按实际工时计算的预算额而形成的差异。其计算公式为：

　　变动制造费用耗费差异 = 实际发生额 - 按实际工时计算的预算额
　　　　　　　　　　　　= 实际工时 ×（变动制造费用 - 变动制造费用标准分配率）

（2）变动制造费用效率差异的计算。

变动制造费用效率差异，是指实际工时脱离标准工时而形成的差异。其计算公式为：

　　变动制造费用效率差异 =（实际工时 - 标准工时）× 变动制造费用标准分配率

（3）变动制造费用成本差异的计算。

　　变动制造费用成本差异 = 变动制造费用耗费差异 + 变动制造费用效率差异

（4）变动制造费用耗费差异的分析。

变动制造费用耗费差异形成的原因主要有以下几个方面：制定预算时考虑不周而使预算数额制定不准确；间接材料价格变化；间接材料质量不合格而导致用量增加；间接人工工资率调整；间接人工人数调整；其他费用发生变化。

（5）变动制造费用效率差异的分析。

变动制造费用耗费差异的责任归属应进行具体分析，如，预算数额制定不准确、材料采购价格变化、间接人工工资率调整、其他费用控制不严等，应分别由财务部门、采购部门、人事部门、生产部门等承担责任，以明确责任归属。

例 8-11：某产品的单位产品标准成本为工时消耗 3 小时，变动制造费用小时分配率 5 元，本月生产产品 500 件，实际使用工时 1 400 小时，实际发生变动制造费用 7 700 元。求变动制造费用耗费差异和变动制造费用效率差异。

解：变动制造费用耗费差异 = 实际工时 ×（变动制造费用实际分配率 - 变动制造
　　　　　　费用标准分配率）= 1 400×(7 700÷1 400-5) = 700（元）
　　　变动制造费用效率差异 =（实际工时 - 标准工时）× 变动制造费用标准分配率
　　　　　　　　　　　　 =（1 400-500×3）×5 = -500（元）

8.4　物流成本控制策略

1. 加强库存管理，合理控制存货

加强库存管理，合理控制存货，是物流成本控制的首要任务。企业存货成本包括持有成本、订货或生产准备成本以及缺货成本。存货量过多，虽然能满足客户的需求，减少缺

货成本和订货成本，但是增加了企业的存货持有成本；存货量不足，虽然能减少存货持有成本，但是又将不能正常满足客户的需求而增大缺货成本和订货成本。如何确定既不损害客户服务水平，也不使企业因为持有过多的存货而增加成本的合理存货储量，这就需要加强库存控制，企业可以采用经济订购批量法、MRP（Material Requirement Planning）库存控制法、JIT（Just In Time）库存控制法等。

2. 实行全过程供应链管理、提高物流服务水平

控制物流成本不仅仅是追求物流的效率化，更应该考虑从产品生产到最终用户整个供应链的物流成本效率化。随着当今激烈的企业竞争环境，客户除了对价格提出较高的要求外，更要求企业能有效地缩短商品周转的时期，真正做到迅速、准确、高效地进行商品管理，要实现这一目标，仅仅是一个企业的物流体制具有效率化是不够的，它需要企业协调与其他企业以及客户、运输业者之间的关系，实现整个供应链活动的效率化。因此降低物流成本不仅仅是企业物流部门或生产部门的事，也是销售部门和采购部门的责任，要将降低物流成本的目标贯穿到企业所有职能部门之中。提高物流服务也是降低物流成本的方法之一，通过加强对客户的物流服务，有利于销售的实现，确保企业的收益。当然在保证提高物流服务的同时，又要防止出现过剩的物流服务，超过必要的物流服务反而会阻碍物流效益的实现。

3. 通过合理的配送来降低物流成本

配送是物流服务的一个重要环节，通过实现效率化的配送，提高装载率和合理安排配车计划、选择合理的运输线路，可以降低配送成本和运输成本。

4. 利用物流外包来降低物流成本

物流外包是控制物流成本的重要手段。企业将物流外包给专业化的第三方物流公司，通过资源的整合、利用，不仅可以降低企业的投资成本和物流成本，而且可以充分利用这些专业人员与技术的优势，提高物流服务水平。笔者对我国一些大型企业进行过调查，物流成本在这些企业中占有相当大的比重，有很多企业的物流配送成本占了销售成本的20%以上。它们均在实践过程中通过不同形式的物流外包，从根本上降低了物流成本，并且使服务质量明显提升。乐百氏公司以制造桶装纯净水、矿泉水闻名，桶装水销售的物流成本占有相当大的比重，物流配送费用占整个销售成本的39%，随着国内和国外的经济环境的变化，特别是油价上升以及国家对超限超载的治理，乐百氏在物流配送方面面临很大的压力，于是，乐百氏选择了物流外包，主要采取人员外包、货物搬运外包、服务外包的方式，改变后物流配送费用在整个销售成本中占的比重降到了6.5%。

5. 控制和降低物流成本

现代物流技术发展十分迅速，物流系统软件日趋完善。借助物流信息系统，一方面使各种物流作业或业务处理能准确、迅速地进行；另一方面随着物流信息平台的建立，各种信息通过网络进行传输，从而使生产、流通全过程的企业或部门分享由此带来的收益，充分应对可能发生的需求，进而调整不同企业的经营行为和计划，有效控制无效物流成本的发生，从根本上实现物流成本的降低，充分体现出物流的第三利润源。

综上所述，物流成本控制是一个全面、系统的工程，要建立全新的控制思想，从全局着眼，才能获得较好的经济效益，物流"第三利润源"的作用才能真正发挥。

在现实中，最高的物流服务水平和最低的物流成本两者是不可能同时成立的，它们之间存在"二律背反定律"。高水平物流服务要求有大量的库存、足够的运费和充足的仓容，这势必产生较高的物流成本；而低物流成本要求的是少量的库存、低廉的运费和较少的仓容，这又必然导致减少服务项目、降低服务水平和标准。

（1）运输成本控制。

这就要求企业必须充分运用社会现有设施，从全局出发，力求运输距离短、运输能力省、中间运转少、到达速度快、运输费用低、运输质量高，高效规划航空、铁路、公路、水路联运。

（2）配送成本控制。

物流企业按网点分布和发展规模适度设置配送中心。一些生产型企业的内部物流在现阶段则根本不必考虑建立配送中心，只需优化仓储。

（3）物流设施与设备的合理化。

每个企业的物流都有自身的特点，企业应就此合理选择物流设备与物流设施。仓库是自建还是租赁，需要设置何种货架，使用何种材质、规格的托盘，配备哪些种类的运输、搬运工具与车辆等，都是每个企业要认真考虑的问题。物流设施与设备不要求多而全，但一定要能适应本企业的特点。例如，以商品流通为主的武汉中百仓储配送中心拥有自己的仓库，将托盘式货架与重力式货架相结合，多用塑料托盘，配备厢式货车，以及四种叉车，以满足物流需要。以第三方物流为主业的招商局武汉分公司则租用仓库，采用托盘式货架，主要用木制托盘，实行公路、铁路联运，适量配备两种叉车。

（4）信息系统适度化。

物流的信息流决定了物流系统的有效性，指导着资金流的运作。当代社会需求多样化、个性化，生产类型向多品种、小批量方向发展，生产加工设备也从专用加工设备的流水生产线，转向采用具有多功能的加工中心的柔性加工系统（FMS）。以一个中等商品流通型企业为例，其经营品种至少有 5 000 种，由此产生的大量信息远远超过了人力计算的能力。物流系统为了适应这种变化必然需要实施高度的信息化。但这一信息化的过程应该是渐进式的，信息系统不存在是否先进的问题，关键在于是否可以满足本企业的物流管理和成本需要。

一、不定项选择题

1. 物流成本控制的原则有（　　）。
   A. 经济原则　　　　B. 全面原则　　　　C. 权责利相结合原则　　D. 目标控制原则
2. 弹性预算的表达方式有（　　）。
   A. 列表法　　　　　B. 公式法　　　　　C. 对比法　　　　　　D. 比率分析法
3. 在事先确定目标利润的基础上，首先预计产品的售价和销售收入，然后扣除价内税和目标利润，余额即为目标成本的一种预测方法是（　　）。
   A. 倒扣测算法　　　B. 比价测算法　　　C. 列表法　　　　　　D. 因素分析法
4. 责任成本应具备（　　）条件。
   A. 可预计性　　　　B. 可计量性　　　　C. 可控制性　　　　　D. 可考核性

5. 成本差异的类型分为（　　）。
   A. 用量差异和价格差异　　　　B. 纯差异和混合差异
   C. 有利差异和不利差异　　　　D. 可控差异和不可控差异

二、简答题

1. 什么是弹性预算法？其优点是什么？
2. 目标成本管理的实施原则有哪些？
3. 功能成本法的计算步骤是什么？
4. 物流成本控制的策略包括哪些？

三、计算题

1. 假设某新创企业只生产和销售一种电子产品，该产品的市场售价预计为 100 元，产品的单位变动成本为 20 元，固定成本为 32 000 元，请计算盈亏临界点的销售量是多少？如果希望这种产品销售半年可以收回成本，每天平均应卖出多少？如果要求 2 个月（每月按 30 天计）盈亏平衡，若售价不变，每天应卖出多少？

2. 某公司生产一种产品，本期产品产量为 1 000 件，单位产品耗用甲包装材料 5 千克，标准耗用量 4.5 千克，实际甲材料采购价格为 10 元，标准采购价格为 11 元。请计算该产品甲包装材料的成本差异。

3. 根据表 8-10 数据，计算"价值系数""零件目标成本"和"零件成本应降低额"并填写于表内。

表 8-10　零件的当前成本及其系数

项目 (1)	零件名称 (1)	功能评价系数 (2)	成本系数 (3)	价值系数 (4) (4)=(2)÷(3)	零件当前成本/（元·件$^{-1}$）(5)	零件目标成本/（元·件$^{-1}$）(6) (6)=产品目标成本×(2)	零件成本应降低额/（元·件$^{-1}$）(7) (7)=(5)-(6)
1	A	0.20	0.25		15.00		
2	B	0.22	0.22		9.80		
3	C	0.08	0.08		3.20		
4	D	0.16	0.02		1.80		
5	E	0.07	0.05		2.40		
6	F	0.09	0.20		9.00		
7	G	0.14	0.14		6.00		
8	H	0.04	0.04		2.80		
合计		1.00	1.00		50	48（产品目标成本）	+2

参考答案

第1章 物流成本管理概述

一、选择题

1. B 2. ABCD 3. ABCD 4. ACD 5. ABC

二、简答题

1. 如何理解物流成本理论学说中的效益背反理论？

效益背反指的是物流的若干功能要素之间存在着损益的矛盾，也即某个功能要素的优化和利益发生的同时，必然会存在另一个或另几个功能要素的利益损失，反之也如此。物流系统的效益背反包括物流成本与服务水平的效益背反、物流各功能活动的效益背反。物流成本与服务水平的效益背反指的是物流服务的高水平在带来企业业务量和收入增加的同时，也带来了企业物流成本的增加，即高水平的物流服务必然伴随着高水平的物流成本，而且物流服务水平与物流成本之间并非线性关系，投入相同的物流成本并非可以得到相同的物流服务增长。物流功能之间的效益背反是指物流各项功能活动处于一个统一且矛盾的系统中，在同样的物流总量需求和物流执行条件情况下，一种功能成本的削弱会使另一种功能成本增加。

2. 为什么要对物流成本进行管理？

物流成本管理是物流管理的重要内容，降低物流成本是企业物流管理的重要课题。实行物流成本管理、降低物流成本、提高效益对国家与企业都具有重要的现实和长远意义。根据物流成本管理影响的层面，把物流成本管理的意义分为宏观意义和微观意义。从宏观意义和微观意义进行分析。

3. 物流成本管理的内容包括哪些？

企业物流成本管理的内容主要包括物流成本计算、物流成本预测、物流成本决策、物流成本计划、物流成本控制、物流成本分析及物流成本考核等。物流成本管理的各项内容之间相互配合、相互依存，构成了一个有机整体。

4. 物流成本管理的目标有哪些？

物流管理的目标就是要提升企业的物流能力，实现物流活动的效率化。物流企业要在总成本最低的条件下，提高有竞争优势的客户服务，完成商品从供应地到消费地的流动。企业物流成本管理尽管有自身的具体目标，但必须与企业生存、发展和获利的目标高度一致，同时也应是实现企业目标的细化目标。具体包括坚持以顾客为中心，提高认可度；降低成本，增加利润；提高竞争力。

三、案例分析题

提示：可从运输、包装、配送等角度展开分析。

第2章 物流成本的构成与分类

一、选择题
1. C   2. ABCD   3. ABC   4. B   5. ABC

二、简答题

1. 如何理解物流系统？

物流系统是指在一定的时间和空间里，由所需位移的物资、包装设备、装卸搬运机械、运输工具、仓储设施、人员、通信联系等若干相互制约的动态要素所构成的、具有特定功能的有机整体。物流系统的目的是实现物资的空间效用和时间效用，在保证社会再生产顺利进行的前提下，实现各种物流环节的合理衔接，并取得最佳的经济效益。

2. 物流系统要素有哪些？

物流系统要素包括设施、装备、工具、信息技术及网络、组织及管理。从物流活动的实际工作环节来考查，物流系统的功能要素可概括为七个方面：运输、仓储、包装、装卸搬运、流通加工、配送、物流信息管理。

3. 美国、日本和中国关于物流成本的定义有何不同？

（1）美国物流成本包括存货持有成本、运输成本和物流行政管理成本。
（2）日本物流成本包括运输费、保管费和管理费。
（3）中国物流成本包括运输费、保管费和管理费，但是具体内容和日本的有所差异。

4. 试分析企业物流成本的构成。

企业物流成本的项目构成包括物流功能成本和存货风险成本，其中功能成本包括运输成本、仓储成本、包装成本、装卸搬运成本、流通加工成本、物流信息成本、物流管理成本。与存货有关的成本包括流动资金占用成本、存货风险成本及存货保险成本。

5. 哪些成本属于隐性物流成本？

隐性物流成本的含义较为宽泛，例如，存货占用自有资金所产生的机会成本，由于物流服务不到位所造成的缺货损失，存货的贬值损失，回程空载损失等，这些成本支出和损失确实客观存在，但由于不符合会计核算的确认原则、难以准确量化和缺少科学的计量规则等原因，没有在财务会计中反映。

三、案例分析题

略。

第3章 物流系统要素成本管理（上）

一、选择题
1. ABCD 2. BC 3. C 4. D 5. BCD 6. BD 7. ABC 8. AB 9. D 10. ABCD

二、简答题

1. 如何优化运输成本？
（1）优化运输网络，减少不必要的运输环节；直达运输；"四就"直拨运输。

（2）选择合理的运输方式，选择合适的运输工具，实行联合运输，开展国际多式联运。

（3）提高车载装卸效率，组织轻装配置，实行解体运输，利用高效的堆码方法。

（4）选择最佳运输手段，拼装整车运输，实施拖托盘化运输，实施集装箱运输。

（5）减少运输事故损失。

2. 什么是仓储持有成本？具体包括哪些项目？
仓储持有成本是仓储成本的主要构成部分，是指为了保持适当的库存而发生的成本，如仓储设备折旧、仓储设备的维护费、仓库职工工资、库存占用资金的利息费用、仓库物品的毁损和变质损失、保险费用、搬卸装运费用、挑选整理费用等。仓储成本可以分为以下四项成本：①资金占用成本；②仓储维护成本；③仓储运作成本；④仓储风险成本。

3. 如何控制仓储成本？
（1）采用"先进先出法"，减少储存货物保管风险。

（2）优化仓库布局，适度集中库存。

（3）运用 ABC 和 CVA 管理法，抓重点，优化库存结构。

（4）提高储存密度，提高仓容利用率。

（5）采用有效的储存定位系统，提高仓储作业效率。

（6）采用有效的检测清点方式，提高仓储作业的准确度。

4. 仓储成本的影响因素有哪些？
取得成本、储存成本、缺货成本、运输时间。

5. 简述什么是 ABC 管理法？其优缺点分别是什么？
ABC 库存管理法是根据库存种类数量与所占资金比重之间的关系，将库存物资分为 A、B、C 三类。该方法是根据帕累托曲线规律解释"关键的少数和次要的多数"在库存管理中的应用。对占资金总量主要部分的 A 类物资进行重点控制管理，对介于 A 类和 C 类物资之间的 B 类物资采用常规管理，对占资金总量少部分的 C 类物资进行简单管理。这就有利于对每类库存物资制定不同的管理策略，有利于降低库存物资的资金占用，也有利于减轻库存管理人员的工作量。ABC 管理法的不足之处表现为 C 类物资得不到重视，因此会给企业的正常运行带来影响。

三、案例分析题

1. 解：

方案一：

成本＝（0.05×1 100+0.1×2）×500+30×500×0.5＝27 600+7 500＝35 100（元）

方案二：

成本＝（0.05×37+0.1×6+0.006×1 200+30×2.5）×500＝42 325（元）

方案三：

成本＝22 800（元），可能追加成本＝（2.5/0.8-2.5）×30×500＝9 375（元），最高成本为32 175元。

答：最佳方案为方案三，因为该方案的成本最低。

2. 营运间接费用分配额如下。

营运间接费用分配表

成本计算对象	分配标准/车日	分配率	分配额/元
甲运输队	930	10	9 300
乙运输队	1 085	10	10 850
合计	2 015	10	20 150

第4章 物流系统要素成本管理（下）

一、不定项选择题
1. D 2. C 3. ABCD 4. ABCD 5. B 6. ABC 7. AB 8. ABD

二、简答题

1. 配送成本从支付形态的角度可以分为哪些？

从支付形态的角度分析，配送成本包括材料费、人工费、公益费、维护费、一般经费、特别经费、对外委托费和其他费用等项目。

2. 可以降低配送成本的措施有哪些？

①优化配送的计划性；②确定合理的配送路线；③优化配送业务的策略，具体包括标准化策略、延迟策略、合并策略、差异化策略和混合策略。

3. 发出材料计价方法中，月末一次加权平均法和移动加权平均法比较，各自优缺点是什么？分别适用什么情况？

（1）月末一次加权平均法的优点是只在月末一次计算加权平均单价，有利于简化成本核算工作，而且在材料市场价格不稳定时计算出来的单位成本比较平均，对材料成本的分摊较为折中。这种方法的缺点是平时在账上无法提供发出和结存材料的单价和金额，不利于材料的日常管理。同时，材料计价工作集中在月末进行会影响材料核算工作的均衡性和及时性。

（2）月末一次加权平均法适用于材料收发量比较大，且对平时结存材料成本核算要求不高的情况下使用。移动加权平均法的优点是能够使企业管理者及时了解材料的结存情况，计算的平均单位成本以及发出和结存的材料成本比较客观。这种方法的缺点是由于每次收货都要计算一次平均单价，计算工作量较大，对收发货较频繁的企业不适用。

4. 降低包装成本的措施有哪些？

①用科学方法确定最优包装；②防止包装不足和包装过剩；③发展包装机械化；④回收利用旧包装。

5. 流通加工的构成项目有哪些？

①流通加工设备费用；②流通加工人工费用；③流通加工材料费用。

三、案例分析题

问题1：如果你是公司决策人，你会买车来解决送货效率低的问题吗？为什么？

不会。因为公司空载率本来就过高，再买车为应急会更高。案例中描述的问题是送货方式不对，不是车太少了。(仅供参考)

问题2：请用配送的含义分析该案例，并提出解决办法。

配送是指在经济合理的区域范围内，根据用户要求，在配送中心或其他物流结点对物品进行拣选、加工、包装、分割、组配等作业，以合理的方式按时送达指定地点的物流活动。

配送不是一般意义上的送货，而是有组织、有计划地送货，要求先配货再送货，具体做法为：制订配送时间表，确定配送时段；要求各个门店和大客户的销售代表在各时段前半个小时将所需商品报到配送中心；配送中心根据所报信息配货，并确定配送路线和配车计划，保证低空载和一次配送多个客户。

第5章 企业物流成本的核算

一、不定项选择题
1. C 2. A 3. A 4. D 5. D 6. A
7. AB 8. ABCD 9. BC 10. ABC 11. ACD 12. A

二、简答题

1. 物流成本核算的原则有哪些？

物流成本核算的原则包括合法性、可靠性、相关性、分期核算、权责发生制、按实际成本计价、一致性、重要性。

2. 简述物流成本核算的步骤。

①明确物流成本范围；②确定物流成本对象；③确定物流成本项目；④确定物流成本期间；⑤审核有关资料；⑥进行物流费用归集与分配；⑦设置和登记账簿。

3. 会计式物流成本核算有哪几种？各有何优缺点？

（1）单轨制。其优点是两种成本的核算工作同时进行，在不增加更多工作量的前提下，提供有关物流成本的信息；其缺点是需要对原有的会计体系和相关内容做较大的调整，弄不好会使账簿体系显得混乱，所以这种结合无疑也是有一定困难的。

（2）双轨制。其优点是能随时清晰地反映物流成本的相关资料；其缺点是成本核算的工作量大，如果财会人员数量不多，物流专业知识缺乏，则提供的信息也未必准确。从成本效益角度看，可行性比较小。

（3）辅助账户制。其优点是既不像双轨制核算工作量那么大，也不像单轨制需对原有会计核算体系进行调整；其缺点是若辅助账户设置不当或登记方法不科学，也会增加工作量。

4. 核算物流成本时如何确定物流成本对象？

①以物流成本项目作为物流成本对象；②以物流活动范围作为物流成本对象；③以物流成本的支付形态作为物流成本计算对象；④以客户作为物流成本对象；⑤以产品作为物流成本对象；⑥以部门作为物流成本对象；⑦以营业网点作为物流成本对象。

5. 在会计方法下，物流成本核算账户格式如何设置？

（1）单轨制的物流成本核算账户格式：物流成本核算与其他成本核算相结合，建立一套能提供多种成本信息的共同的凭证、账簿和报表核算体系。如在成本费用账户下设置物流费用专栏，具体可设置生产成本、制造费用、劳务成本、管理费用、财务费用、主营业务成本、其他业务成本、销售费用等科目。（2）双轨制的物流成本核算账户格式：把物流成本计算与其他成本计算分开，单独建立物流成本计算的凭证、账簿和报表体系。企业可以专设物流成本科目，也可以按照物流功能或物流成本范围设置一级科目，根据需要设置二级和三级科目等。

（3）辅助账户制的物流成本核算账户格式：在不影响当前会计核算体系的前提下，设置"物流成本"辅助账户。可以设"物流成本"一级科目，下设二级科目，根据需要再设置三级科目等；或者直接按照物流成本范围或功能设置一级科目，然后顺次设置二级、三级科目等。

6.《企业物流成本构成与计算》（GB/T 20523—2006）编制说明中，以哪三个维度作为物流成本对象？如何理解？

《企业物流成本构成与计算》（GB/T 20523—2006）编制说明中，物流成本核算以物流成本项目、物流成本范围和物流成本支付形态三个维度作为成本计算对象。

三、案例分析题

问题1：如果你是企业总裁，你是否会依据调查公司的结果减少仓库？为什么？

不会。因为减少202个仓库只能节省200万~300万元，却造成了18%销售收入的下降，得不偿失。即使能节省大量费用，但通过减少仓库丧失销售收入也不是上策，因为这等于顾客的丧失。在现代市场营销环境下，企业唯一的生存发展途径便是最大限度地满足用户需求。

问题2：如果不这样做，你又如何决策？

首先，通过调查，依据目标市场细分的原理将全国市场细分为10~15个的大型区域，目的是在每个大型区域建立区域配送中心；其次，通过配送中心选址方法选择每个区域配送中心合适的地理位置；然后，在每个区域内，选择5个左右的集中销售城市，建立城市配送中心；最后，从基本作业、实用物流技术、物流设备、管理信息系统四个方面入手，真正意义上实现配送中心降低物流成本、提高顾客满意度的目标。

只有这样才能实现仓库大量减少、费用下降的目的，同时通过现代配送中心的作业提高顾客满意度，一举两得。

第6章　物流成本的分析

一、不定项选择题
1. A　2. D　3. D　4. BC　5. A　6. B　7. AB
8. ACD　9. BC　10. D　11. ABCD　12. C　13. C　14. D

二、简答题

1. 什么叫成本性态？依据成本性态可以把成本划分为哪几类？

成本性态也称成本习性，是指成本总额与业务总量之间的依存关系，分为固定成本、变动成本、混合成本三类。

2. 试比较各种混合成本分解方法的基本原理和优缺点。

（1）定性分析法。定性分析法包括账户分析法、合同确认法、技术测定法。采用这类分析方法，就是根据各个成本账户的性质、合同中关于支付费用的规定、生产过程中各种成本的技术测定等来具体分析，进而确认哪些成本属于固定成本，哪些成本属于变动成本。

账户分析法的优点是简单、明了，分析的结果能清楚地反映出具体成本项目，实用价值较高；账户分析法的缺点是分析的工作量大，成本性态的确定较粗。合同确认法的优点是成本性态分析比较准确，但其应用范围较小，只限于签有合同生产经营项目的成本的性态分析。技术测定方法的优点是划分比较准确，缺点是工作量较大，一般适用于新建企业或新产品的成本性态分析。

（2）历史成本分析法。历史成本分析法是根据混合成本在过去一定期间内的成本与业务量的历史数据，采用适当的数学方法加以分解，来确定其中固定成本总额和单位变动成本的平均值。在实际工作中最常用的数学方法有高低点法、散布图法、回归直线法三种。

高低点法的优点是计算简单，缺点是结果不够准确。散布图法利用散布图分解混合成本，综合考虑了一系列观测点上业务量与成本的依存关系，显然，分解的结果较高低点法准确。但散布图法的缺陷是选择最佳直线时缺乏客观标准，成本方程式的质量取决于分析者主观判断的质量，有时误差比较大。回归直线法使用了误差平方和最小的原理，相对高低点法和散布图法，结果更为精确；但计算过程较烦琐，适用于计算机操作。

3. 什么叫本量利分析？其基本模型该如何表示？

本量利分析是成本、业务量、利润关系分析的简称，指在变动成本计算模式的基础上以数学模型与图形来揭示固定成本、变动成本、业务量、单价、营业额、利润等变量之间的内在规律性联系，为预测、决策和规划提供必要财务信息的一种定量分析方法。基本模型为：利润=单价×业务量−单位变动成本×业务量−固定成本总额。

4. 简述在本量利分析中，相关因素变动对决策指标的影响。

（1）价格变动。在成本水平和业务量既定的条件下，单价上涨时，保本点、保利点降低，利润总额增加；单价下降时，情况则刚好相反。

（2）单位变动成本变动。单位变动成本上升时，保本点和保利点提高，利润总额减少；单位变动成本下降时，保本点和保利点下降，利润总额增加。

（3）固定成本变动。在其他条件不变的情况下，固定成本减少，保本点和保利点下降，利润上升；反之，保本点和保利点上升，利润下降。

（4）产品结构变动。一般物流企业的服务项目较多，价格体系复杂，在价格、单位变动成本及固定成本都不变的情况下，由于各种服务的获利能力不同，当企业服务产品结构变动时，也会影响企业的保本点和保利点，它取决于以各项服务在营业收入中所占比例为权数时加权平均边际贡献率的变化情况。

5. 简述物流成本效益评价的几种指标。

（1）物流成本与数量指标的比率分析，采用单位物流成本作为评价指标。

（2）物流成本与收入类指标的比率分析，采用销售成本率作为指标。

（3）物流成本与利润类指标的比率分析，采用物流成本利润率作为指标。

（4）物流成本与成本费用类指标的比率分析，采用主营业务成本率、期间费用成本率、物流总成本率作为指标。

三、计算分析题

某企业物流中心包装作业直接材料消耗情况如下表所示。

项目	计划数	实际数
包装产品数量/件	300	350
单位产品材料消耗/千克	10	8
材料单价/元	5	5.5
材料费用/元	15 000	15 400

根据数据显示，直接材料费用增加400（15 400-15 000）元，用因素分析法分析各个因素变动带来的影响。

解析：

实际材料费用=350×8×5.5=15 400（元）

计划材料费用=300×10×5=15 000（元）

因素分析：

第一次替换：350×10×5=17 500（元）

包装产品数量变化带来的影响额为：17 500-15 000=2 500（元）

第二次替换：350×8×5=14 000（元）

单位产品材料消耗变化带来的影响额为：14 000-17 500=-3 500（元）

第三次替换：350×8×5.5=15 400（元）

材料单价变化带来的影响额为：15 400-14 000=1 400（元）

各因素变动综合影响合计=2 500-3 500+1 400=400（元）

包装作业材料费用超支400元是以下三个方面的因素共同影响的结果：产量增加50件使材料费用增加2 500元；单位产品材料消耗量下降，使材料费用减少3 500元；材料价格提高，使材料费用增加1 400元。

四、案例分析题

略。

第7章 物流作业成本管理

一、不定项选择题
1. ABCD 2. ABC 3. ABCD 4. ABCD

二、简答题

1. 作业成本法的基本原理是什么？

作业成本法是一种以"成本驱动因素"理论为基本依据，根据产品生产经营过程中所发生和形成的产品与作业、作业链与价值链的关系，对成本发生动因加以正确的分析，选择"作业"为成本计算对象，归集和分配生产经营费用的一种成本核算方法。

作业成本法的主要原理有以下三个方面：

（1）任何企业的一切活动都服务于产品和劳务的生产、销售和运输，因而应视为产品成本的构成因素。

（2）在每个企业作业链中，存在着这样一种关系："资源—作业—产品"，即作业耗用资源，产品耗用作业，作业成为沟通企业资源和企业最终产品之间的一座桥梁。

（3）作业成本法将传统变动成本法的变动成本进一步划分为短期变动成本和长期变动成本。

2. 常见的物流作业有哪些？

①采购作业；②销售订单处理；③拣货作业；④补货作业；⑤配送作业；⑥退货作业。

3. 物流作业成本法的步骤是什么？

①界定企业物流系统中涉及的各个作业；②确认企业物流系统中涉及的资源；③确认资源动因，将资源分配到作业；④确认成本动因，将作业成本分配到产品或服务中。

三、计算题

1. 单位作业层次

（1）直接材料成本与直接人工成本的计算和传统计算法相同。

（2）机器能量成本按一定比率分配到产品生产线，其计算过程与结果填入表1。

表1　机器能量成本分配表

产品	数量/件	用量/(次·批$^{-1}$)	机器小时/小时	分配率/(元·小时$^{-1}$)	分配额/元
A产品	120 000	1.0	120 000	0.556	66 720
B产品	60 000	1.5	90 000	0.556	50 040
C产品	12 000	3.5	42 000	0.556	23 352
合计	—	—	252 000	—	140 000

（注意：表中合计项存在5%以下的合理误差。）

2. 批作业层次

（1）检验成本按检验次数分配，其计算过程与结果填入表2。

表2 检验成本分配表

产品	批数/批	每批检验数/(次·批⁻¹)	检验总数/次	分配率/(元·次⁻¹)	分配额/元
A 产品	12	50	600	45	27 000
B 产品	600	5	3 000	45	135 000
C 产品	1 200	2	2 400	45	108 000
合计	—	—	6 000	—	270 000

检验成本：检验人员工资 200 000 元+供应商（检验）70 000 元。

（2）材料处理成本以材料移动次数为基础分配，其计算过程与结果填入表3。

表3 材料处理成本分配表

产品	批数/批	移动次数/(次·批⁻¹)	总次数/次	分配率/(元·次⁻¹)	分配额/元
A 产品	12	25	300	2.395	718.5
B 产品	600	50	30 000	2.395	71 850.0
C 产品	1 200	100	120 000	2.395	287 400.0
合计	—	—	150 300	—	360 000.0

材料处理成本：材料处理人员工资 280 000 元+折旧 80 000 元。

（注意：表中合计项存在5%以下的合理误差。）

（3）准备成本以每批准备次数为基础分配，其计算过程填入表4。

表4 准备成本分配表

产品名称	每批准备次数	分配率/(元·次⁻¹)	分配额/元
A 产品	12	176.6	2 119.2
B 产品	600	176.6	105 960.0
C 产品	1 200	176.6	211 920.0
合计	1 812	—	320 000.0

（注意：表中合计项存在5%以下的合理误差。）

3. 产品作业层次

（1）购买成本以购货订单数量为基础分配，其计算过程填入表5。

表5 购买成本分配表

产品名称	购货订单数量/次数	分配率/(元·次数⁻¹)	分配额/元
A 产品	200	135	27 000
B 产品	400	135	54 000
C 产品	1 400	135	189 000
合计	2 000	—	270 000

购买成本：购买人员工资 210 000 元+供应商（购买）60 000 元。

（注意：表中合计项存在5%以下的合理误差。）

(2) 产品分类成本以分类次数为基础分配，其计算过程填入表6。

表6 分类成本分配表

产品名称	分类次数	分配率/(元·次$^{-1}$)	分配额/元
A产品	50	430.769	21 538.450
B产品	75	430.769	32 307.675
C产品	200	430.769	86 153.800
合计	325	—	140 000.000

分类成本：分类人员工资100 000元+供应商（产品分类）40 000元。

（注意：表中合计项存在5%以下的合理误差。）

4. 能量作业层次

能量作业层次以主要成本（直接材料成本+直接人工成本）为基础分配，其计算过程与结果填入表7。

表7 能量成本分配表

产品名称	单位主要成本/(元·件$^{-1}$)	生产数量/件	主要成本/元	分配率	分配额/元
A产品	7.00	120 000	840 000	0.331	278 040
B产品	8.00	60 000	480 000	0.331	158 880
C产品	11.00	12 000	132 000	0.331	43 692
合计	—	—	1 452 000	—	480 000

能量成本：工厂管理人员工资160 000元+照明和热动力费用80 000元+房屋占用费190 000元+供应商（全面管理）50 000元，合计480 000元。

（注意：表中合计项存在5%以下的合理误差。）

根据上述计算，将A、B、C三种产品的总成本和单位成本汇总填入表8。

表8 总成本和单位成本汇总表　　　　　　　单位：元

项目	A产品		B产品		C产品	
	单位成本	总成本	单位成本	总成本	单位成本	总成本
1. 单位作业层次						
直接材料	5.000	600 000.000	6.000	360 000.000	8.000	96 000.000
直接人工	2.000	240 000.000	2.000	120 000.000	3.000	36 000.000
机器能量	0.556	66 720.000	0.834	50 040.000	1.946	23 352.000
小计	7.556	906 720.000	8.834	530 040.000	12.946	155 352.000
2. 批作业层次						
检验	0.225	27 000.000	2.250	135 000.000	9.000	108 000.000
材料处理	0.006	718.500	1.198	71 850.000	23.950	287 400.000
准备	0.018	2 119.200	1.766	105 960.000	17.660	211 920.000
小计	0.249	29 837.700	5.214	312 810.000	50.610	607 320.000

续表

项目	A 产品		B 产品		C 产品	
	单位成本	总成本	单位成本	总成本	单位成本	总成本
3. 产品作业层次						
购买	0.225	27 000.000	0.900	54 000.000	15.750	189 000.000
产品分类	0.179	21 538.450	0.538	32 307.675	7.179	86 153.800
小计	0.404	48 538.450	1.438	86 307.675	22.929	275 153.800
4. 能量作业层次						
全面管理	2.317	278 040.000	2.648	158 880.000	3.641	43 692.000
合计	10.526	1 263 136.150	18.134	1 088 037.675	90.126	1 081 517.800

第 8 章　物流成本控制管理

一、不定项选择题
1. ABCD　2. AB　3. A　4. ABCD　5. ABCD

二、简答题

1. 什么是弹性预算法？其优点是什么？

弹性预算法又称变动预算法或滑动预算法，是固定预算的对称，指以预算期间可能发生的多种业务量水平为基础，分别确定与之相应的费用数额而编制的、能适应多种业务量水平的费用预算，以便分别反映在各业务量情况下所应开支（或取得）的费用（或利润）水平。由于这种预算可以随着业务量的变化而反映各业务量水平下的支出控制数，具有一定的伸缩性，因而称为"弹性预算"。

弹性预算的优点在于：一方面能够适应不同经营活动情况的变化，扩大了预算的范围，更好地发挥预算的控制作用，避免了在实际情况发生变化时对预算作频繁的修改；另一方面能够使预算对实际执行情况的评价与考核，建立在更加客观可比的基础上。

2. 目标成本管理的实施原则有哪些？

①价格引导的成本管理；②关注顾客；③关注产品与流程设计；④跨职能合作；⑤生命周期成本削减；⑥价值链参与。

3. 功能成本法的计算步骤是什么？

①计算功能评价系数；②计算成本系数；③计算价值系数；④计算某零件的目标成本；⑤计算各零件的成本降低额；⑥拟定降低成本的措施。

4. 物流成本控制的策略包括哪些？

①加强库存管理，合理控制存货；②实行全过程供应链管理，提高物流服务水平；③通过合理的配送来降低物流成本；④利用物流外包来降低物流成本。

三、计算题

1. 利润为零时就是临界点销量

盈亏临界点销售量 =（利润 + 固定成本）/（单位售价 − 单位变动成本）

$$= (0 + 32\,000)/(100 - 20) = 400(件)$$
$$400 \div 180 = 2.22(件)$$
$$400 \div 60 = 6.67(件)$$

2. 直接材料用量差异 =（实际用量 − 标准用量）× 标准价格 × 产量 =（5 − 4.5）× 11 × 1 000 = 5 500(元)

直接材料价格差异 =（实际价格 − 标准价格）× 实际用量 × 产量 =（10 − 11）× 5 × 1 000 = − 5 000(元)

总差异 = 5 500 − 5 000 = 500(元)

3.

项目	零件名称(1)	功能评价系数(2)	成本系数(3)	价值系数(4) (4)=(2)÷(3)	零件当前成本/(元·件$^{-1}$)(5)	零件目标成本/(元·件$^{-1}$)(6) (6)=产品目标成本×(2)	零件成本应降低额/(元·件$^{-1}$)(7) (7)=(5)-(6)
1	A	0.20	0.25	0.80	15.00	9.60	+5.40
2	B	0.22	0.22	1.00	9.80	10.56	-0.76
3	C	0.08	0.08	1.00	3.20	3.84	-0.64
4	D	0.16	0.02	8.00	1.80	7.68	-5.88
5	E	0.07	0.05	1.40	2.40	3.36	-0.96
6	F	0.09	0.20	0.45	9.00	4.32	+4.68
7	G	0.14	0.14	1.00	6.00	6.72	-0.72
8	H	0.04	0.04	1.00	2.80	1.92	+0.88
合计		1.00	1.00		14.65	50	48（产品目标成本）	+2

参 考 文 献

[1] 冯耕中. 物流成本管理 [M]. 2版. 北京：中国人民大学出版社，2014.
[2] 郑秀恋. 物流成本管理 [M]. 北京：清华大学出版社，2019.
[3] 傅莉萍. 仓储与配送管理 [M]. 广州：广东高等教育出版社，2017.
[4] 王欣兰. 物流成本管理 [M]. 2版. 北京：北京交通大学出版社，2015.
[5] 鲍新中. 物流成本管理与控制 [M]. 4版. 北京：电子工业出版社，2016.
[6] 段春媚. 物流成本管理 [M]. 3版. 北京：中国人民大学出版社，2020.
[7] 李杰. 物流成本管理 [M]. 沈阳：东北大学出版社，2017.
[8] 付淑文. 物流成本管理 [M]. 北京：人民邮电出版社，2011.
[9] 朱伟生. 物流成本管理 [M]. 北京：机械工业出版社，2010.
[10] 易华. 物流成本管理 [M]. 北京：清华大学出版社，2005.
[11] 邓凤翔. 现代物流成本管理 [M]. 北京：经济管理出版社，2003.
[12] 现代物流管理课题组. 物流成本管理 [M]. 广州：广东经济出版社，2002.
[13] 鲁亮升. 成本会计 [M]. 大连：东北财经大学出版社，2002.
[14] 冯耕中，李雪燕，汪应洛，等. 企业物流成本计算与评价：国家标准 GB/T 20523—2006《企业物流成本构成与计算》应用指南 [M]. 北京：机械工业出版社，2007.
[15] 鲍新中，吴霞，王彦芳. 物流成本管理与控制 [M]. 北京：电子商务出版社，2020.
[16] 鲍新中，赵丽华，程肖冰. 物流成本管理 [M]. 北京：人民邮电出版社，2017.
[17] 易华，李依松. 物流成本管理 [M]. 北京：机械出版社，2014.
[18] 王欣兰，田海霞，徐素波. 物流成本管理 [M]. 北京：北京交通大学出版社，2015.